DOKÉO+
RÉALITÉ AUGMENTÉE

W0304656

Un jeu d'entraînement cérébral en réalité augmentée !

Avec ton ordinateur et ta webcam, tu vas pouvoir animer cette page en 3D sur ton ordinateur et commencer le jeu.

1. **Télécharge** d'abord le logiciel de réalité augmentée sur le site : **www.dokeo-realiteaugmentee.com**
2. Connecte ta **webcam** à l'ordinateur et lance le **logiciel de réalité augmentée**.
3. Présente l'illustration de cette page à la **webcam**.
4. À l'écran, **la page s'anime en 3D !** Des consignes t'indiquent comment jouer.

Vérifie que tu as bien le **matériel requis** pour utiliser le programme.

Matériel : configurations minimales requises

PC :
Système : Windows XP avec DirectX 9.0c (ou Windows XP SP2), Windows Vista, Windows 7
Processeur : Intel P4 2.4 GHz ou AMD équivalent
Mémoire : 1 Go de Ram
Carte graphique : La plupart des cartes graphiques (Nvidia, ATI, Chipset Intel), sauf Via Chipset
Mémoire carte graphique : 256 Mo

Macintosh :
Système : Mac OS 10.4, 10.5 et 10.6
Processeur : Intel Dual Core (ou Core 2 Duo) 2.4 GHz
PowerPC non compatible
Mémoire : 1 Go de Ram
Carte graphique : Nvidia, ATI

Pour toute question concernant l'installation ou l'utilisation du logiciel, consulte les questions/réponses sur le site !

DOKÉO+

RÉALITÉ AUGMENTÉE

REMUE-MÉNINGES

AVEC 250 TESTS POUR MUSCLER TON CERVEAU !

Ce livre a été publié pour la première fois
par Dorling Kindersley Ltd. à Londres
en 2009 sous le titre *Train your brain to be a Genius*.

Ont collaboré à cet ouvrage :
Francesca Baines, Shaila Brown, Carron Brown, Steven Carton,
Linda Esposito, Andrew Macintyre, Laura Buller et Joanna Pocock
pour l'édition.
Smiljka Surla, David Ball, Sheila Collins, Hoa Luc, Marilou Prokopiou,
Jacqui Swan, Diane Thistlethwaite, Mariza O'Keeffe, Yumiko Tahata,
Akiko Kato et Sophia M Tampakopoulos Turner
pour la conception graphique.

Édition française :

Traduction-adaptation : Geneviève Boisset et Nathalie Cunnington
Réalisation : Philippe Brunet
Direction d'édition : Véronique Herbold

N° d'éditeur : 10176186
ISBN : 978-2-09-253506-6
Dépôt légal : mai 2011
Imprimé en Chine

DOKÉO+
RÉALITÉ AUGMENTÉE

REMUE-MÉNINGES

AVEC 250 TESTS POUR MUSCLER TON CERVEAU !

Écrit par John Woodward

Illustré par Serge Seidlitz
et Andy Smith

Avec les conseils du Dr David Hardman
et de Phil Chambers

Nathan

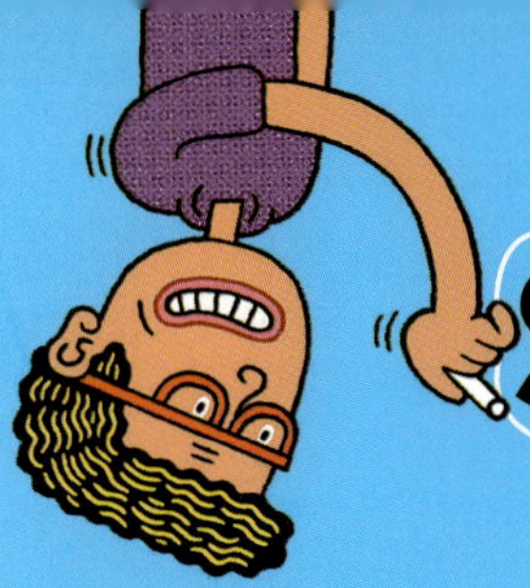

SOMMAIRE

AU FIL DES MOTS

LE CERVEAU INSPIRÉ

TON CERVEAU EST TOI

NOTRE CERVEAU A CHANGÉ

As-tu de la mémoire ?
Regarde attentivement pendant 45 secondes les nombreuses pensées qui occupent ce garçon. Cache l'image et essaie de répondre aux questions suivantes. Sans tricher !

1. Où aime-t-il chanter ?
2. Cite ses trois sports favoris.
3. Une image nous montre l'intérieur de son corps. De quelle partie s'agit-il ?
4. De quelle couleur est le monstre qui l'effraie ?
5. Qui est l'amour de sa vie ?
6. Quel aliment déteste-t-il ?
7. Combien y a-t-il de bougies sur le gâteau ?
8. Cite trois animaux que tu as remarqués.
9. Quelle est la délicieuse odeur que le garçon sent ?
10. Quel bobo le fait pleurer ?

Regarde page 186 et tu sauras si tu as une bonne mémoire.

TRÈS FORT, LE CERVEAU !

Le cerveau est la partie la plus étonnante de notre corps. Aves ses milliards de cellules, il commande nos pensées, nos gestes, nos sens, nos émotions, notre mémoire et notre langage. Plus il est sollicité, plus il est performant. Ce livre nous en dévoile tous les mystères et fera peut-être de nous des génies.

Les émotions
La peur, la colère, la joie ou encore l'amour peuvent sembler des réponses mentales automatiques, mais notre cerveau est capable de contrôler ces émotions si nous le voulons.

L'activité automatique
Le cerveau est toujours actif, même lorsque nous dormons. Il nous maintient en vie en contrôlant notre rythme cardiaque, la température interne, la respiration et la digestion.

La perception
Tous nos sens sont reliés au cerveau qui capte les signaux qu'ils envoient et nous permet de voir, entendre, sentir, goûter et ressentir le monde.

Assemblage
Ce puzzle teste notre perception spatiale – notre sens de l'espace. Quelle paire faut-il associer pour reconstituer l'hexagone ?

Vérifie la réponse page 186.

La réflexion
Notre cerveau résout des problèmes par association d'idées – même si elles ne font pas partie de notre propre expérience. Seul l'être humain peut le faire.

Le cerveau humain est la structure la plus complexe que l'on connaisse.

La mémoire
Nous pouvons garder en mémoire tout événement ou fait qui attire notre attention – un centre de stockage étonnamment efficace qui ne manque jamais de place.

Le langage
Notre cerveau nous permet de communiquer et de comprendre des idées complexes par le discours. Nous apprenons également en lisant des textes écrits des années plus tôt.

Le mouvement
Le cerveau déclenche et organise nos mouvements pour que nos gestes soient fluides et efficaces, bien souvent sans que nous y pensions.

Perdu?
Nous devons souvent faire face à des énigmes, comme atteindre le centre de ce labyrinthe. Le labyrinthe de notre cerveau nous aide à trouver la réponse.

Visite guidée du cerveau

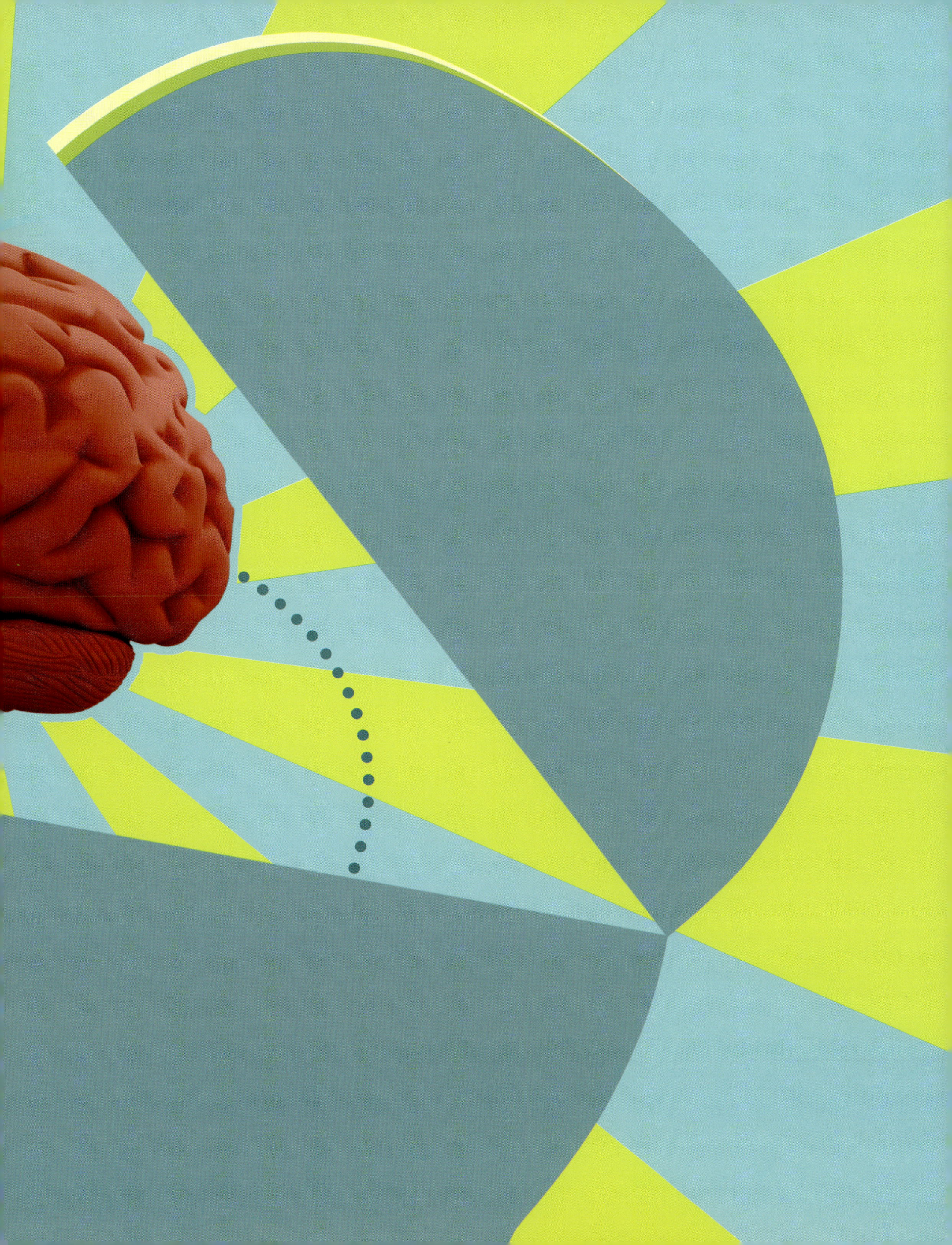

Poisson Oiseau Homme

L'origine du génie
Comparativement, l'homme a un cerveau bien plus gros (en orange ci-dessus). C'est ce qui nous rend intelligent puisque le cerveau est le centre de la pensée consciente.

CARTOGRAPHIE DU CERVEAU

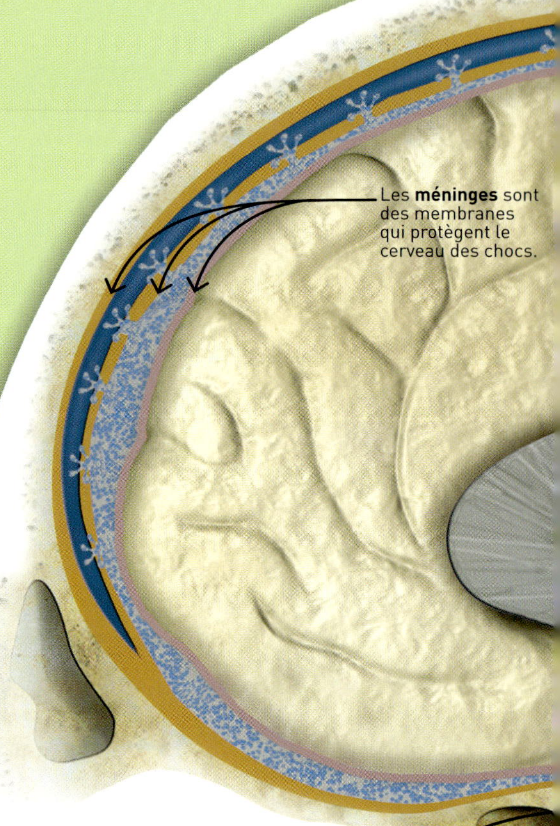

Cette masse rosée spongieuse faite de milliards de cellules nerveuses microscopiques est l'organe le plus complexe de notre organisme. Chaque partie joue un rôle donné ; le cerveau proprement dit, portion majeure de l'encéphale, commande nos pensées et nos gestes.

L'hypophyse
Cette glande sécrète des hormones qui contrôlent de nombreuses fonctions, dont la croissance.

Claude Galien
Chirurgien grec, Claude Galien fut un des premiers à pressentir que le cerveau était un organe important, qui contrôlait les souvenirs et les émotions. Galien vécut entre 129 et 200 de notre ère, en Asie Mineure (actuelle Turquie) et fut médecin à l'école des gladiateurs.

L'hypothalamus
C'est la partie du cerveau qui régule le sommeil, la faim et la température corporelle.

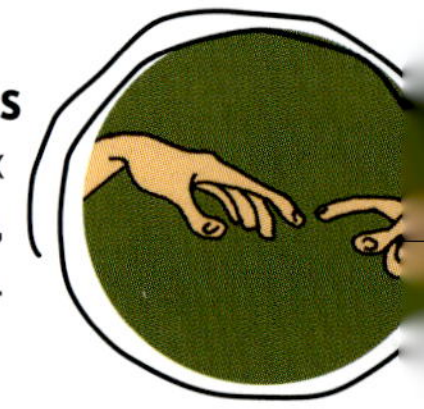

Le thalamus
Le thalamus transmet les signaux sensoriels de notre corps au cerveau, qui les décode et les analyse.

Notre cerveau est constitué à 77 % d'eau.

Le tronc cérébral
Relié à la moelle épinière, il lie l'ensemble du corps au cerveau. Il commande les battements du cœur et la respiration.

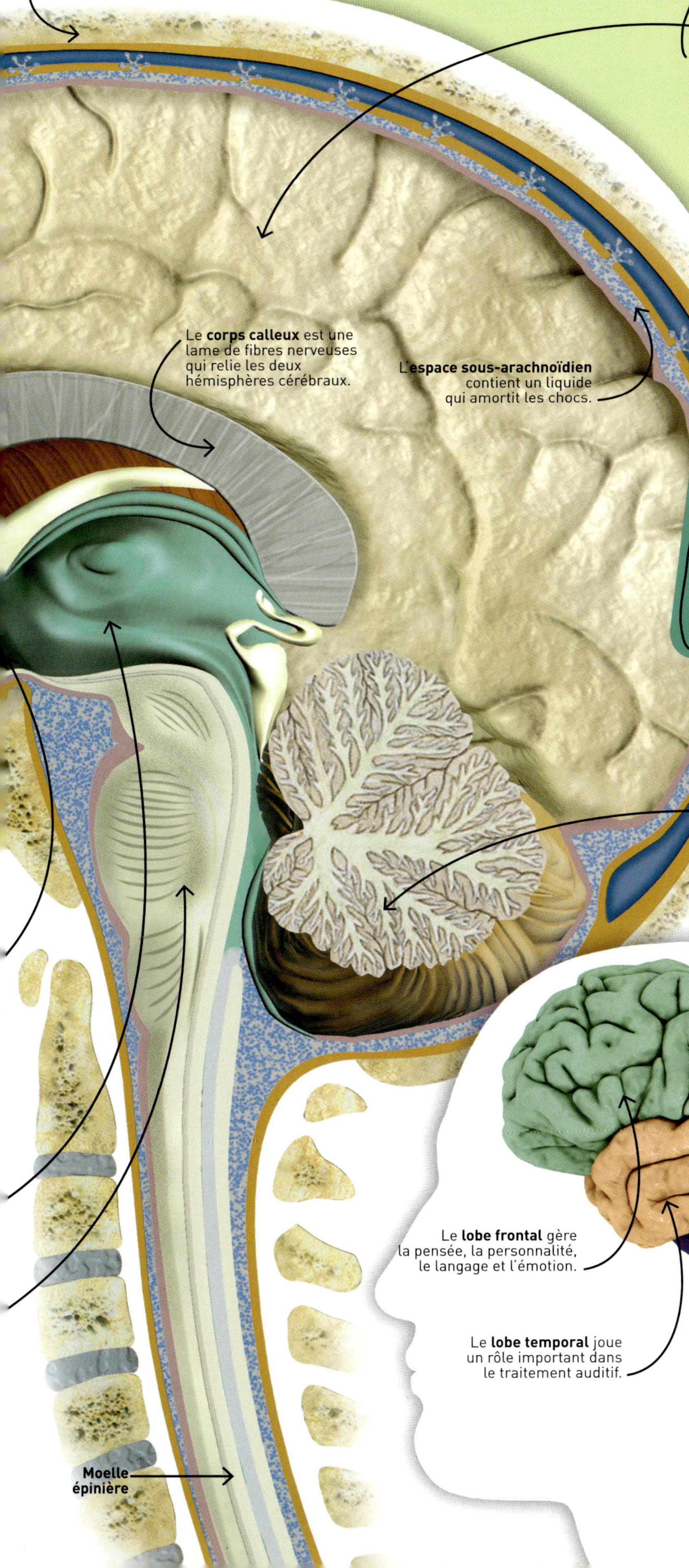

Le cerveau

Partie majeure de l'encéphale, il contrôle nos actions et pensées conscientes, analyse les données sensorielles et emmagasine nos souvenirs.

Un litre de sang irrigue notre cerveau chaque minute.

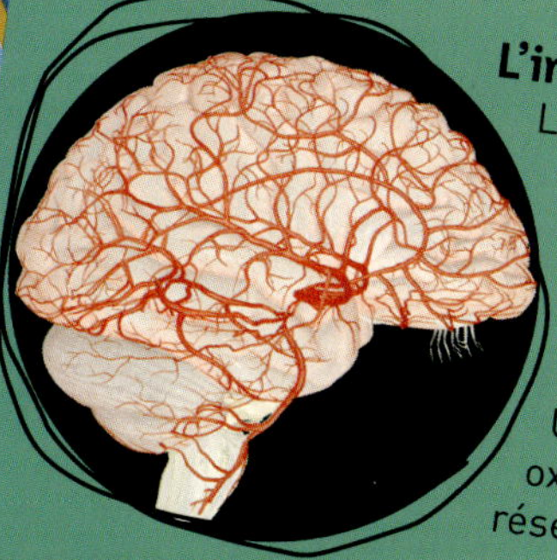

L'irrigation

Le cerveau doit constamment être alimenté en oxygène pour fonctionner. L'oxygène est apporté par le sang via le système circulatoire composé d'artères, veines et capillaires. Un cinquième environ du sang oxygéné de notre corps est réservé au cerveau.

Le cervelet

Cette structure complexe coordonne les mouvements et l'équilibre.

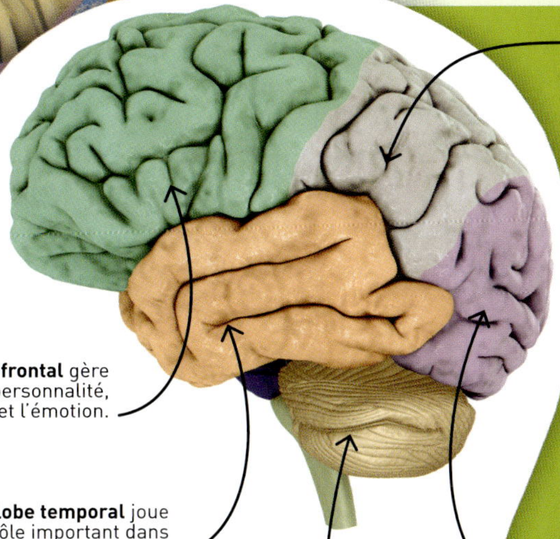

Le cerveau externe

Afin d'accroître la superficie totale de sa surface, bourrée de cellules cérébrales, le cerveau est très plissé. Il est divisé en hémisphère droit et hémisphère gauche, composé chacun de quatre lobes qui ont des fonctions différentes.

Le cerveau est divisé en deux parties ou hémisphères reliés par un pont de fibres nerveuses. Chaque hémisphère gère certaines fonctions données, toujours du côté opposé du corps, ainsi que des fonctions ou processus bien spécifiques.

CERVEAU GAUCHE

QUE FAIT L'HÉMISPHÈRE GAUCHE ?
Le côté gauche de notre cerveau gère les aspects rationnels, plus logiques, de notre pensée ainsi que nos compétences verbales.

Le langage
La capacité à nous exprimer par des mots est généralement commandée par le lobe frontal de l'hémisphère cérébral gauche.

La pensée scientifique
La pensée logique, scientifique se situe dans le côté gauche du cerveau, même si la science implique également une part de créativité.

La pensée rationnelle
Penser et réagir de manière rationnelle est l'affaire du cerveau gauche. Analyser un problème est la voie pour trouver une réponse.

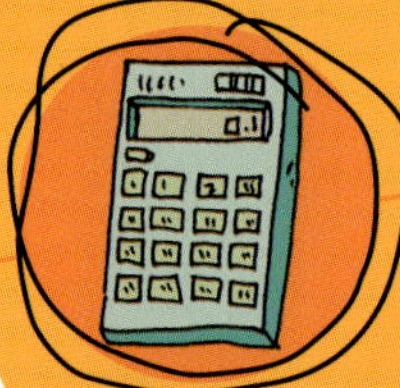

Les compétences mathématiques
Des études montrent que le côté gauche du cerveau est plus performant avec les chiffres que le côté droit ; il semble être le centre des compétences mathématiques.

Les compétences rédactionnelles
Les compétences rédactionnelles qui, comme pour le discours, nécessitent d'organiser les idées et de les exprimer en mots, sont régies par l'hémisphère gauche.

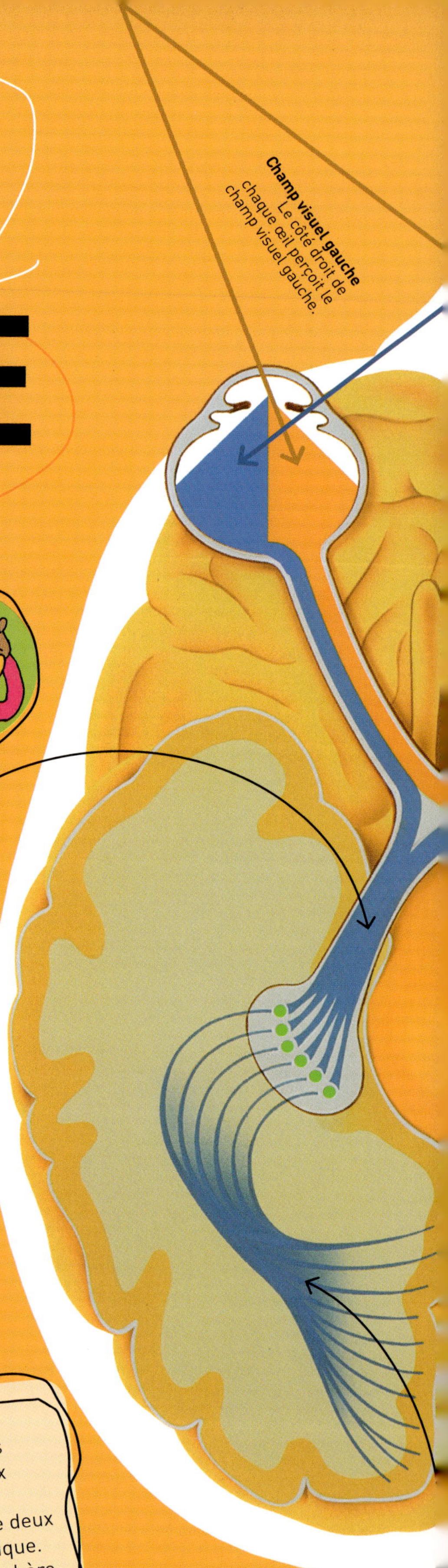

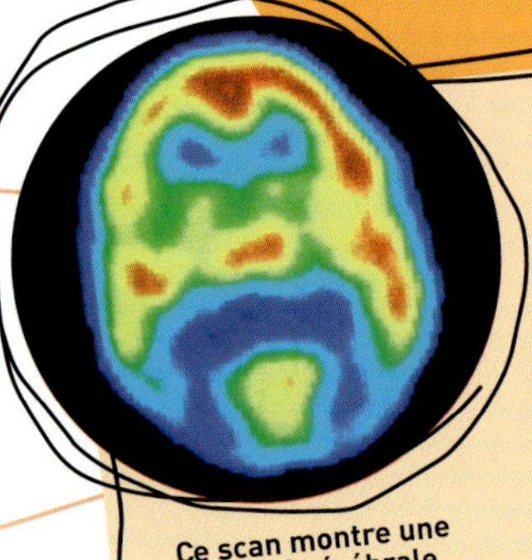

Ce scan montre une activité cérébrale (en rouge) dans l'hémisphère droit.

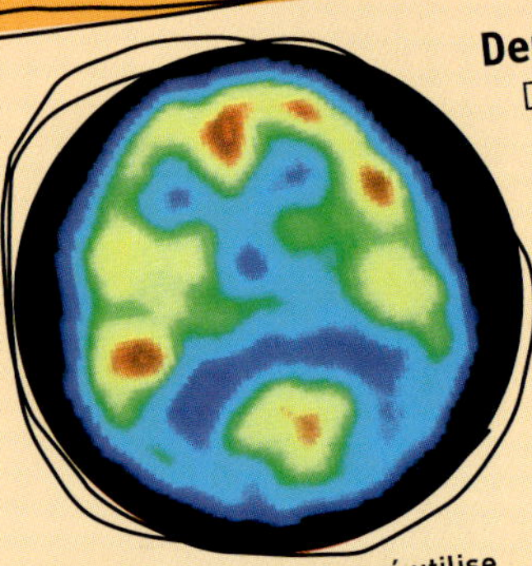

Un musicien exercé utilise plus l'hémisphère gauche.

Deux esprits ?
De nombreuses activités mentales sollicitent plus ou moins les deux hémisphères. Ces deux scans montrent l'activité cérébrale de deux personnes écoutant de la musique. Sur l'image de gauche, l'hémisphère droit est plus utilisé, ce qui indique une approche intuitive ; l'écoute de l'autre personne sera plus analytique.

CERVEAU DROIT

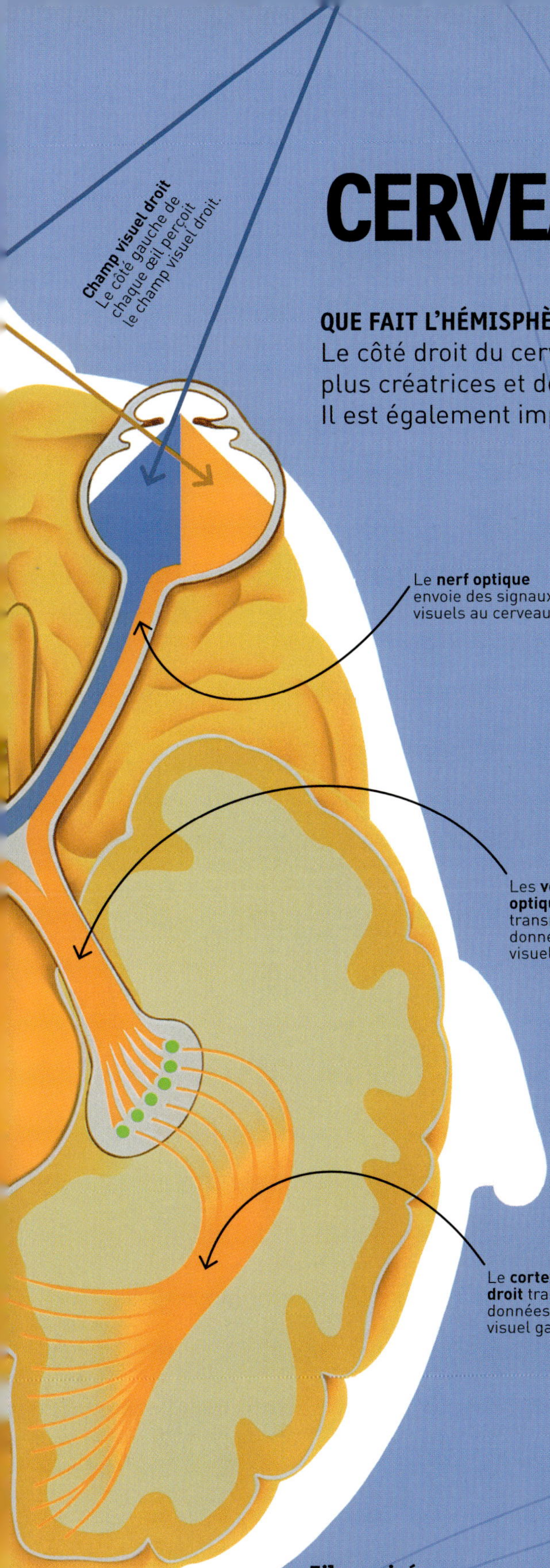

QUE FAIT L'HÉMISPHÈRE DROIT ?
Le côté droit du cerveau semble être le centre de nos pensées plus créatrices et des réponses émotionnelles, intuitives. Il est également important pour la perception spatiale.

La perception spatiale
Notre capacité à visualiser les formes en trois dimensions et à les manipuler est fortement liée au côté droit du cerveau.

Les compétences artistiques
Les arts visuels sont liés à la perception spatiale. Le côté droit du cerveau est plus actif lorsque nous dessinons, peignons ou regardons une œuvre d'art.

L'imagination
Notre imagination créatrice est gérée par l'hémisphère droit, même si les compétences du cerveau gauche sont nécessaires pour l'exprimer.

L'intuition
Ces instants d'intuition où l'on associe deux idées très différentes viennent probablement du côté droit du cerveau.

La musique
Comme les arts visuels, la musique implique une grande activité du cerveau droit – mais les musiciens exercés utilisent également leur cerveau gauche pour maîtriser la théorie musicale.

Un monde de droitiers
Le cerveau gauche contrôle la main droite et, comme il y a plus de droitiers, nous pouvons penser que le cerveau gauche est généralement dominant. Les gauchers utilisent-ils alors plus leur cerveau droit ? Rien ne le prouve et de nombreux gauchers sont très à l'aise avec le langage et la logique.

Fils croisés
Le côté gauche de chaque œil est relié au côté gauche du cerveau mais perçoit des données du côté droit de la tête – le champ visuel droit. Chaque hémisphère traite les images du côté opposé de la tête et contrôle les muscles de la main opposée.

DROITE OU GAUCHE ?

Nous sommes majoritairement soit droitier soit gaucher et avons également un pied dominant et un œil directeur. Pour la pratique d'exercices physiques ou mentaux, côté droit et côté gauche de notre cerveau sont loin d'être égaux. Il est ainsi très rare d'être aussi habile de sa main droite que de sa main gauche. Les tests suivants vont t'aider à trouver ton côté dominant.

La face souriante

Si nous regardons cette jeune fille au niveau du nez puis désignons l'image sur laquelle elle est heureuse, nous sommes nombreux à choisir l'image du bas, où nous la voyons sourire sur le côté gauche. L'information qui vient de notre champ visuel gauche est traitée dans l'hémisphère droit de notre cerveau, prépondérant dans l'interprétation des émotions.

Pied d'appel

La meilleure façon de connaître notre pied dominant est de donner un coup de pied dans un ballon ou de regarder quel pied nous posons systématiquement en premier lorsque nous montons un escalier. Il se peut que notre pied dominant ou pied d'appel ne soit pas du même côté que notre main dominante.

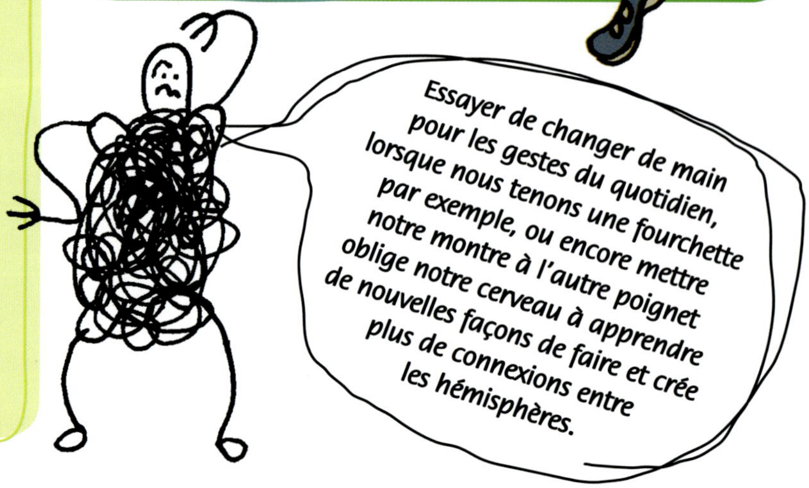

Œil directeur

Pour découvrir quel est ton œil directeur, tends le bras, index levé, et regarde au loin dans sa direction. Puis ferme chaque œil, l'un après l'autre. Avec ton œil faible, ton index va « sauter » tandis qu'avec ton œil fort, il reste en place. L'œil fort ou directeur détermine la position des choses tandis que l'œil faible aide à percevoir la profondeur.

Cerveau farceur

Cet exercice nous montre que le cerveau peut parfois nous jouer des tours. Dessine tout d'abord ce visage tel qu'il est à l'envers. Puis retourne-le et dessine-le à nouveau. En comparant les deux dessins, tu seras peut-être étonné(e) de voir que la version à l'envers est la plus précise.

Le côté gauche de notre cerveau attribue des formes simples aux objets communs – par exemple, une forme d'amande pour l'œil. En dessinant un visage à l'endroit, nous dessinons les traits comme nous les percevons et non comme nous les voyons. Lorsque nous regardons un visage à l'envers, le côté droit du cerveau est plus sollicité pour appréhender l'image et nous dessinons alors les formes et les traits que nous voyons.

Être aussi habile d'une main que de l'autre peut être un avantage dans certains sports. Au baseball, un frappeur ambidextre peut ainsi changer de main pour frapper la balle du meilleur côté.

Test pratique

L'ambidextrie est la capacité d'être aussi habile de l'une ou l'autre main. Pour savoir si tu es ambidextre, fais l'exercice suivant. Tiens un crayon de la main droite et demande à un ami de compter 15 secondes. Commence en haut à droite et mets autant de points que possible dans les cercles blancs. Fais de même de l'autre côté avec la main gauche puis compare les résultats.

Tu iras le plus loin avec ta main dominante mais le résultat que tu obtiendras avec ton autre main risque également de te surprendre. Si tu es allé(e) aussi loin avec l'une et l'autre mains, tu es probablement ambidextre.

NERFS ET NEURONES

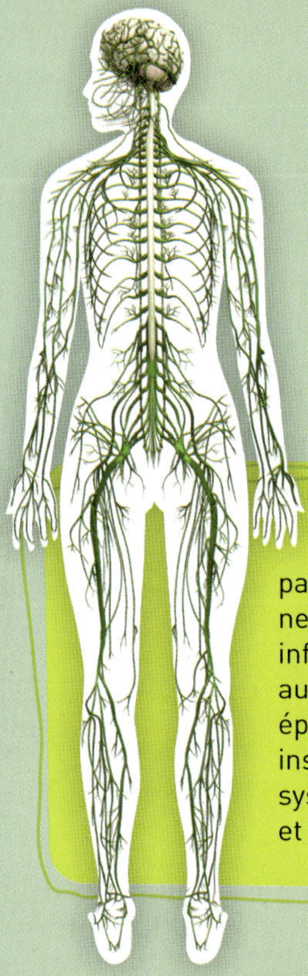

Notre cerveau est relié à un système nerveux qui innerve chaque partie de notre corps. Ce système ressemble à un arbre avec ses branches et rameaux. Il part de la moelle épinière qui le relie au cerveau. Les nerfs se composent de faisceaux de cellules appelées neurones, qui forment également le tissu cérébral.

Le système nerveux

Les nerfs qui irradient dans chaque partie du corps appartiennent au système nerveux périphérique. Ils collectent les informations des sens et les transmettent au système nerveux central – moelle épinière et cerveau – qui les traite. Des instructions sont alors envoyées par le système nerveux périphérique aux organes et muscles.

Les axones de certains neurones font plus d'un mètre de long. Ce sont les plus grosses cellules du corps humain.

Des cellules ramifiées

En général, une cellule se compose d'une enveloppe de fluide contenant un noyau qui gère son fonctionnement. Les neurones sont des cellules de forme insolite. Ils sont pourvus de filaments ramifiés appelés dendrites qui reçoivent les informations des autres neurones. Les plus longs filaments, ou axones, forment les principales fibres nerveuses du corps.

Notre cerveau ne représente que 3 % de notre masse corporelle mais consomme 17 % de notre énergie totale.

Des nerfs électriques

L'axone est un fil conducteur qui propage un signal électrique. À une extrémité, la dendrite reçoit le signal d'un autre neurone et le transmet au corps cellulaire. Ce signal libère des substances chimiques qui déclenchent une impulsion électrique transmise aux autres neurones au niveau du bouton synaptique, à l'autre extrémité de l'axone.

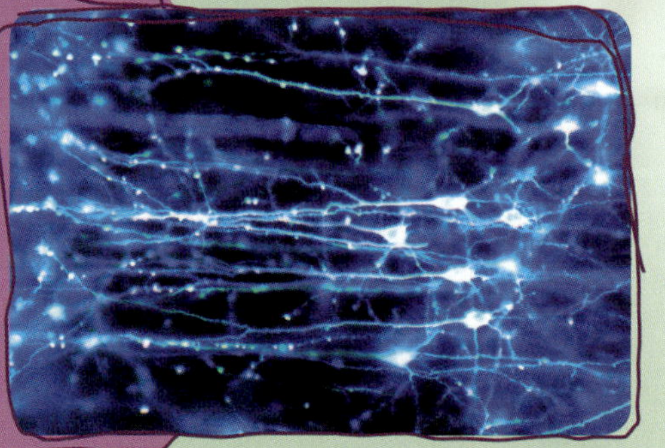

30 000 neurones tiendraient sur une tête d'épingle.

Envoyer/Recevoir

Les neurones diffèrent selon leurs fonctions. Les neurones sensoriels captent les signaux des sens tandis que les neurones moteurs délivrent des signaux aux muscles. Cette activité peut impliquer une pensée consciente, notamment pour un travail appliqué, mais est bien souvent automatique lorsqu'elle assure nos fonctions vitales.

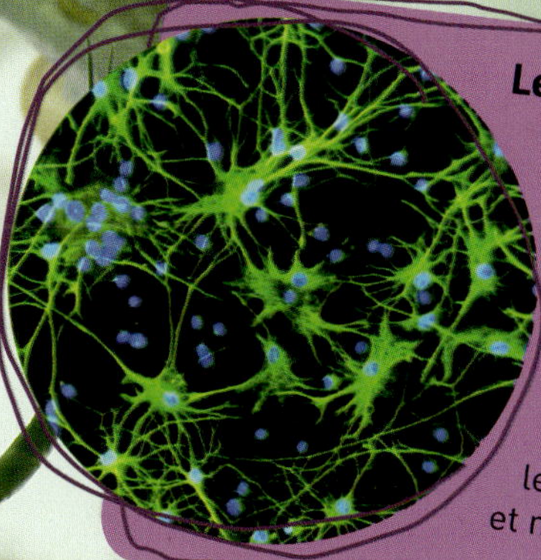

Le réseau nerveux

Les neurones transmettent des signaux nerveux. Cette activité est la plus intense dans le cerveau, où quelque 100 milliards de neurones forment un réseau complexe semblable aux circuits électroniques d'un ordinateur. Ce réseau traite les données collectées par nos sens, les stocke dans notre mémoire et nous permet de penser.

Les impulsions nerveuses électriques circulent le long des axones des neurones à 400 km/h.

Le réflexe

Si nous nous piquons le doigt, un signal de douleur excite un nerf dans notre bras jusqu'à la moelle épinière qui déclenche une impulsion nerveuse, et nous retirons la main. L'impulsion court-circuite le système nerveux central pour provoquer une réaction automatique appelée réflexe. Notre cerveau n'intervient pas mais est malgré tout informé.

LES ONDES CÉRÉBRALES

Hans Berger
Les ondes cérébrales sont découvertes par le neuropsychiatre allemand Hans Berger en 1924, alors qu'il a posé des fils, reliés à un instrument qui enregistre les ondes, sur la tête d'un patient. Il appelle ces rythmes alpha et bêta, d'après les lettres de l'alphabet grec. Les ondes delta, gamma et thêta seront découvertes ultérieurement.

Notre cerveau est un dispositif électrique. Il est possible, par de simples capteurs, de détecter l'activité des cellules cérébrales stimulées par d'autres cellules et de rendre cette activité sous forme d'ondes. Ces ondes ont différentes formes selon l'activité cérébrale. L'imagerie médicale permet aujourd'hui d'avoir des images du cerveau en activité et montre précisément les régions actives selon les tâches effectuées.

Bêta : concentration

Penser et rêver

Chaque état mental génère un type de rythme cérébral. La concentration crée une onde bêta rapide et courte. Un état détendu génère une onde alpha plus lente et ample. L'onde thêta, encore plus lente, indique une relaxation profonde. Le sommeil produit une onde delta, encore plus lente. Des ondes delta très lentes et amples indiquent un sommeil profond, sans rêve.

Alpha : détente

Thêta : relaxation profonde

Delta : sommeil

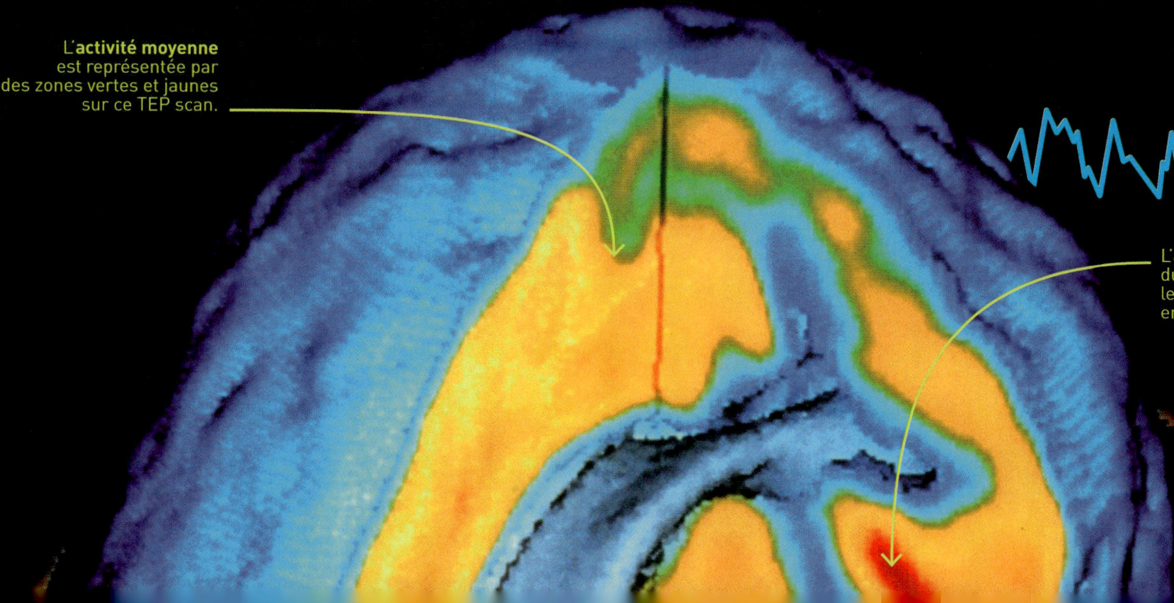

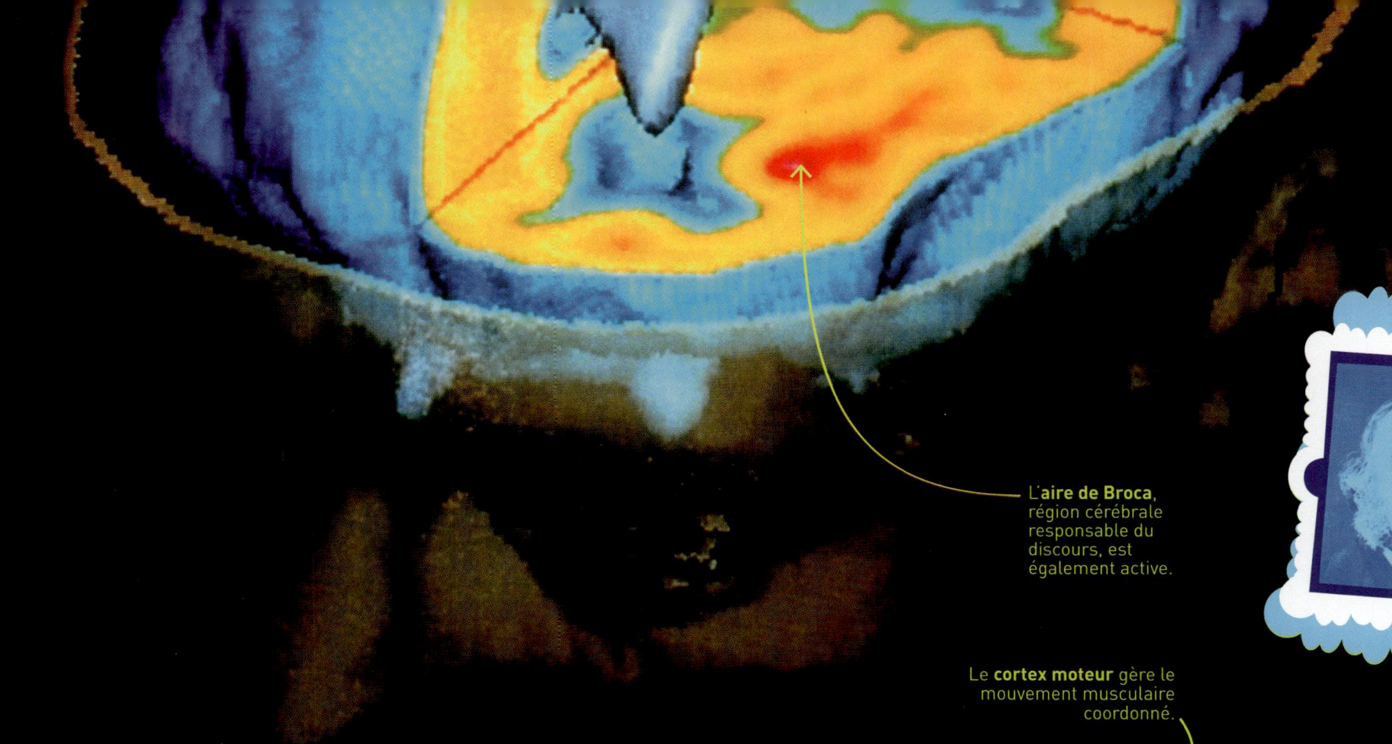

Haut en couleurs
Les techniques modernes d'imagerie médicale permettent de voir « à l'intérieur » d'un cerveau actif. Ce TEP scan (tomographie par émission de positrons couplée à un scanner) montre une coupe en trois dimensions du cerveau d'un homme en train de discuter. La couleur des régions qui gèrent la compréhension et le discours devient plus vive lorsque ces dernières sont sollicitées.

Paul Broca
Chirurgien français, Paul Broca découvre la région qui commande le discours, en 1861, au décès de l'un de ses patients qui ne peut parler. Broca examine son cerveau et constate que l'aire qui porte désormais son nom est endommagée. D'autres régions du cerveau seront identifiées de la même façon.

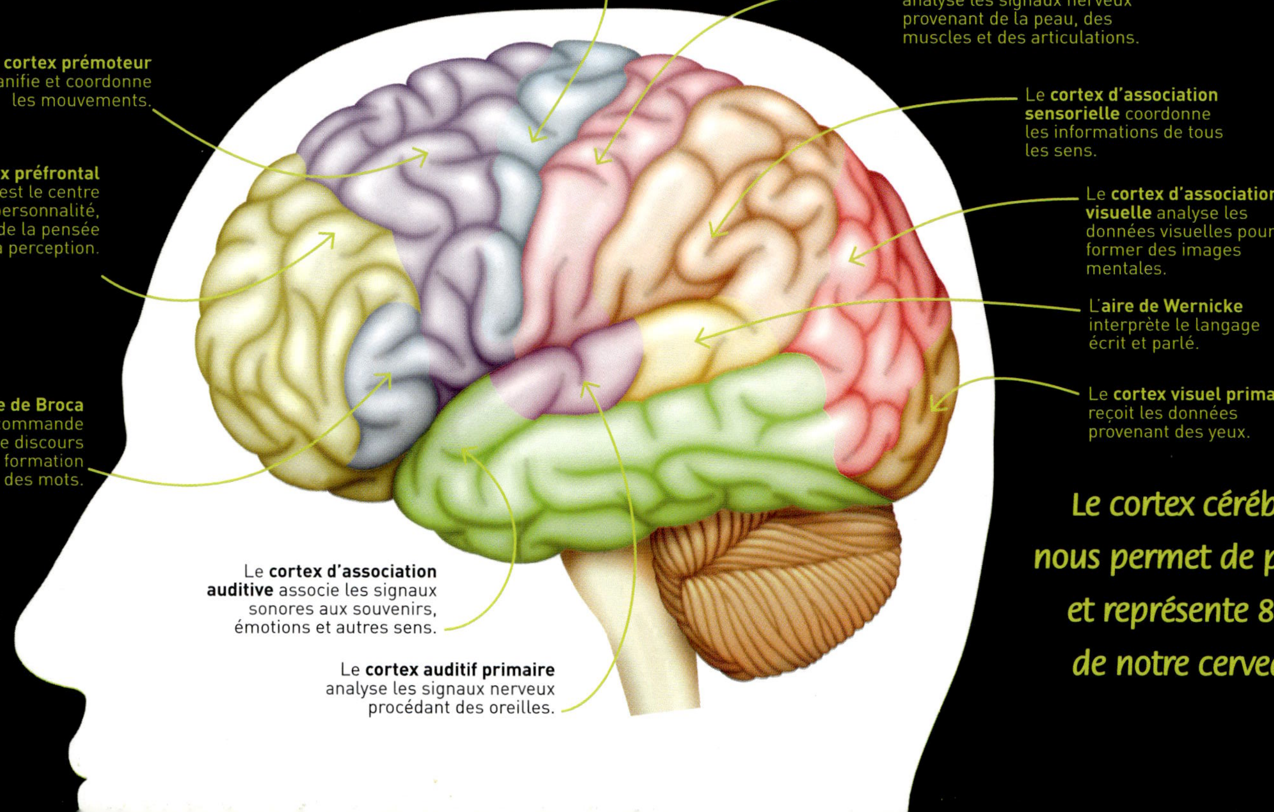

Il n'a pas été découvert de région du cerveau susceptible d'être le centre du moi ni de la conscience.

Le cortex cérébral nous permet de penser et représente 80 % de notre cerveau.

Le cerveau en images
Les techniques d'imagerie médicale et l'étude anatomique ont permis de cartographier les régions du cerveau responsables, par exemple, de la vision, de l'écoute, de la parole et du mouvement. La conscience et l'apprentissage ne semblent pas être liés à des zones particulières – elles impliquent sans doute l'activité concomitante de diverses régions du cerveau.

Un génie est une personne ultra-intelligente ou qui possède des capacités étonnantes. Mais naît-elle ainsi ou développe-t-elle ces qualités ? Il s'avère que, même si l'intelligence est très importante, le génie est aussi question d'originalité, de détermination, de soutien et de persévérance.

QU'EST-CE QU'UN GÉNIE ?

La pensée originale
L'astronome italien Galilée (1564–1642) a vécu à une époque où les idées sur l'organisation de l'Univers étaient encore empiriques. Il a eu le génie d'étudier la chose avec un regard neuf et d'énoncer des théories reposant sur des observations et expériences. Ce faisant, il a inventé la science moderne.

Les génies excentriques
Le philosophe grec Pythagore est célèbre pour ses théorèmes mathématiques. Mais lui qui interdit à ses élèves de manger des haricots est également connu pour son excentricité. De nombreux génies ont des habitudes étranges, car généralement absorbés par leur travail, ils négligent le reste. Ce sont des « génies excentriques ».

Les idées d'un génie ne sont pas toujours populaires. Galilée a eu de sérieux problèmes pour avoir prétendu que la Terre n'était pas le centre de l'Univers.

La détermination
Marie Curie, née en Pologne en 1867, était résolue à devenir une scientifique, même si un tel métier n'était pas jugé convenable pour une femme au XIXe siècle. Affrontant la pauvreté et les préjugés, elle a reçu deux prix Nobel pour ses travaux sur la radioactivité.

L'enfant prodige
Certains semblent être des génies dès la naissance. Garry Kasparov n'avait que treize ans lorsqu'il a remporté le championnat russe junior d'échecs en 1976. Il est devenu en 1985 le plus jeune champion du monde. Il a travaillé dur pour tirer pleinement profit de son talent naturel.

Pensée universelle
Certains génies excellent en un domaine tandis que d'autres sont polyvalents. Thomas Jefferson – principal auteur de la Déclaration d'Indépendance américaine en 1776 – était philosophe, archéologue, architecte, inventeur et politicien. Il est devenu président des États-Unis.

L'encouragement
Venus et Serena Williams figurent parmi les meilleures joueuses de tennis. Douées dès leur plus jeune âge, les sœurs doivent une partie de leur réussite à leurs parents, qui les ont entraînées et encouragées à développer leurs capacités.

Des sens uniques

LE CERVEAU ET LES YEUX

La vue est notre sens dominant : nous identifions la plupart des choses par la vision et pensons essentiellement en termes visuels. Bon nombre d'informations que nous avons en mémoire sont sous forme d'images visuelles. Comment opèrent notre cerveau et nos yeux pour créer ces images ?

Un convertisseur d'images

Notre œil est un globe de gelée transparente renfermant des cellules photosensibles. Les rayons lumineux pénètrent notre œil par des lentilles qui focalisent une image inversée sur ces cellules. Celles-ci génèrent des signaux électriques transmis au cerveau par un faisceau de fibres nerveuses. Les cellules exposées aux parties claires de l'image génèrent de plus gros signaux que les cellules exposées aux parties sombres. Les cellules transforment l'image en un code électronique que notre cerveau traite.

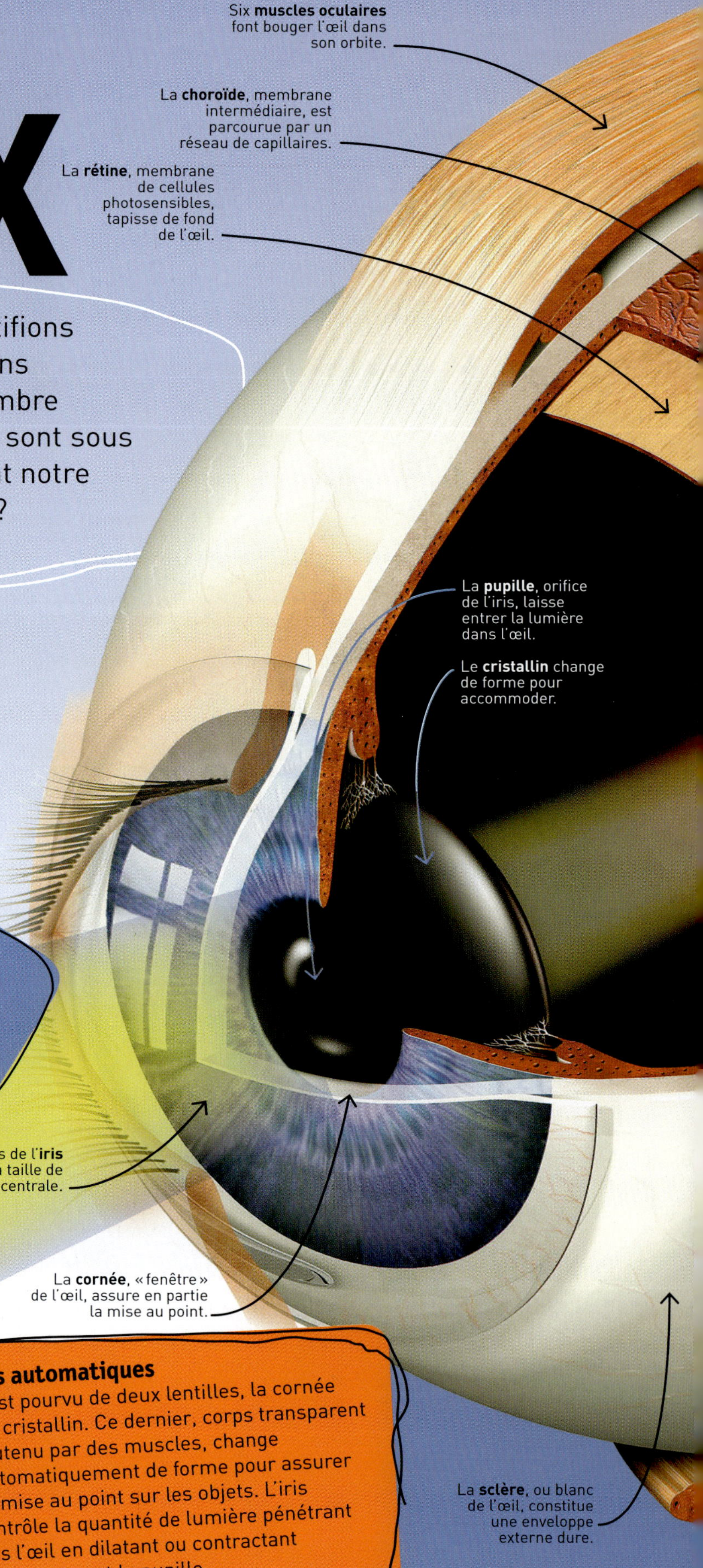

Netteté

La lumière réfléchie par un objet est focalisée par la cornée et le cristallin pour former une image optique nette, projetée à l'envers sur le fond de l'œil.

Réglages automatiques

L'œil est pourvu de deux lentilles, la cornée et le cristallin. Ce dernier, corps transparent soutenu par des muscles, change automatiquement de forme pour assurer la mise au point sur les objets. L'iris contrôle la quantité de lumière pénétrant dans l'œil en dilatant ou contractant automatiquement la pupille.

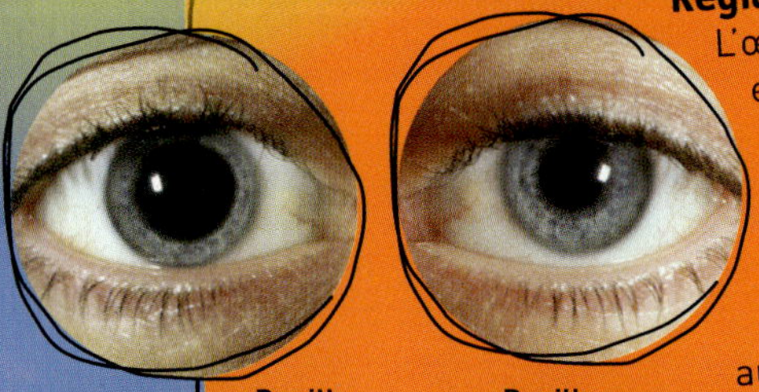

Pupille dilatée — Pupille contractée

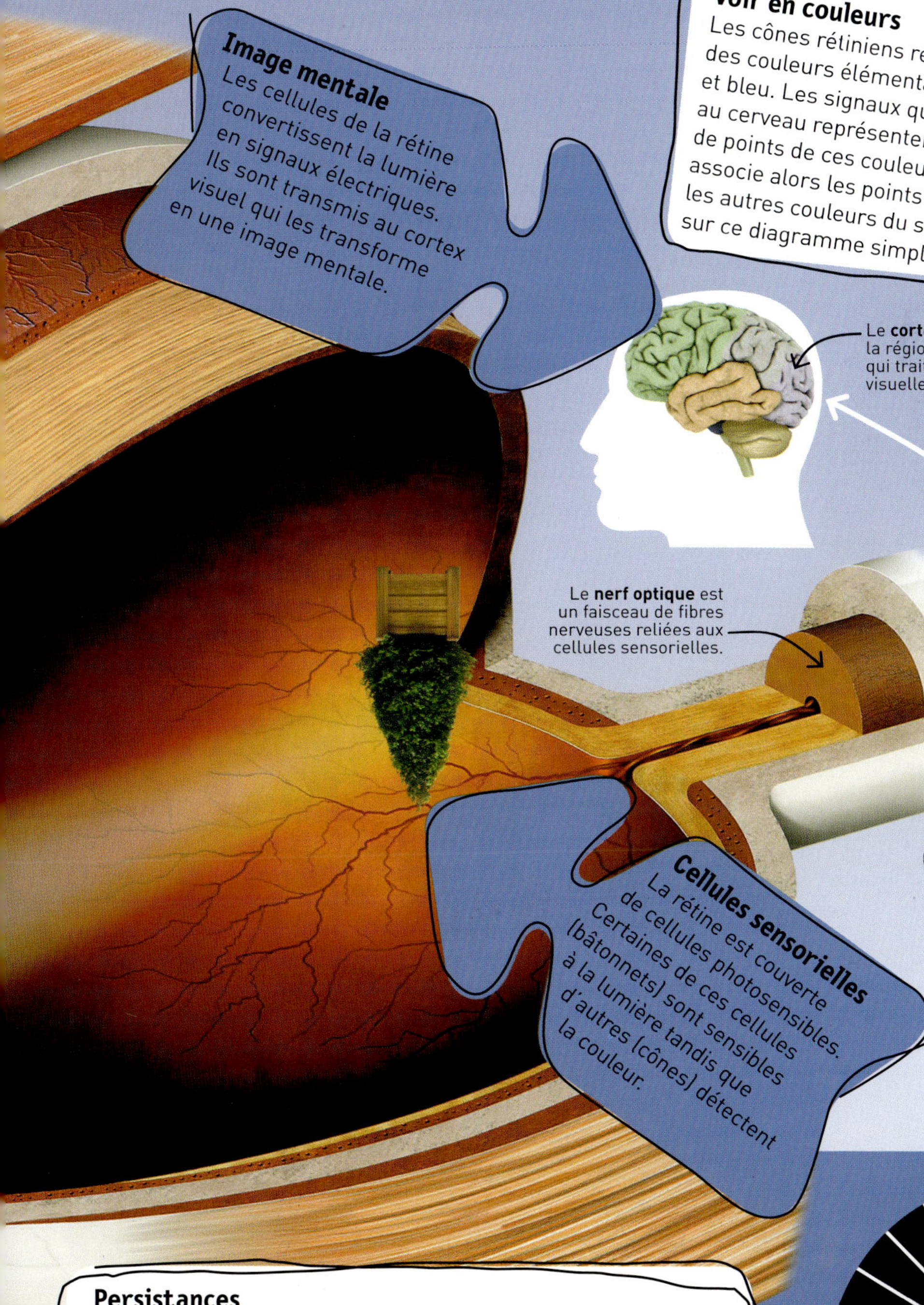

Image mentale

Les cellules de la rétine convertissent la lumière en signaux électriques. Ils sont transmis au cortex visuel qui les transforme en une image mentale.

Voir en couleurs

Les cônes rétiniens réagissent à l'intensité des couleurs élémentaires : rouge, vert et bleu. Les signaux qu'ils envoient au cerveau représentent des millions de points de ces couleurs. Le cerveau associe alors les points pour créer toutes les autres couleurs du spectre, comme sur ce diagramme simplifié.

Le **cortex visuel** est la région du cerveau qui traite les données visuelles.

Le **nerf optique** est un faisceau de fibres nerveuses reliées aux cellules sensorielles.

Adaptation à l'obscurité

Lorsque nous éteignons la lumière pour nous coucher, nous ne voyons plus rien. Puis, peu à peu, nous commençons à distinguer des choses. Les cellules sensorielles de nos yeux s'adaptent en effet à l'obscurité – progressivement. Si nous rallumons, nous sommes éblouis car nos yeux se sont adaptés au noir. Ils doivent se réadapter à la lumière – ce qu'ils font plus rapidement.

Cellules sensorielles

La rétine est couverte de cellules photosensibles. Certaines de ces cellules (bâtonnets) sont sensibles à la lumière tandis que d'autres (cônes) détectent la couleur.

L'œil compte 126 millions de cellules sensorielles : 120 millions de bâtonnets et 6 millions de cônes.

Persistances

Les lumières vives et motifs contrastés peuvent provoquer d'étranges effets optiques. Si nous fixons un objet pendant une minute puis fermons les yeux, nous voyons une image consécutive négative. Chaque nuance est remplacée par sa couleur opposée, les fleurs jaunes et rouges apparaissent bleues et cyan. Un effet second du traitement des couleurs par le cerveau.

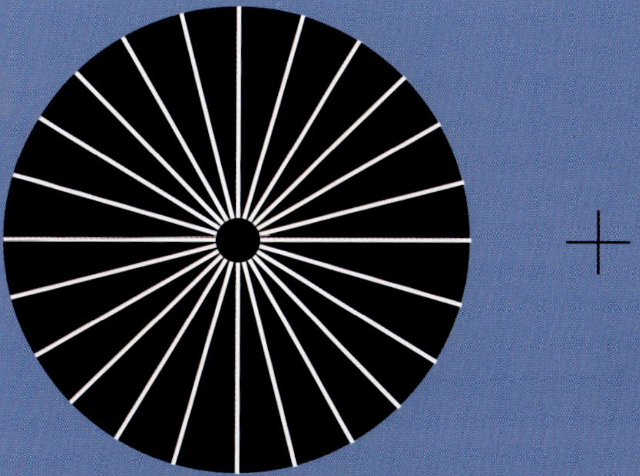

Tache aveugle

L'endroit où le nerf optique pénètre l'œil ne peut détecter la lumière. Le cerveau invente alors des informations pour combler cette lacune. Tu peux le vérifier à l'aide du diagramme ci-dessus. Tiens le livre à bout de bras, ferme l'œil droit et fixe la croix. Lorsque tu rapproches le livre, le centre de la roue disparaît lorsqu'il entre dans la tache aveugle, mais ton cerveau le remplace par des rayons.

IMAGES TROMPEUSES

Les illusions d'optique trompent nos yeux et notre cerveau. Elles stimulent les yeux d'une telle façon que les images fixes semblent bouger ou les couleurs changer. Elles nous font même voir des choses qui n'existent pas.

Est-ce droit ?
Ces lignes horizontales semblent onduler et pourtant elles sont parfaitement droites – prends une règle et vérifie ! Notre cerveau est perturbé par les colonnes noires et blanches disjointes qui courent de haut en bas et donnent également l'impression que certaines bandes horizontales sont plus proches que d'autres.

Ça bouge...
Ces motifs semblent bouger mais s'arrêtent si nous fixons un point quelques secondes. Cette illusion repose sur la dérive de la vision périphérique. Notre cerveau perçoit les couleurs et les contrastes comme mouvants lorsque nous ne les regardons pas directement mais l'effet s'arrête lorsque notre regard fixe un point.

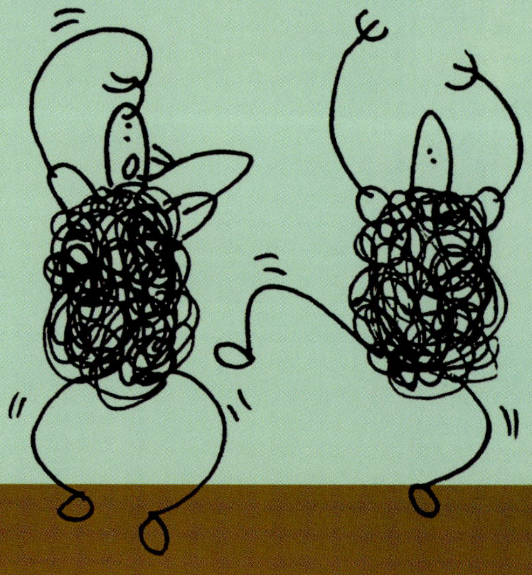

Ouch!

Si l'on promène son regard sur ce schéma, appelé illusion Ouchi, le cercle au centre semble bouger ou se détacher du fond rectangulaire, voire flotter. Cette illusion reste mal comprise. Elle naît probablement du fait que le cerveau ne sait pas trop où se termine le cercle s'il ne le regarde pas directement.

Poisson sauteur

Fixe le point rose au centre de la tête du poisson pendant 15 secondes puis regarde le point noir dans le bocal vide. Tu devrais voir le poisson dans sa nouvelle maison car l'impression du poisson, ce que l'on appelle l'image consécutive, est encore présente sur le fond de ton œil.

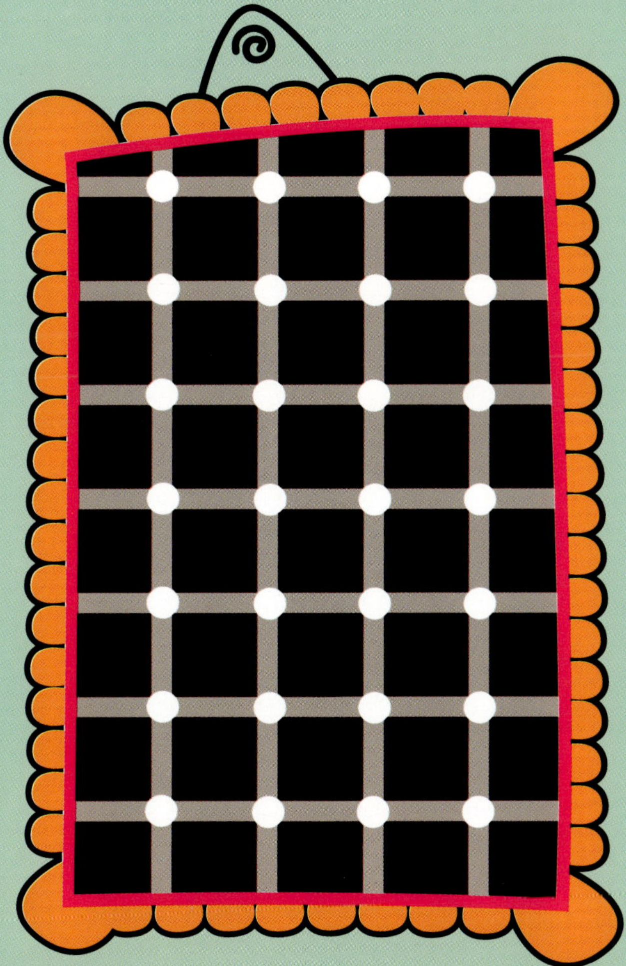

Pois noirs

Cette image est appelée grille scintillante car lorsque nous la regardons, des petits points noirs semblent scintiller aux croisements des lignes. Ce phénomène n'a pas encore vraiment été expliqué et, bizarrement, s'estompe un peu si nous inclinons la tête d'un côté ou de l'autre.

Contraste des couleurs

Laquelle de ces croix vertes est la plus claire ? Beaucoup diront qu'il s'agit de la croix de droite. En fait, il n'y a aucune différence entre elles. Cette illusion, relevant du principe du contraste simultané, nous montre que nous percevons les couleurs en fonction de leur environnement.

NOTRE VISION

Nos yeux transforment les images en un code électronique qui peut être traité et conservé par notre cerveau. Sans ce traitement mental qui détermine la manière dont nous voyons le monde, nous ne pourrions interpréter les formes ni les couleurs. Notre cerveau réagit également à certains effets visuels qu'il traduit en informations de types différents. Cela nous permet d'évaluer la profondeur, le relief et la distance.

La vision binoculaire
Chaque œil a un champ de vision légèrement différent. Ferme un œil et cadre un objet distant avec tes mains. Puis ouvre cet œil et ferme l'autre. Tes mains cadrent deux vues différentes. Les images ci-dessous montrent ce que chaque œil voit. L'œil gauche peut voir les palmiers derrière le bateau tandis que l'œil droit voit les arbres en fleurs. Cela ne perturbe nullement notre cerveau qui associe les images pour créer une vue tridimensionnelle.

La parallaxe
Si nous fermons un œil et regardons une scène sans bouger la tête, ce que nous voyons n'a pas de profondeur. Si nous bougeons la tête de droite à gauche, un certain relief apparaît. Les objets proches semblent plus bouger que les objets distants, une différence que notre cerveau traduit par un sentiment de profondeur. Cet effet de parallaxe est manifeste lorsque l'on regarde un paysage en voiture – les objets proches comme ces piliers passent vite mais les objets distants comme les arbres semblent à peine bouger.

La perspective
Notre cerveau évalue également la distance en décodant la perspective. Lorsque nous regardons un gratte-ciel d'en bas, nous avons l'impression que ses lignes se rejoignent – même si nous savons qu'elles sont verticales. Notre cerveau opère un calcul en fonction de cette connaissance et le transforme en perception de hauteur.

La perspective aérienne

Pour les paysages lointains, notre cerveau utilise une autre astuce pour évaluer la distance : la perspective aérienne. Dans ce cas, la couleur des objets distants, affectée par la teneur en humidité ou poussière de l'air, est prise en compte, comme sur cette image où les collines éloignées paraissent plus pâles et bleues. Lorsque les astronautes ont visité la Lune, où il n'y a pas d'air, l'absence de cet effet a faussé leur appréciation des distantes.

Nous évaluons la distance et la profondeur d'une dizaine de façons, ce qui prouve leur importance pour nous.

Ombre et lumière

Les objets, généralement éclairés par en dessus, projettent des ombres qui varient selon leur forme. Notre cerveau s'en sert pour évaluer les formes, nous permettant de faire la différence entre un ballon et un disque. La réaction est si instinctive que cela marche avec les images en deux dimensions. Nous voyons ici un creux entouré de bosses. Si nous retournons le livre, nous voyons une bosse entourée de creux.

Illusions d'optique

Les informations que nous avons en mémoire nous aident à interpréter ce que nous voyons. Elles peuvent cependant nous embrouiller. Sur cette image de mirage, l'« eau » bleue fait vraiment partie du ciel. Elle apparaît à la mauvaise place car notre vision est déformée par une couche d'air très chaud. Comme nous savons qu'il ne peut s'agir du ciel, nous supposons qu'il s'agit d'un reflet du ciel dans une étendue d'eau.

La plupart d'entre nous distinguons 200 couleurs, faisant toutes partie du spectre de lumière visible, du rouge au violet.

ILLUSIONS

Les illusions d'optique les plus efficaces sont souvent réalisées à l'aide de lignes et formes simples. Elles leurrent notre perception des angles, tailles et formes, nous amenant à voir, de façon inconsciente, autre chose que la réalité. Même lorsque nous connaissons l'astuce, il est difficile de ne pas être trompés.

Petit et grand

Le psychologue Edward Bradford Titchener a découvert que notre évaluation de la taille d'un objet était affectée par la taille des objets environnants. Les deux cercles rouges ci-dessous sont de taille identique mais l'un paraît plus gros car il est entouré de cercles plus petits. Les cinéastes utilisent cet effet élémentaire pour faire apparaître les monstres plus gros qu'ils ne le sont.

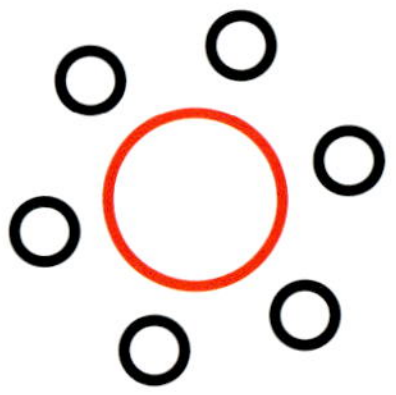

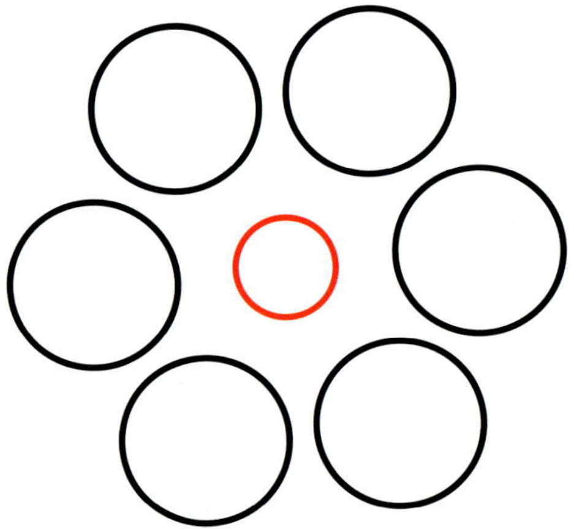

Mauvais sens

L'illusion Müller-Lyer incite le cerveau à penser que la section médiane de la ligne à gauche est plus longue que celle à droite. Les pointes de flèche ouvertes se terminent au-delà de la ligne et leurrent notre perception de la longueur et de la profondeur.

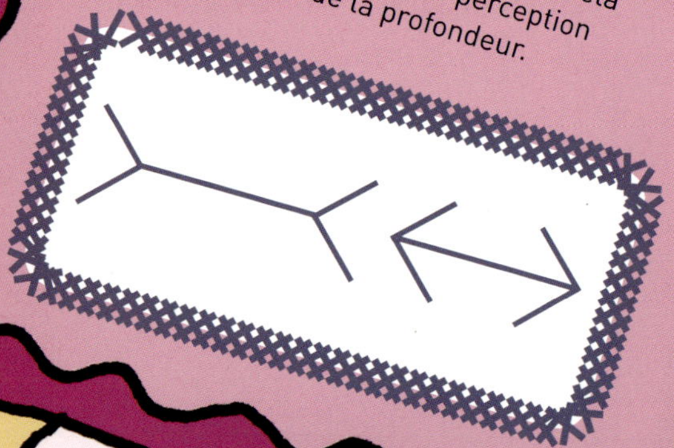

La quadrature du cercle

Les cercles concentriques conduisent notre cerveau à penser que l'image est en relief et à nous faire voir les lignes parfaitement droites du carré bleu légèrement incurvées.

gnes hachurées

ette illusion a été écouverte par astrophysicien allemand Johann Karl Friedrich Zöllner. Les quatre lignes verticales parallèles semblent inclinées. Nous ne savons pas pourquoi nous voyons ainsi des lignes qui sont parfaitement droites !

Pointilleux

Des points apparaissent aux croisements des lignes et pourtant ils n'existent pas – les lignes sont simplement brisées. Voyons-nous des points parce que notre cerveau reconstitue les limites des formes à partir de bouts d'information ? Ou voyons-nous l'illusion avant que le cerveau n'ait traité exactement l'image que nous regardons ?

Deux en un

Cette image simple contient deux illusions. Les lignes noires donnent un sentiment de perspective et de distance. Cela crée une seconde illusion qui fait apparaître le trait rouge du haut plus long que celui du bas alors que l'un et l'autre sont en réalité de même longueur.

SIMPLES

Le cycle de l'eau

L'artiste néerlandais M. C. Escher aime les illusions d'optique. Dans ce tableau, l'eau semble monter avant de se jeter en cascade pour mieux recommencer son impossible circuit. Si l'on y regarde de plus près, la technique utilisée est la même que celle du triangle de Penrose, ci-dessous.

Beauté fatale

L'illustrateur américain Charles Allan Gilbert a créé cette célèbre illusion d'optique. Que voyons-nous ? Une jeune femme se regardant dans un miroir ou une tête de mort grimaçante ?

ILLUSIONS IMPOSSIBLES

Regardons ces images et ces objets. Que voyons-nous exactement ? Une image ou deux ? Un objet improbable ? Le cerveau peut être amené à voir une image puis une autre sur un même dessin ou à appréhender une forme qu'il sait pertinemment impossible.

Face-à-face ?
Lorsque les yeux et le cerveau se concentrent sur un objet, ils l'isolent du fond. Mais quel est ici l'objet représenté. Dans cette illusion, certains voient un vase blanc sur fond noir, d'autres deux visages se faisant face sur un fond blanc.

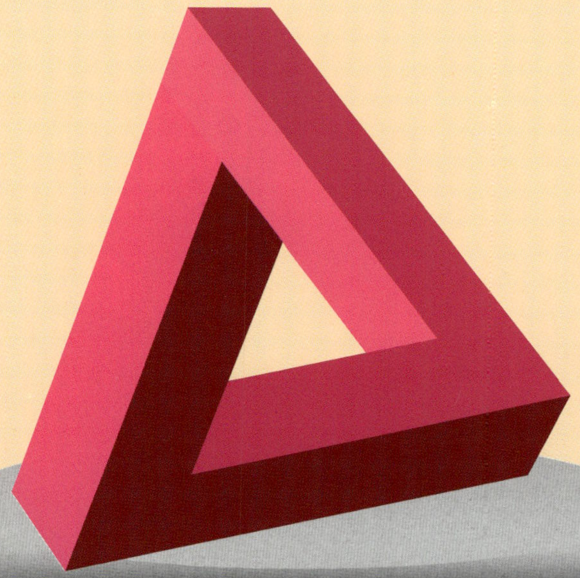

Triangle impossible
Cette illusion est l'œuvre du mathématicien Roger Penrose. Les trois barres droites du triangle apparaissent devant l'une et derrière l'autre en même temps et se rencontrent chacune à angles droits. Il est impossible qu'un tel objet existe en 3 D.

Deux ou trois ?
À l'instar du triangle de Penrose, cet objet ne peut pas être créé en 3 D. Nous voyons deux perspectives différentes en même temps, qui ne peuvent coexister. Trois tiges rondes à une extrémité ont une forme rectangulaire à l'autre. Personne ne sait vraiment qui a créé cette illusion – une énigme sur toute la ligne !

Cube fou
Nous pouvons voir cette forme de deux façons – un petit cube placé à l'intérieur d'un plus grand cube ou un grand cube dont il manquerait un coin. Ce motif existe déjà sur une mosaïque de sol mise au jour dans les ruines de l'antique cité romaine de Pompéi.

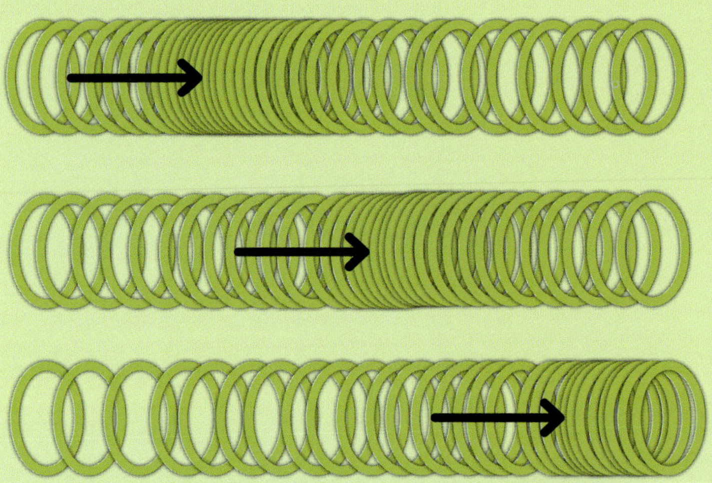

Ondes de pression
Le son circule dans l'air sous la forme d'ondes de pression. Imagine que tu pousses un long ressort en son extrémité afin de le comprimer. Les spirales comprimées se détendent et poussent le reste du ressort, comprimant d'autres anneaux en une onde de compression qui circule ainsi tout le long du ressort. C'est ainsi que sont transmis les sons dans l'air, les molécules d'air étant comprimées par de très rapides vibrations.

NOTRE OUÏE

Lorsqu'un chat est à l'affût, ses oreilles bougent constamment pour capter le moindre bruit. Nous ne pouvons pas orienter ainsi nos oreilles mais, comme lui, restons en veille afin de contrôler notre environnement et déceler un danger. Notre ouïe nous sert également à communiquer et à apprécier la musique. Nous entendons grâce à des organes qui collectent les données et les convertissent en un code que le cerveau peut exploiter. Sans ce traitement, ce code ne signifierait rien.

Grave et aigu
Chaque son a une hauteur donnée, en particulier ceux qui émanent d'instruments de musique. Un son aigu est causé par une vibration rapide tandis qu'un son grave est causé par une vibration lente. Les cordes courtes d'une harpe vibrent plus vite que les cordes longues et produisent des notes plus hautes.

Ton sur ton
Chaque son est un ensemble de tons ou harmoniques. Les instruments de musique produisent des harmoniques différents qui leur confèrent un timbre propre. C'est pourquoi une note jouée sur un instrument en métal tel qu'un saxophone est si différente de la même note jouée sur une clarinette en bois.

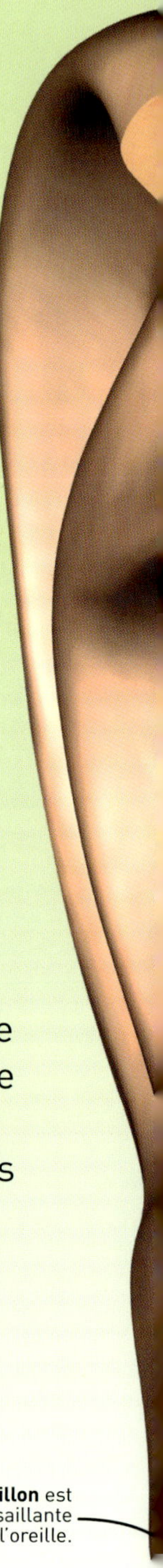

Le **pavillon** est la partie saillante de l'oreille.

Où est-il donc ?
Nous parvenons à situer l'origine d'un son selon son impact sur l'une ou l'autre oreille. Si le son est perçu plus fort dans l'oreille gauche, c'est qu'il vient de la gauche. Nous ne parvenons cependant pas aussi bien à évaluer la hauteur d'une source sonore. Si nous essayons de repérer un oiseau qui chante dans un arbre, nous avons plus de mal à juger de sa position.

Notre faculté à percevoir les sons aigus diminue avec l'âge. Les enfants entendent des sons plus hauts perchés que les adultes.

Des membranes qui vibrent

Les ondes sonores rebondissent sur nos tympans et les font vibrer. Chaque tympan transmet cette vibration par un ensemble de petits os mobiles à un tube en spirale rempli de liquide appelé cochlée. Le liquide dans la cochlée vibre également et les milliers de minuscules cellules auditives de sa paroi convertissent la vibration en signaux électriques transmis au cerveau.

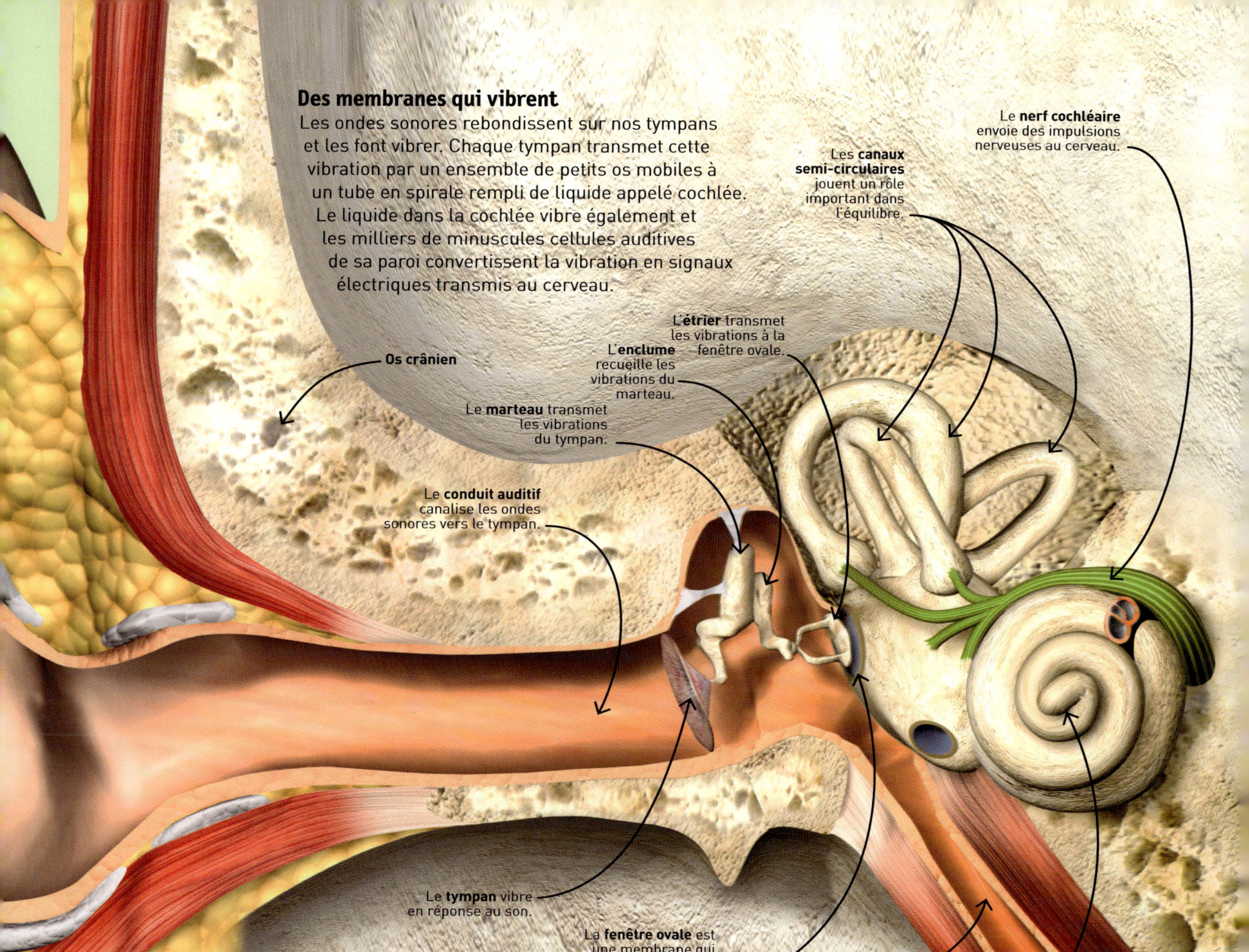

Tes oreilles renferment également les organes qui assurent ton équilibre lorsque tu fais du vélo.

Bruit ambiant

Nos oreilles transmettent un méli-mélo de sons au cerveau qui fait le tri, se concentrant sur un son et ignorant le bruit ambiant. Lors d'une fête, par exemple, nous écoutons consciemment une personne et ignorons les autres. Nous avons aussi une tendance inconsciente à ignorer les sons qui font constamment partie de notre environnement et ne faisons vraiment attention qu'aux sons nouveaux.

Lecture labiale

De nombreux malentendants comprennent ce que nous disons en lisant sur nos lèvres. Ce que nous faisons tous, dans une certaine mesure. Lors d'une fête, il est plus facile de suivre ce que nous dit un interlocuteur si nous regardons son visage et ses lèvres. Si nous détournons la tête, nous perdons quelque peu le fil de la conversation.

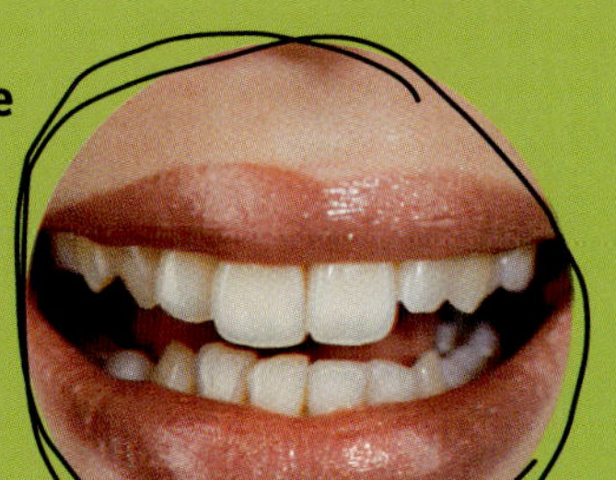

ENTENDS-TU ?

Tout ouïe !
Nous sommes constamment entourés de sons. Concentre-toi pour savoir combien tu peux en identifier.

Tu as besoin :
- d'un crayon et d'un carnet
- d'un lieu animé – un supermarché ou une aire de jeu, par exemple
- d'un chronomètre

Étape 1
Demande à tes parents de te conduire à l'endroit choisi. En une minute, essaie de noter toutes les choses que tu entends. Tu seras étonné(e) du nombre de sons que tu peux identifier.

Étape 2
Demande à tes parents de noter ce qu'ils entendent également. Identifient-ils les mêmes sons ?

Avec l'âge, notre faculté à déceler les sons diminue ; la liste de tes parents risque d'être moins longue !

Mono ou stéréo ?
Entends-tu bien avec une oreille ou as-tu besoin des deux pour localiser un son ? Cet exercice va te permettre de le savoir.

Tu as besoin :
- d'un bandeau
- d'objets qui ont des sons distincts, par exemple cuillère, réveil, instruments de musique et sifflet
- de coton
- d'amis

Étape 1
Bande les yeux d'un volontaire, en veillant à ne pas couvrir ses oreilles. Puis demande à tes amis de se placer autour de lui.

Étape 2
Donne-leur un objet. L'un après l'autre, demande-leur de faire du bruit avec cet objet puis demande au volontaire d'identifier ce son et sa provenance. Note ses réponses.

Étape 3
Bouche maintenant une oreille du volontaire avec du coton et recommence l'exercice. Note et compare les résultats. Sont-ils moins bons cette fois-ci ?

Le son parvient à nos oreilles de manière asymétrique, de sorte qu'elles envoient des signaux différents au cerveau. Cette information est utilisée par ce dernier pour détecter la provenance et la distance du son.

Les trois plus petits os de notre corps se trouvent dans l'oreille – le plus petit est l'étrier, de la taille d'un grain de riz environ.

Qu'entendons-nous ? D'un murmure à une sonnerie de téléphone, nos oreilles captent toutes sortes de sons. Fais les tests suivants pour découvrir toutes les informations que nous traitons par nos oreilles.

Il n'y a pas de bruit dans l'espace puisque le son a besoin d'un support pour voyager, tel que l'air ou l'eau.

C'était quoi ?

Teste ta perception auditive en identifiant ces sons.

Tu as besoin :
- de papier
- de scotch
- de ciseaux
- de 3 bouteilles vides
- de riz cru
- de haricots secs
- de pâtes sèches
- d'un sac vide
- d'amis

Étape 1

Place chaque aliment sec dans une bouteille distincte. Secoue chaque bouteille pour faire entendre le bruit que ces aliments font à tes amis. Puis enveloppe les bouteilles de papier avant de les mettre dans le sac.

Étape 2

Demande à tes amis de fermer les yeux et sors les bouteilles, une à une. Peuvent-ils identifier ce que les bouteilles contiennent en les secouant ?

Tout au long de notre vie, notre cerveau emmagasine les informations qui lui parviennent, ce qui nous permet d'identifier les sons que nous rencontrons.

Bouteilles musicales

Cet exercice va te permettre de découvrir les différentes hauteurs d'un son.

Tu as besoin :
- de 3 bouteilles en verre vides
- d'une carafe d'eau.

Étape 1

Remplis deux bouteilles d'une quantité différente d'eau et laisse la troisième vide. Si tu souffles sur le goulot de la bouteille vide, tu obtiens un son grave. Plus la bouteille contient de l'eau, plus le son est aigu.

Étape 2

Si tu frappes la paroi de ces bouteilles, tu obtiens l'effet contraire : la bouteille vide émet le son le plus aigu, la bouteille la plus remplie le son le plus grave.

La différence de son s'explique par la vitesse à laquelle l'air vibre. Lorsque la bouteille est à moitié pleine, il y a moins d'air ; il vibre alors plus vite, à une hauteur plus élevée. Lorsque la bouteille est vide, la vibration est plus lente et le son plus bas.

Wolfgang Amadeus Mozart

Wolfgang à six ans, jouant aux côtés de sa sœur Nanneri et de leur père Léopold lors de leur première visite à Paris, en 1762.

Certains sont doués pour la musique et en jouent merveilleusement dès leur plus jeune âge. D'autres, plus rares, parviennent à composer un arrangement orchestral complexe. Parce qu'il en a été capable très tôt, Wolfgang Amadeus Mozart, un des plus grands compositeurs de tous les temps, est considéré comme le plus célèbre de ces génies de la musique.

Enfant prodige

Mozart a vu le jour en Autriche en 1756. Sans doute parce que son père était musicien professionnel, il a déchiffré une partition avant même de savoir lire et a joué et composé dès l'âge de cinq ans. Alors qu'il n'avait que six ans, en compagnie de sa sœur qui était également musicienne, il a parcouru l'Europe avec son père qui les présentaient fièrement comme des enfants prodiges.

Perché sur un épais coussin, le jeune Mozart enchante une assemblée d'aristocrates par ses talents d'organiste.

Talent d'improvisation

Mozart a excellé dans l'art des variations musicales. Selon un témoin qui l'avait vu jouer adolescent, il pouvait improviser ainsi pendant plus d'une heure, avec tant de talent que les musiciens accomplis en restaient bouche bée. Pour lui, ces improvisations n'étaient qu'un divertissement, le vrai défi étant de composer une œuvre originale et passionnante.

Ce portrait de Mozart, alors âgé de vingt-six ans, montre son goût des beaux habits.

En 1787, l'empereur Joseph II d'Autriche fait de Mozart son compositeur officiel.

Plaisir et jeux

Malgré son génie, Mozart ne vivait pas que pour la musique. Il aimait monter à cheval, danser et jouer au billard. Lorsqu'il a commencé à bien gagner sa vie à Vienne, il a acheté une table de billard et un nouveau piano. Amateur de farces, il était connu pour son sens de l'humour. Il appréciait également les habits voyants et serait apparu sur scène « avec un manteau cramoisi et un bicorne orné d'un feston doré ».

Mémoire musicale

Mozart avait une fantastique mémoire musicale. Il a pu ainsi retranscrire l'œuvre d'un confrère de mémoire alors qu'il ne l'avait entendue que deux fois. Sa capacité à absorber les idées des autres et à les associer aux siennes lui a permis de créer une musique inventive, raffinée et puissante, considérée par beaucoup comme ce qu'il y a de plus beau.

Ici, un petit orchestre typique de la fin du XVIIIe siècle accompagne un compositeur jouant un concerto pour piano.

Travailleur acharné

En dépit de son étonnant talent naturel, Mozart travaillait très dur. Il écrivait généralement plusieurs versions de chaque pièce, ajoutant toujours plus de détails jusqu'à ce que l'œuvre lui paraisse achevée. Lorsqu'il était en retard et qu'il accompagnait au piano, il recopiait les partitions des musiciens et jouait la sienne de mémoire, inventant même des notes au fur et à mesure.

Compositeur indépendant

En 1781, Mozart a défié les conventions du XVIIIe siècle et est devenu compositeur et musicien indépendant. Il a réussi dans un premier temps mais est tombé malade en 1790. Il est mort en 1791 à l'âge de trente-cinq ans, laissant derrière lui plus de 600 œuvres au nombre desquelles des symphonies, opéras et concertos pour divers instruments.

Même s'il a été le plus célèbre musicien de tous les temps, Mozart n'a pas eu de chance avec l'argent et est mort sans un sou.

LE GOÛT ET L'ODORAT

Le goût et l'odorat, sens en étroite relation, nous aident à apprécier ce que nous mangeons. Notre odorat est précieux à plusieurs titres. Il nous prévient de dangers potentiels et nous aide à reconnaître des lieux, choses ou personnes familières. Notre cerveau réagit fortement aux odeurs, notamment aux senteurs mémorisées depuis longtemps.

Bourgeon gustatif

La plupart des cellules qui détectent le goût sont concentrées sur la langue, par grappes appelées bourgeons gustatifs. Il y en a près de 10000, contenant chacune 50 à 100 cellules recouvertes de « poils gustatifs ». Salive et aliment dissous pénètrent dans le bourgeon par un minuscule pore. Les cellules réagissent aux substances chimiques de l'aliment en envoyant des impulsions nerveuses au cerveau.

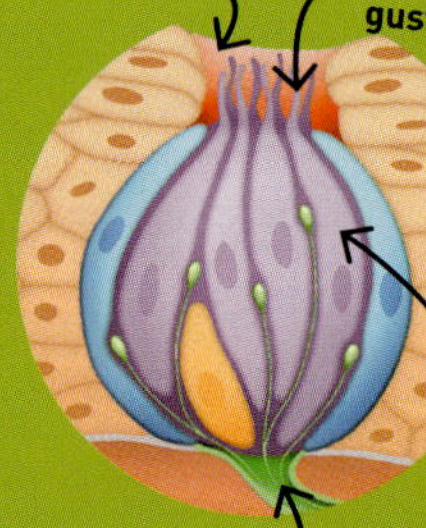

Des goûts simples

Nos bourgeons gustatifs ne distinguent que cinq saveurs clés : salé, sucré, amer, acide et savoureux (ou *umami*). Cette combinaison est trop limitée pour prendre en compte tous les goûts rencontrés ; elle est donc soutenue par notre odorat qui joue un rôle important dans l'« appréciation » des aliments. Pour preuve, lorsqu'un rhume nous fait temporairement perdre notre odorat, nous nous rendons alors compte que notre goût est déficient.

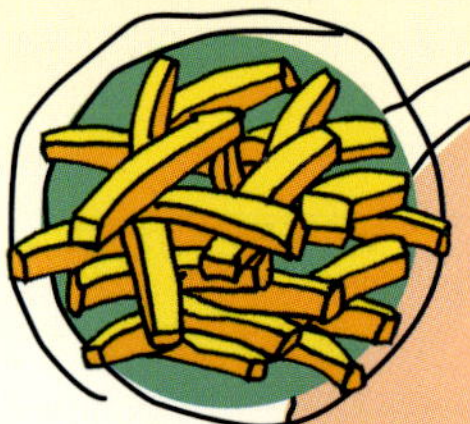
SALÉ

ACIDE

SUCRÉ

AMER

SAVOUREUX

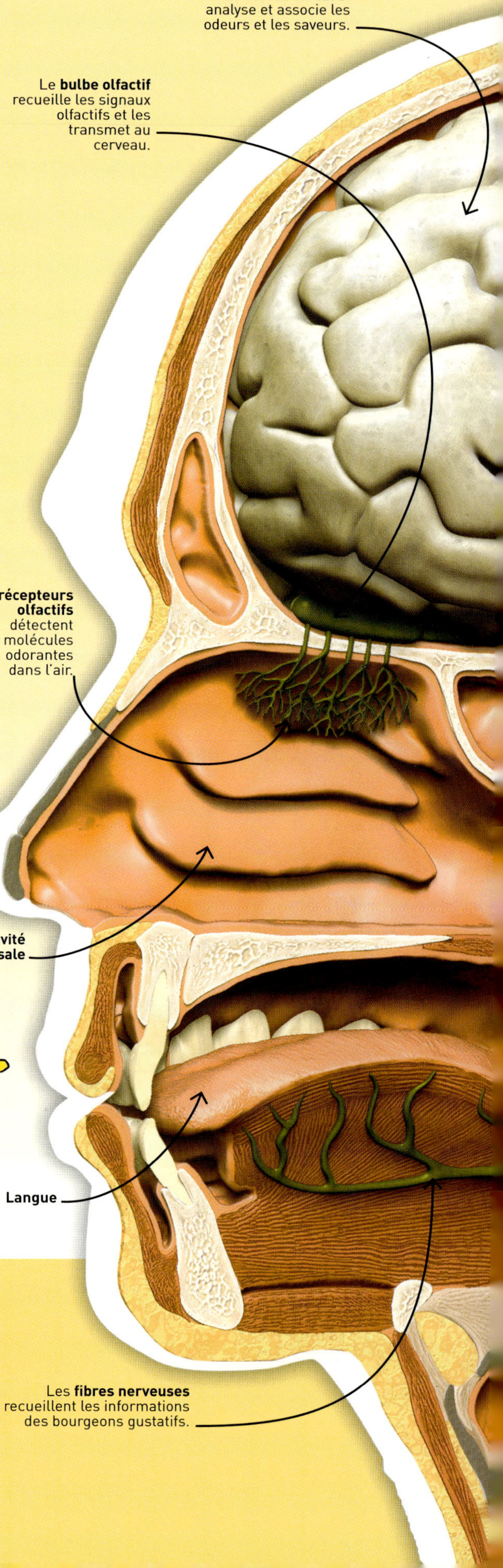

Signaux olfactifs

L'odorat humain, limité par rapport à celui des animaux, est bien plus raffiné que notre goût et nous permet de détecter des milliers d'odeurs. Des molécules odorantes circulent dans l'air et sont détectées, lorsque nous respirons, par deux plaques de cellules sensorielles situées dans notre cavité nasale. Des fibres nerveuses traversent le crâne vers le bulbe olfactif, où d'autres cellules nerveuses transfèrent les signaux olfactifs codés au cerveau.

Nous avons tous une identité olfactive unique, déterminée notamment par nos gènes, notre alimentation et notre type de peau.

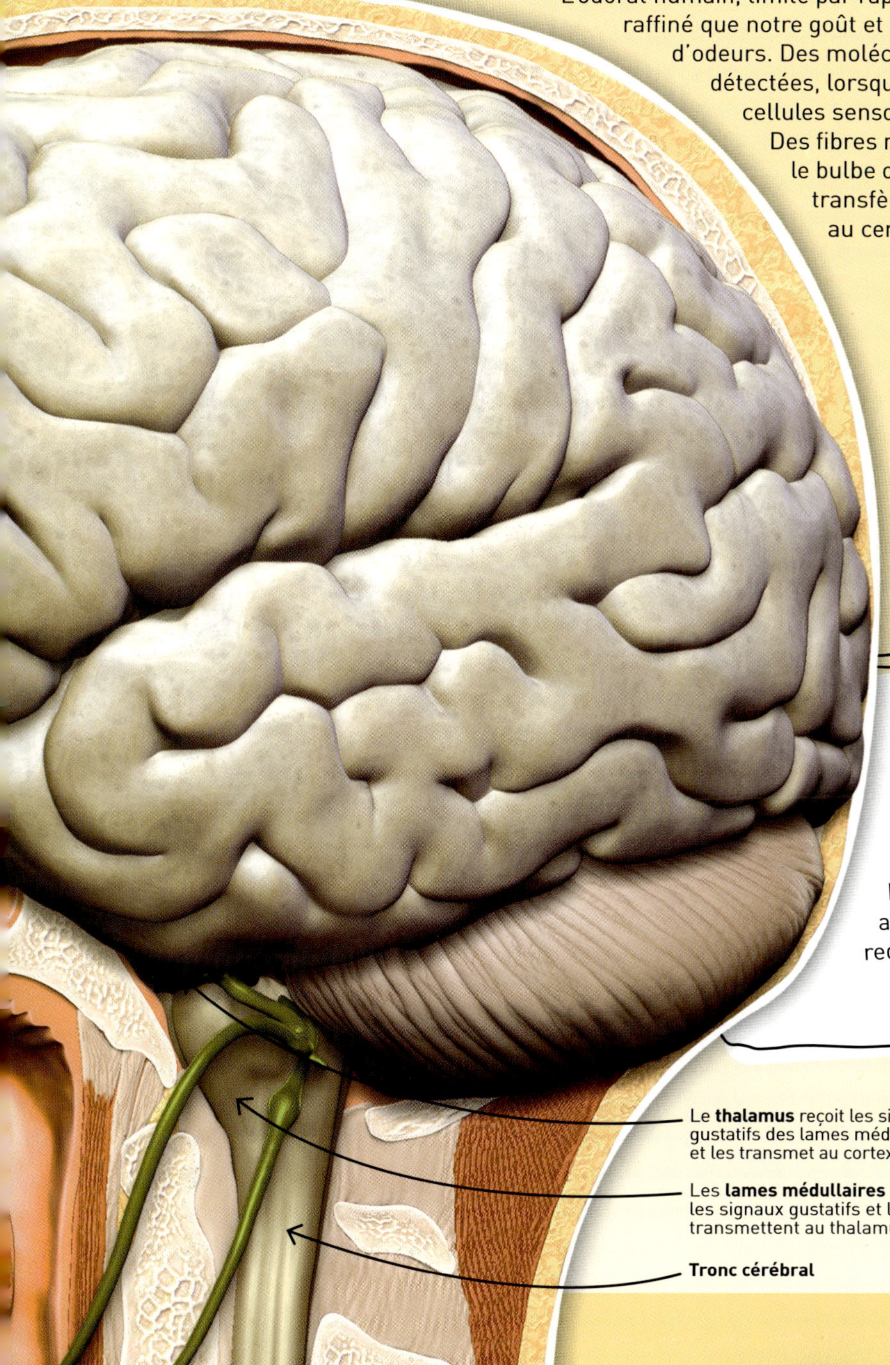

Réaction instinctive

Le bulbe olfactif fait partie du système limbique situé en haut du tronc cérébral. Ce système joue un rôle important dans la mémoire et l'émotion. Voilà pourquoi les odeurs peuvent déclencher de vives émotions et réveiller de vieux souvenirs. L'information olfactive est également transmise au cortex pour être consciemment analysée, ce qui requiert un peu plus de temps que la réaction instinctive.

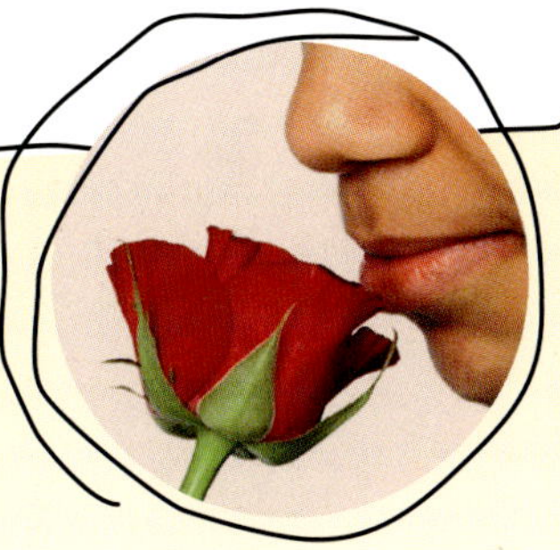

Des nez professionnels

Pour certains, le nez est un instrument de travail. C'est le cas des parfumeurs, des œnologues et des mélangeurs de thé. Ces derniers par exemple peuvent « goûter » les thés mais leurs bourgeons gustatifs arrivent à peine à les identifier. Ils utilisent alors leur fin odorat pour choisir le mélange qui aura la meilleure saveur.

DES SENS SENSIBLES

Contrairement aux autres sens, odorat et goût fonctionnent par détection de substances chimiques. L'odorat nous permet de distinguer jusqu'à 10 000 odeurs différentes. Certains d'entre nous ont un goût et un odorat très développés. Les exercices suivants nous permettent de mieux cerner ces sens.

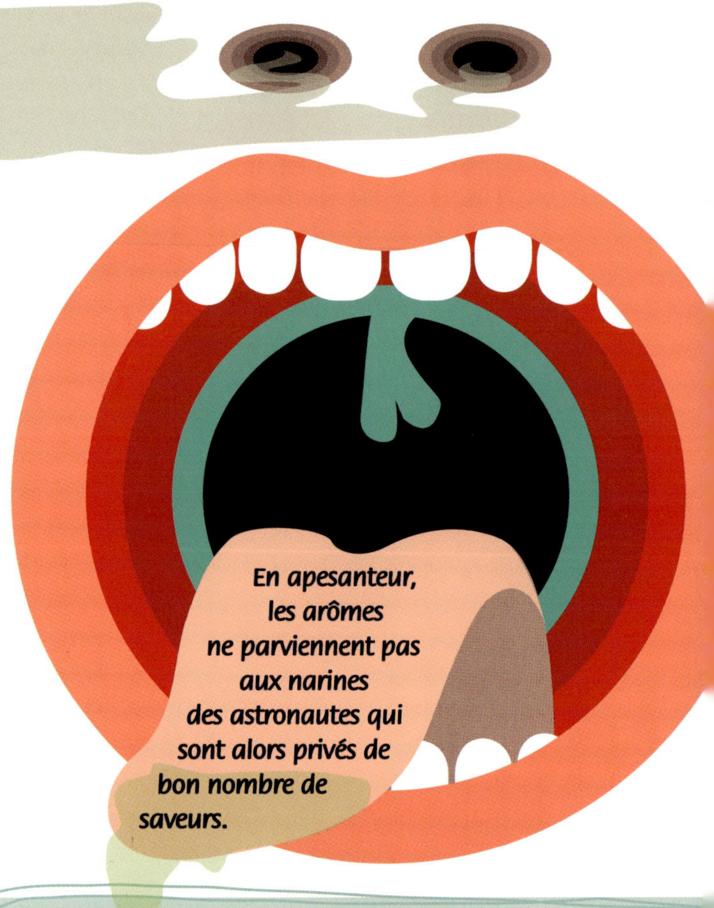

Nez bouché

Ta capacité à sentir le goût d'un aliment est-elle altérée si ton nez est bouché ? Suis les étapes suivantes pour le découvrir.

Tu as besoin :
- de divers aliments, de goût et saveur différents
- d'un verre d'eau
- de deux amis

Étape 1
Demande au premier volontaire de goûter les aliments un à un, en se rinçant la bouche entre deux. Note les réponses.

Étape 2
Répète l'étape 1 avec le second volontaire mais en demandant cette fois qu'il se bouche le nez. Qui a donné les meilleures réponses ?

Lorsqu'on ne peut sentir ce que l'on mange, il est plus difficile de reconnaître les saveurs. Si ton nez est bouché à cause d'un rhume, tu risques de trouver les aliments insipides.

Voir, c'est croire !

Sais-tu bien identifier ce que tu manges ?

Tu as besoin :
- de confitures de différents parfums
- de quelques coupelles et cuillères
- d'un bandeau
- de deux amis
- d'un crayon et de papier

Étape 1
Mets un peu de chaque confiture dans une coupelle distincte.

Étape 2
Bande les yeux de ton premier ami, en t'assurant qu'il ne voit pas la confiture auparavant. Puis demande-lu[i] de goûter et d'identifier la saveur. Note les résultats.

Memory des odeurs

Ce test va te permettre de savoir si tu as un excellent nez.

Tu as besoin :

- d'un bandeau
- de six coupelles et de trois produits très parfumés tels que banane, café, fleurs ou savon
- d'un ami

Étape 1
Mets chaque produit dans deux coupelles puis mélange les coupelles.

Étape 2
Bande les yeux de ton ami et demande-lui d'identifier les produits qui ont la même odeur. A-t-il eu du flair ?

Notre odorat est beaucoup plus sensible que notre goût – près de 10 000 fois plus. Il nous prévient de dangers potentiels en détectant des odeurs toxiques et nous permet de dire si un aliment est avarié ou trop mûr.

Étape 3
Demande à ton deuxième ami d'identifier les saveurs, sans lui bander les yeux. Note également ses réponses.

Étape 4
Compare les résultats entre les deux dégustations. Ton ami aux yeux bandés a-t-il commis des erreurs ou a-t-il eu besoin de plus de temps ?

Nous avons l'habitude de voir les aliments d'une certaine couleur, ce qui nous aide à identifier leur saveur.

Le facteur chimique

Découvre si la salive joue un rôle dans la fonction gustative.

Tu as besoin :

- de papier essuie-tout
- de divers aliments secs, biscuits, gâteaux ou crackers, par exemple
- de deux amis

Étape 1
Tamponne la langue d'un volontaire avec l'essuie-tout afin d'en retirer toute salive. Le second volontaire teste les aliments normalement.

Étape 2
Demande à tes amis de goûter les aliments secs puis note ce qu'ils répondent concernant les saveurs ressenties.

Les substances chimiques des aliments ne peuvent atteindre nos bourgeons gustatifs que si la nourriture a été dissoute dans la salive.

NOTRE TOUCHER

La peau est l'organe le plus étendu du corps humain. Elle a de nombreuses fonctions, nous servant notamment de barrière protectrice. Elle nous fournit des informations vitales sur notre environnement, grâce aux millions de cellules sensorielles qu'elle contient et qui réagissent à différents stimuli – de la caresse la plus douce à la douleur la plus vive.

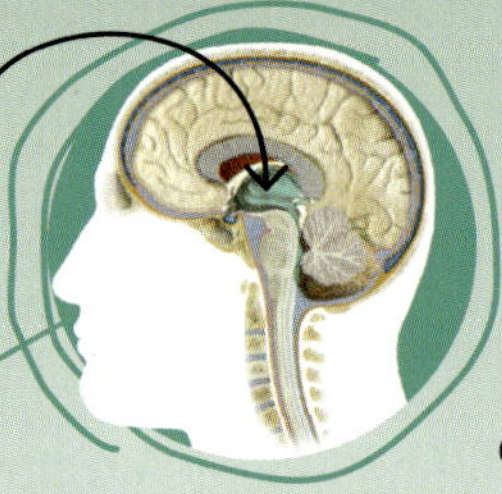

Une peau sensible

La peau humaine renferme six types de capteurs sensoriels, terminaisons nerveuses ramifiées ou fibres nerveuses qui se terminent en minuscules disques ou capsules. Ces capteurs sont sensibles aux pressions, vibrations, modifications de température et chocs. Certaines terminaisons nerveuses analysent les données transmises par les racines du poil.

La peau contient environ 18 millions de capteurs qui envoient constamment des informations au cerveau.

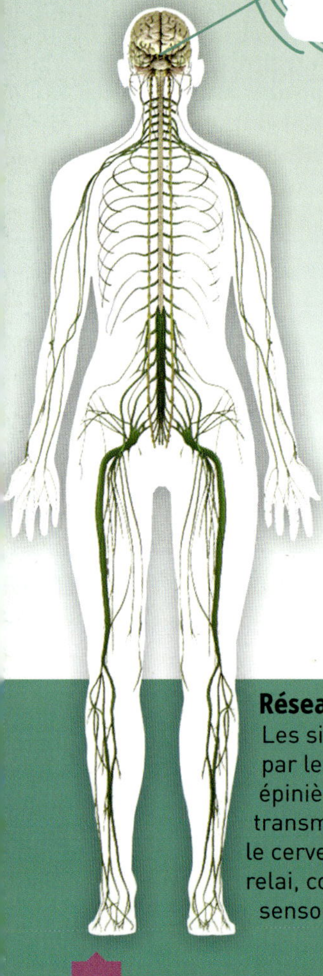

Réseau de transmission

Les signaux sensoriels de la peau sont transmis par le système nerveux périphérique à la moelle épinière puis au thalamus. Ce dernier les transmet au cortex somato-sensoriel, situé dans le cerveau. Le thalamus agit comme une station-relai, comme il le fait pour toutes les informations sensorielles, à l'exception des odeurs.

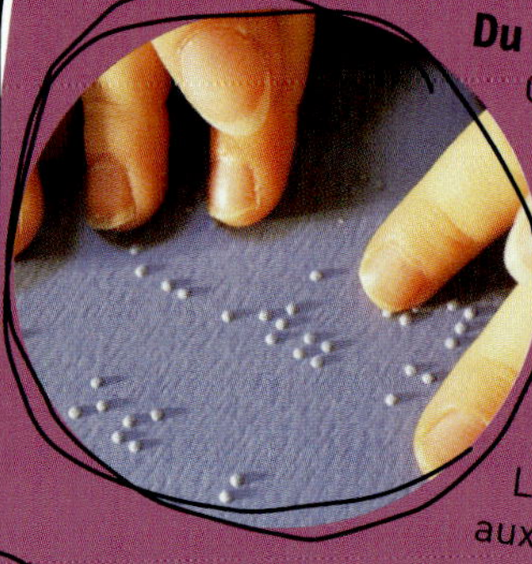

Du bout des doigts

Certaines parties de notre peau sont plus sensibles que d'autres. Si une chose touche notre jambe, nous le sentons mais la sensation reste vague. En revanche, le bout de nos doigts est très sensible et nous permet de sentir les formes et les textures. Les doigts permettent même aux malvoyants de lire en braille.

Carte sensorielle
Cet étrange personnage nous montre comment le cerveau réagit au toucher selon les différentes parties de notre corps. Chaque partie de son corps est représentée de manière proportionnelle au nombre de capteurs tactiles qu'elle possède. Ses mains sont ainsi plus grandes que ses pieds car beaucoup plus sensibles.

La partie la moins sensible du corps est le milieu du dos.

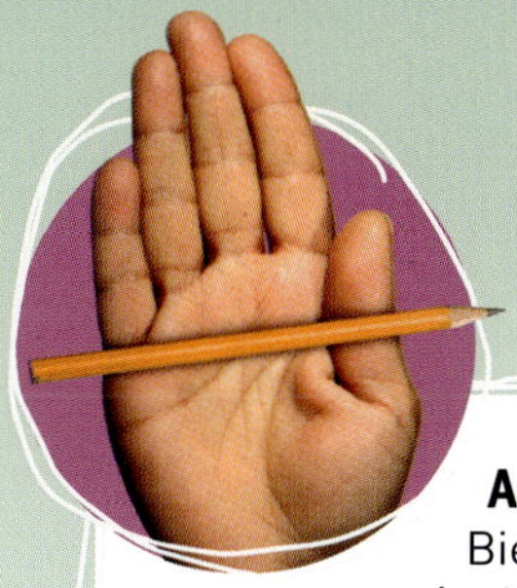

Accoutumance
Bien que le cerveau réagisse fortement à toute information nouvelle transmise par la peau, il s'habitue aux messages constants ou répétitifs. Cet effet concerne tous les sens mais est très facile à vérifier avec le toucher. Si nous tenons un crayon dans la paume de la main, par exemple, nous le sentons immédiatement puis, au bout de quelques secondes, la sensation s'estompe. Habitués à cette présence, certains capteurs de la peau cessent alors d'envoyer des signaux.

La douleur
Les terminaisons nerveuses de la peau enregistrent la douleur en réagissant à des substances chimiques appelées prostaglandines et histamines sécrétées par les cellules endommagées. La douleur, d'abord brève et vive, nous fait retirer notre main du feu dans un mouvement réflexe. Puis la perception plus lente débute après le réflexe et déclenche une douleur persistante.

TOUCHE-À-TOUT

À l'aveuglette

Parviendras-tu à identifier des objets simplement en les touchant ?

Tu as besoin :

- d'une boîte trouée de part et d'autre ou d'une taie d'oreiller
- de divers objets de toutes tailles : cuillère, balle, pomme, éponge, pierre, pomme de pin et plume par exemple
- de chaussettes ou gants en caoutchouc
- d'un ami

Étape 1

Place quelques objets dans la boîte ou la taie. Demande à ton ami de glisser sa main dans la boîte et d'essayer d'identifier les objets en les touchant.

Étape 2

Demande maintenant à ton ami d'enfiler les chaussettes ou les gants en caoutchouc et de toucher les objets. Quel est, cette fois, son taux de réussite ?

Si nos mains sont gantées, il nous est plus difficile de dire ce que nous touchons car la quantité d'informations tactiles envoyées au cerveau est réduite.

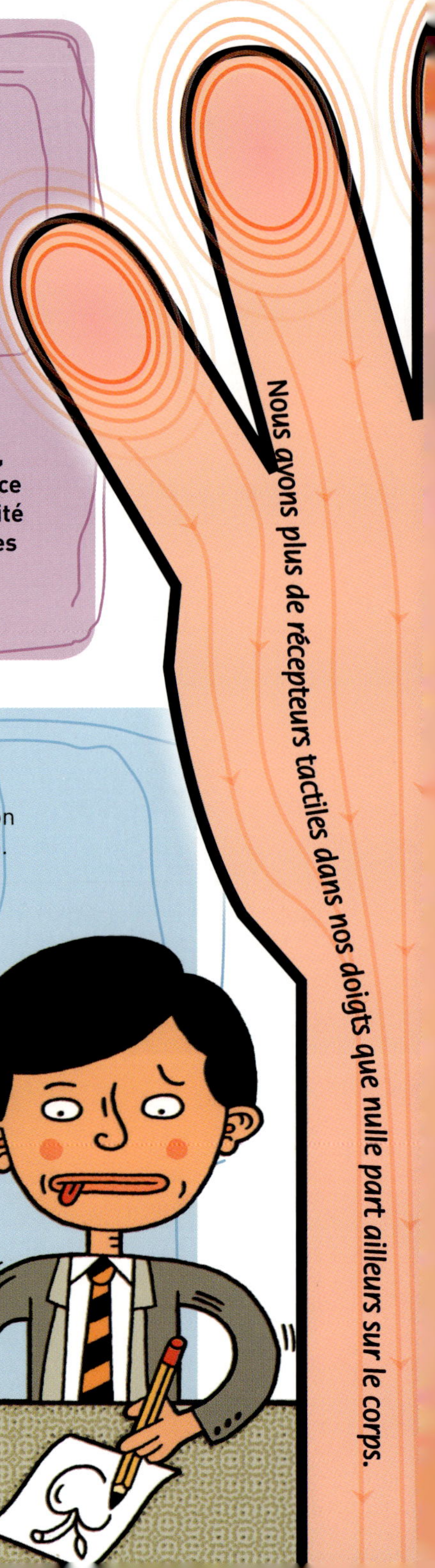

Nous avons plus de récepteurs tactiles dans nos doigts que nulle part ailleurs sur le corps.

Artiste au travail!

Peux-tu évaluer la taille, la texture et la forme d'un objet simplement en le touchant ? Cette activité va te permettre de le savoir.

Tu as besoin :

- d'une boîte pourvue d'une ouverture
- de divers objets : plume, pomme, livre et porte-monnaie par exemple
- d'un crayon et de papier
- d'un ami

Étape 1

Demande à ton ami de mettre sa main dans la boîte et de prendre un objet.

Étape 2

Demande-lui de fermer les yeux, de sentir l'objet puis de dessiner sa forme et ses dimensions. Demande-lui également de décrire la texture de l'objet.

Étape 3

Lorsqu'il a fini, compare son dessin à l'objet en question. A-t-il été précis ?

Nous avons différents types de récepteurs sous la peau qui nous permettent d'appréhender un objet simplement en le touchant – sentir sa consistance, sa forme, sa taille, etc.

Notre corps est couvert de récepteurs tactiles qui réagissent à diverses sensations – pression, douleur et température. Explorons notre sens du toucher grâce aux activités suivantes.

Sensibilité

Cette activité nous montre que certaines parties de notre corps sont plus sensibles que d'autres.

Tu as besoin :

- d'un trombone

Étape 1

Défais le trombone puis recourbe-le de façon à ce que ses extrémités soient distantes d'un centimètre.

Étape 2

Ferme les yeux ou regarde ailleurs. Fais glisser le trombone du bout de tes doigts, le long de ta paume de main jusque sur ton avant-bras. Sens-tu les pointes du trombone sur ton avant-bras ?

Ton avant-bras n'est pas aussi sensible que tes doigts. Tu n'as peut-être senti qu'une pointe ou eu l'impression que les deux pointes du trombone étaient réunies.

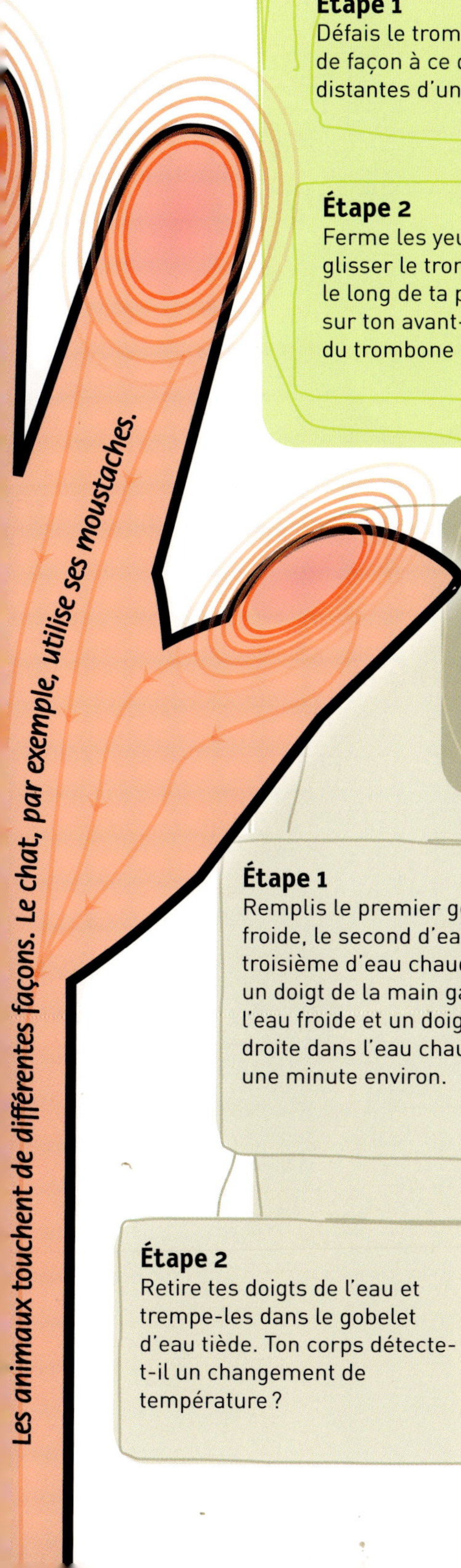

Les animaux touchent de différentes façons. Le chat, par exemple, utilise ses moustaches.

Chaud ou froid ?

Ce test te permettra de comprendre comment les récepteurs thermiques détectent les changements de température.

Tu as besoin :

- de trois gobelets en plastique
- d'eau glacée, d'eau tiède et d'eau chaude à 40-50 °C. Demande à un adulte de vérifier la température avec un thermomètre.
- d'un chronomètre

Le doigt qui était dans l'eau froide perçoit l'eau comme chaude tandis que le doigt plongé dans l'eau chaude la perçoit comme froide. Les récepteurs ne détectent pas la température de l'eau mais la comparent aux températures précédentes.

Étape 1

Remplis le premier gobelet d'eau froide, le second d'eau tiède et le troisième d'eau chaude. Plonge un doigt de la main gauche dans l'eau froide et un doigt de la main droite dans l'eau chaude pendant une minute environ.

Étape 2

Retire tes doigts de l'eau et trempe-les dans le gobelet d'eau tiède. Ton corps détecte-t-il un changement de température ?

LES ROIS DE L'ILLUSION

Vrai ou faux ?
Une chose « magique » semble défier les lois de la nature. C'est ainsi qu'un objet peut disparaître ou des pensées être devinées. Certains y croient comme ils croient aux esprits. Des cultes religieux, tel que le vaudou, reposent sur la magie. Mais nous sommes nombreux à reconnaître que la magie est une imposture, même si nous ne voyons pas la supercherie – ce qui en fait tout le charme.

Illusion
Un magicien lance une balle en l'air, deux fois, en la suivant des yeux. La troisième fois, il fait semblant de la lancer et ses yeux suivent son prétendu parcours en l'air. Nous avons alors l'impression que la balle a disparu. Le léger retard dans l'information visuelle qui atteint notre cerveau est compensé par une invention qui rend possible l'illusion.

Tour de passe-passe
La magie est associée à un art mais les arnaqueurs et pickpockets utilisent des techniques similaires. S'il est difficile de voir les artifices d'un magicien, il est encore plus malaisé de les reconnaître lorsqu'un individu distrait notre attention dans la rue et que son complice vole notre portefeuille. Attention !

Les magiciens sont parfois appelés illusionnistes car ils créent l'illusion qu'une chose magique se produit. Ils utilisent parfois des instruments mais trompent généralement le public en détournant son attention ou en usant de persuasion. Cet exercice requiert une grande compréhension du fonctionnement de l'esprit.

Les magiciens ont pratiqué la psychologie pendant des siècles avant même que ce mot ne soit inventé.

Distraction

Les tours de magie impliquent souvent de faire une chose d'une main tout en distrayant le public de l'autre. Parce que nous sommes concentrés sur une chose, nous ignorons le reste. Ce magicien attire l'attention des spectateurs sur une carte afin que personne ne le voie en faire « disparaître » une autre dans sa poche.

Contrôle inconscient

La méthode subliminale est une autre astuce utilisée par les magiciens. Par exemple, dans ce tour de cartes, le magicien passe rapidement en revue un jeu qui contient dix fois la même carte. Lorsqu'il demande à un volontaire de choisir une carte, celui-ci choisira presque toujours la carte qu'il a vue plusieurs fois.

Magie et psychologie

Les scientifiques s'intéressent de plus en plus à la magie. Ils se sont rendu compte que les magiciens connaissaient le cerveau humain depuis plus longtemps qu'eux. En analysant leurs tours, les chercheurs espèrent découvrir de nouvelles manières de comprendre la perception et le processus mental – et avoir ainsi une nouvelle connaissance du fonctionnement du cerveau.

TOURS DE MAGIE

Nous nous fions à nos sens pour appréhender notre environnement mais ces derniers peuvent aisément être trompés. Nous ne voyons pas la supercherie si notre attention est attirée loin de ce que le magicien est en train de faire. Avec un peu de pratique, tu vas pouvoir, toi aussi, jouer des tours à tes amis.

Le pouvoir des cartes

Tu peux inciter un ami à tirer une carte précise en lui laissant croire qu'il choisit au hasard.

Tu as besoin :

- d'un jeu de cartes
- d'un crayon et de papier
- d'une enveloppe
- d'un ami

Étape 1

Place à l'avance la dame de carreau en troisième position dans le jeu de cartes, en partant du dessus. Note le nom de cette carte sur un papier que tu mets dans une enveloppe.

Étape 2

Fais semblant de battre les cartes. Demande à ton ami d'aligner les six cartes du dessus en deux rangées de trois cartes. Regarde où est posée la dame de carreau. Demande à ton ami de désigner une rangée et retire la rangée qui ne contient pas la dame de carreau.

Étape 3

Demande à ton ami de désigner deux cartes. S'il choisit les deux premières cartes, retire-les et passe à l'étape 4. S'il choisit les première et troisième cartes, retire celle du milieu. S'il choisit les seconde et troisième cartes, retire la première. Demande-lui de choisir une autre carte – quelle qu'elle soit, veille à retirer celle qui n'est pas la dame de carreau.

Étape 4

Demande à ton ami de retourner la carte puis ouvre l'enveloppe qui, comme par magie, contient les mots « dame de carreau ».

Si tu agis avec confiance, ton ami sera convaincu que tu fais ce qu'il t'a demandé de faire. En fait, tu fais exactement ce qu'il faut pour que la dame de carreau soit choisie.

La pièce magique

Il faut être rapide et s'entraîner pour que ce tour fonctionne.

Tu as besoin :
- d'une pièce
- d'un ami

Étape 1

Devant ton ami, place la pièce dans la paume de ta main gauche, près du pouce.

Étape 2

Retourne rapidement tes mains, en faisant passer la pièce de dessous ta main gauche dans ta main droite.

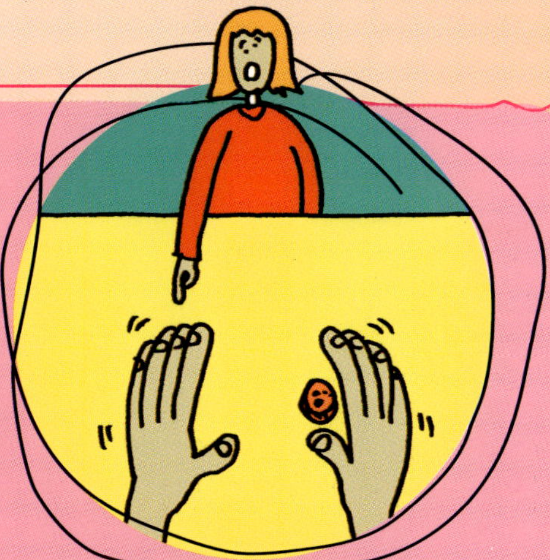

Étape 3

Demande à ton ami de désigner la main sous laquelle se trouve la pièce et soulève les mains !

N'ayant pas vu la pièce bouger, ton ami croit qu'elle est toujours sous ta main gauche.

Où est le verre?

Tu peux faire disparaître un objet. Tu vas devoir t'exercer un peu avant que ce tour ne soit parfait.

Tu as besoin :
- d'une pièce
- d'une table
- d'une chaise
- de papier
- d'un gobelet en plastique
- d'un ami

Étape 4

Place le papier (qui a encore la forme du gobelet) sur la pièce. Écrase ensuite le papier pour montrer que le gobelet a disparu. Dis alors : « Zut, je n'ai pas fait disparaître le bon objet ! » Mais tu sais en réalité que tu as fait disparaître ce qu'il fallait.

Étape 1

Place la pièce sur la table et le gobelet sur la pièce. Explique à ton ami que tu vas faire disparaître la pièce.

Étape 2

Enveloppe minutieusement le gobelet avec le papier de sorte à pouvoir voir la forme du gobelet sous le papier.

Étape 3

Soulève le gobelet empaqueté pour montrer que la pièce est encore là. Tandis qu'avec ton ami tu regardes la pièce, déplace le gobelet emballé vers le bord de la table et fais tomber le gobelet sur tes genoux, en gardant le papier à la main.

En attirant l'attention sur la pièce, et non sur le gobelet, tu as empêché le cerveau de ton ami de se concentrer sur ce qu'il se passait vraiment.

SENTIR NOTRE CORPS

Outre nos cinq sens – vue, ouïe, goût, odorat et toucher – nous sentons également des choses qui ne semblent pas liées à un sens particulier. Ces sensations, qui nous donnent conscience de notre corps, affectent pour la plupart notre inconscient mais ne sont pas pour autant dérisoires. Sans notre sens de l'équilibre, par exemple, nous ne pourrions pas tenir debout.

Équilibre
Notre oreille interne contient trois tubes osseux en forme de fer à cheval appelés canaux semi-circulaires. Chaque tube se termine par une extrémité renflée, ou ampoule, contenant des récepteurs qui détectent les fluctuations du fluide - sensible à nos mouvements - présent dans le tube. Des signaux sont envoyés au cerveau qui corrige notre équilibre.

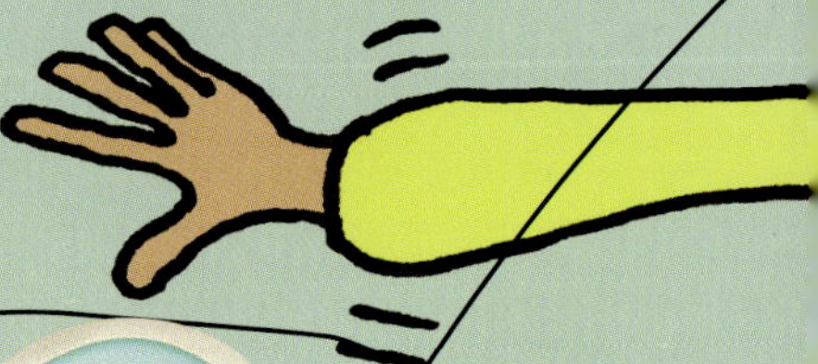

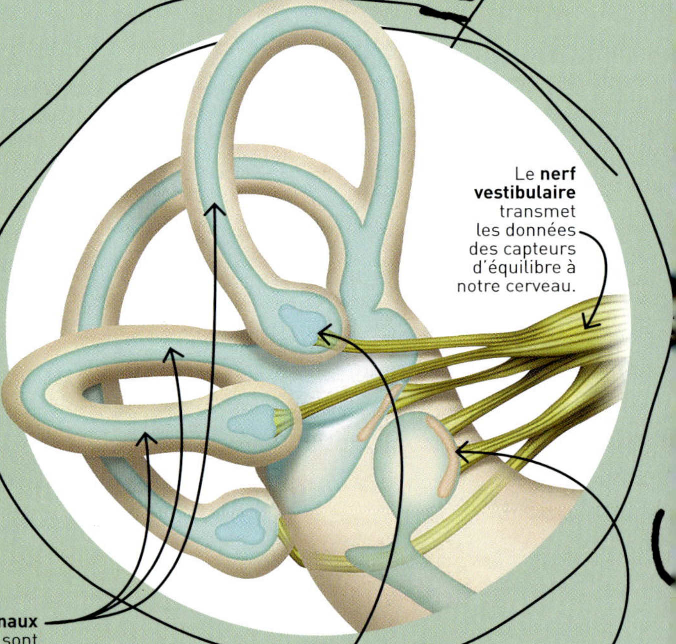

Mal des transports
Un manège peut nous donner « mal au cœur » car nos récepteurs de l'équilibre sont surstimulés. Nos yeux et nos oreilles donnent des informations contradictoires au cerveau, ce qui aggrave le malaise. Regarder l'horizon peut aider le cerveau à appréhender le mouvement.

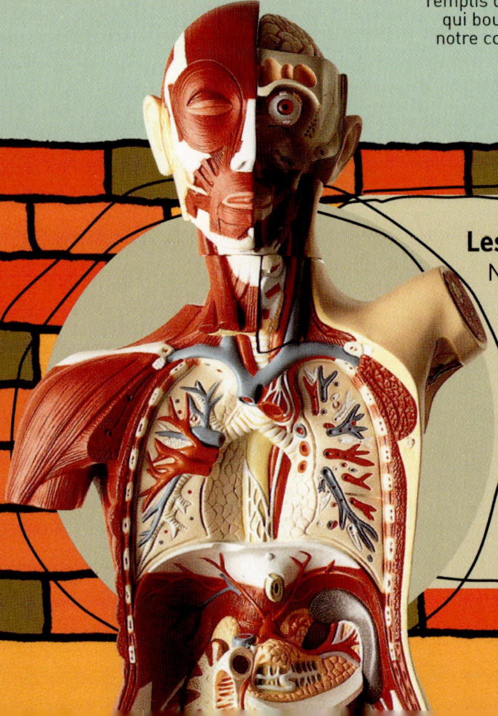

Les organes internes
Nous ne sommes généralement pas conscients de nos organes internes sauf lorsque nous ressentons des tiraillements d'estomac ou des gargouillis par exemple. Les problèmes intestinaux peuvent être douloureux. Lorsqu'un de nos organes internes nous fait mal, des substances chimiques sont libérées et détectées par les terminaisons nerveuses puis transmises au cerveau comme douleur.

Récepteurs articulatoires

Nos articulations sont pourvues de récepteurs qui détectent les mouvements afin que le cerveau contrôle la position de nos membres et corrige notre équilibre. Sans cela, nous ne pourrions attraper une balle ni toucher notre nez, les yeux fermés – nous y arrivons car nous savons où se trouve notre main dans l'espace.

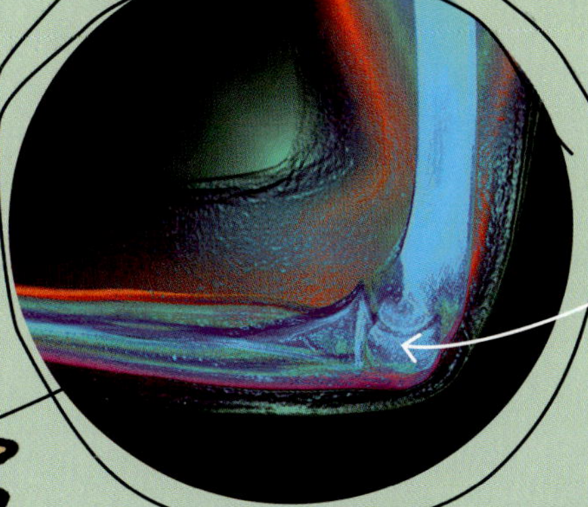

L'**articulation du coude** contient des récepteurs tactiles.

Récepteurs musculaires

Nos muscles contiennent également des récepteurs qui détectent la manière dont ils s'étirent et se contractent et les forces qui agissent sur eux. Les signaux sont envoyés au cortex somato-sensoriel. Cela permet à un haltérophile de sentir la tension dans ses muscles lorsqu'il soulève une charge – et de la reposer avant qu'il ne se déchire quelque chose.

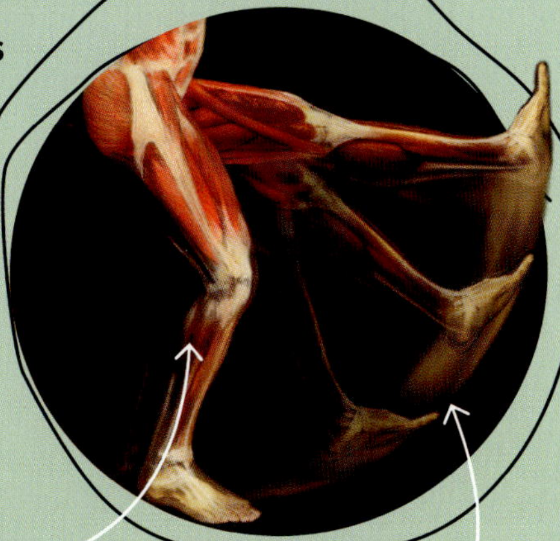

Les **récepteurs musculaires du mollet** détectent l'extension ou la contraction.

Donner un coup de pied étire le muscle, ce qui envoie un signal au cerveau.

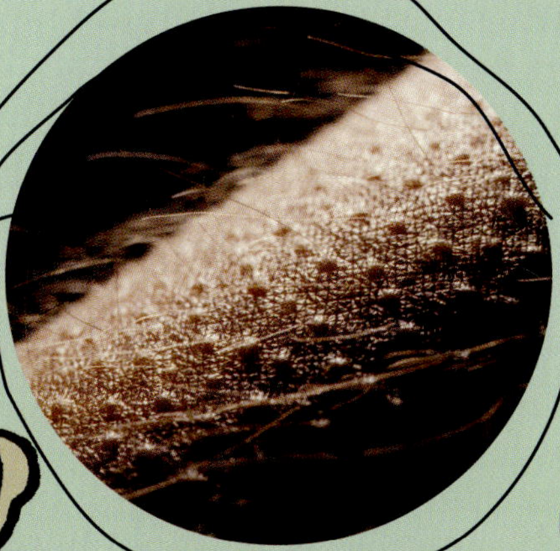

Chair de poule

Lorsque nous avons peur ou froid, de minuscules muscles dans notre peau font se dresser nos poils. Il y a longtemps, alors que l'espèce humaine était plus poilue, cela permettait aux hommes de paraître plus gros et d'effrayer un ennemi, tout en augmentant l'effet protecteur des poils. Aujourd'hui, cela provoque simplement de petites protubérances sur notre peau qui font penser à la peau d'une poule plumée.

Membres fantômes

Lorsque l'on perd un membre à la suite d'un accident ou d'une amputation, le cerveau en garde souvent une image mentale. Il est fréquent que la personne amputée ressente une douleur ou d'autres sensations dans ce membre, même s'il a disparu. L'illusion de la persistance d'un membre amputé semble être causée par une confusion du cortex somato-sensoriel stimulé par le contrôle d'une autre partie du corps.

ILLUSIONS CORPORELLES

Notre cerveau semble parfois n'en faire qu'à sa tête. Il peut nous empêcher d'agir ou nous faire ressentir des choses qui n'existent pas. Essaie les expériences suivantes et découvre par toi-même comment fonctionne ce mystérieux cerveau.

Difficile de résister
Ce test illustre l'une des façons dont le cerveau protège notre corps d'une blessure éventuelle – même si, dans ce cas, cela ne fait pas mal.

Étape 1
Demande à un ami de tendre un bras. Demande-lui de résister lorsque tu appuies avec deux doigts sur son poignet – il va pouvoir aisément résister à la force exercée sur son bras.

Étape 2
Demande-lui maintenant de poser un pied sur une marche ou une pile de livres et répète le test.

L'illusion d'Aristote est la plus ancienne illusion corporelle connue. Croise les doigts et touche un petit objet rond, un petit pois par exemple, et tu auras l'impression de toucher deux petits pois !

Le nez de Pinocchio
Tu aimerais savoir ce que cela fait d'avoir un nez aussi long que celui de Pinocchio ? Découvre-le grâce à ce test.

Pour savoir où se trouve notre nez, le cerveau fait appel au sens du toucher. Lorsque les sensations de tes doigts sur le nez de ton ami interfèrent avec les messages de tes doigts sur ton nez, ton cerveau commence à croire que le nez de ton ami est le tien.

Étape 1
Bande-toi les yeux et tiens-toi derrière un ami.

Étape 2
D'une main, trouve le nez de ton ami et frotte-le. Reproduis exactement ce mouvement de ton autre main sur ton nez. Rapidement, tu devrais avoir la sensation que le nez de ton ami est le tien. Quel long nez !

Étape 3
Cette fois, ton ami ne va pas pouvoir résister et tu vas aisément parvenir à abaisser son bras.

Tu n'es pas soudain devenu ultra-fort. Lorsque ton ami pose son pied sur la marche, son cerveau pense que la colonne vertébrale est dans une position vulnérable et « déconnecte » la résistance pour se concentrer sur la protection du corps.

Lapin sauteur
L'une des illusions les plus connues est cette expérience dite du lapin sauteur, dont le fonctionnement n'est toujours pas très bien compris.

Étape 1
Demande à ton amie de fermer les yeux, puis tapote cinq fois son poignet, trois fois l'intérieur de son coude et deux fois le haut de son bras. A-t-elle ressenti chaque tapotement ?

Au lieu de sentir les tapotements là où ils sont donnés, ton amie a eu l'impression d'avoir été tapotée tout le long du bras, un peu comme si un lapin avait couru sur son bras.

Drôle de pied
Peux-tu faire deux choses à la fois ? Fais-ce test pour voir ce qu'il se passe.

Étape 1
Assis sur une chaise, tends la jambe droite et tourne ta cheville dans le sens des aiguilles d'une montre.

Étape 2
Maintenant, de la main droite trace le chiffre six dans l'air et regarde ce que fait ton pied !

Notre corps a du mal à bouger ses membres dans des sens contraires, notamment lorsqu'ils sont du même côté. Ton pied va sans doute tourner dans l'autre sens ou tu vas écrire le chiffre six à l'envers.

La sensation d'engourdissement que nous appelons « fourmis » est une illusion corporelle connue, appelée paresthésie. Les fourmillements se produisent lorsqu'une pression pince légèrement un nerf ou l'empêche d'être irrigué. La sensation cesse lorsque la pression disparaît.

INTUITION

Nous croyons souvent en certaines choses sans savoir pourquoi. Nous avons l'impression d'être suivi ou trouvons soudain la solution d'un problème. C'est ce que l'on appelle intuition, télépathie ou parfois « sixième sens ». Ces intuitions sont probablement le résultat d'un rapide traitement mental inconscient – utilisant des informations saisies par nos sens ou des données conservées en mémoire.

Sixième sens
As-tu déjà eu l'impression que quelque chose n'allait pas sans savoir l'expliquer ? Ce « sixième sens » peut avoir un aspect inquiétant mais est sans doute créé par notre cerveau qui nous alerte après que nos sens lui ont donné des indices sans pour autant lui donner une image complète de la situation.

Télépathie
La télépathie associe probablement prise de conscience sensorielle et expérience partagée. Des jumeaux sont souvent « télépathes » car ils partagent une histoire et des schémas de pensée identiques.

Homme et femme
Les femmes se disent plus intuitives que les hommes. Or des tests psychologiques montrent que les résultats sont identiques. Les femmes aiment simplement paraître plus intuitives, notamment entre amies.

Pensée inspirée

On peut penser qu'un grand joueur d'échec déplace ses pions selon son intuition et non la logique. Cette « pensée inspirée » est vraisemblablement plus le résultat d'une étude intense et de l'expérience, qui permet au joueur de reconnaître la plupart des combinaisons de l'échiquier. Cela déclenche automatiquement un souvenir du coup suivant, généralement gagnant.

Tomber du ciel

Il arrive parfois que la solution à un problème « tombe du ciel » alors que nous sommes occupés à faire autre chose. Sans doute parce que les détails non pertinents ont été oubliés, faisant alors apparaître plus distinctement les éléments du problème. Nous pouvons aussi prendre connaissance d'informations qui rendent soudain les choses évidentes.

Le pouvoir des rêves

Il arrive que la solution à un problème nous parvienne en rêve. Lors de l'hiver 1861, le chimiste allemand August Kekulé travaille sur la structure d'une molécule de benzène. Alors qu'il somnole devant un feu, il rêve d'un serpent se mordant la queue. Cela lui donne l'idée de concevoir la molécule comme un anneau d'atomes de carbone et d'hydrogène.

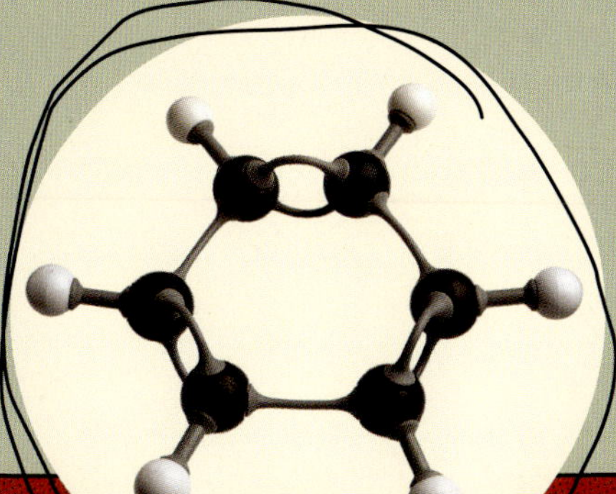

Structure d'une molécule de benzène

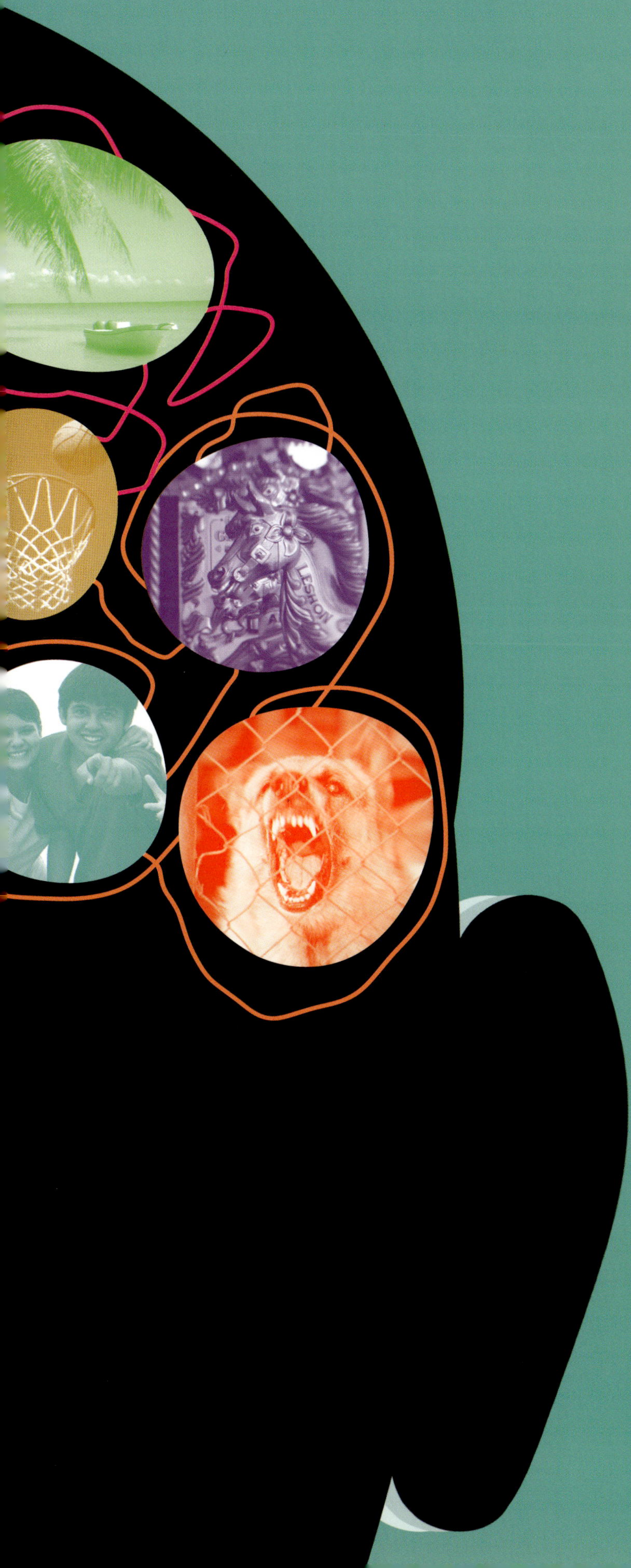

Notre mémoire

NOTRE PENSÉE

Nos sens reçoivent constamment des informations de notre environnement. Lorsqu'elles importent peu, notre cerveau les filtre, ne retenant que les données qui nécessitent une plus grande attention de notre part. Ces informations, conservées dans notre mémoire, sont la base de notre pensée consciente.

Les personnes qui perdent la vue continuent de «voir» car le cerveau poursuit son traitement des données visuelles.

Attention

Les données collectées par nos sens sont transmises à notre mémoire sensorielle. Les données visuelles y sont conservées moins d'une seconde, avant d'être effacées si nous n'y prêtons pas attention. L'attention est la première étape cruciale du traitement mental de toute donnée sensorielle. Si, absorbés par une autre tâche, nous ne prêtons pas attention à une information, nous l'oublions.

Filtrage et focalisation

Ayant prêté attention à des informations, notre cerveau les filtre selon leur pertinence et se concentre sur ce qui semble important. Il s'agit d'un processus inconscient – par exemple, un mouvement dans un étang attire notre attention et nous regardons

Combler les lacunes

Nous n'avons souvent qu'une vision partielle du tableau et comblons les lacunes à l'aide des données conservées dans notre mémoire. Quelques indices suffisent car notre cerveau est programmé pour décoder des informations parcellaires pouvant être cruciales pour notre sécurité. Ici, à partir de la tête de l'animal, nous reconstituons le reste du corps – un serpent, potentiellement dangereux – avant même de voir l'animal en entier.

La pensée consciente n'est qu'une fraction de ce qu'il se passe dans notre cerveau – la pensée inconsciente est constamment présente en fond et influence notre comportement.

Étiquetage

Lorsqu'une donnée est jugée importante par le cerveau, elle est instantanément rapportée à un type d'expérience ou de problème. Cela nous permet de réagir rapidement sans nous perdre dans les détails. Après voir reconnu un serpent, nous ne vérifions pas que tous les détails correspondent pour nous en assurer. Nous l'étiquetons « serpent » et reculons car un serpent peut être venimeux.

Stéréotypes

L'étiquetage nous conduit à créer des modèles mentaux de toutes sortes, des animaux aux personnes et groupes sociaux, appelés stéréotypes. Nous avons peur des serpents car nous pensons qu'ils se conforment au stéréotype « venimeux ». Il ne s'agit ici que d'une inoffensive couleuvre, ce qui prouve que les stéréotypes sont souvent erronés. L'habitude du cerveau à créer des stéréotypes peut être navrante, conduisant notamment au racisme.

NOM : Crotale diamantin de l'Ouest
NOM LATIN : *Crotalus atrox*
HABITAT : Terrestre
VENIMEUX

NOM : Couleuvre à collier
NOM LATIN : *Natrix natrix*
HABITAT : Semi-aquatique
NON VENIMEUX

NOM : Python tapis des jungles
NOM LATIN : *Morelia spilota cheynei*
HABITAT : Forêt pluviale
NON VENIMEUX

QU'EST-CE QUE LA MÉMOIRE?

Notre cerveau traite nos expériences et toutes les informations collectées par nos sens. La plupart de ces données sont éliminées, seuls les faits, perceptions et compétences importants sont gardés en mémoire. Cela nous permet de penser, apprendre et créer.

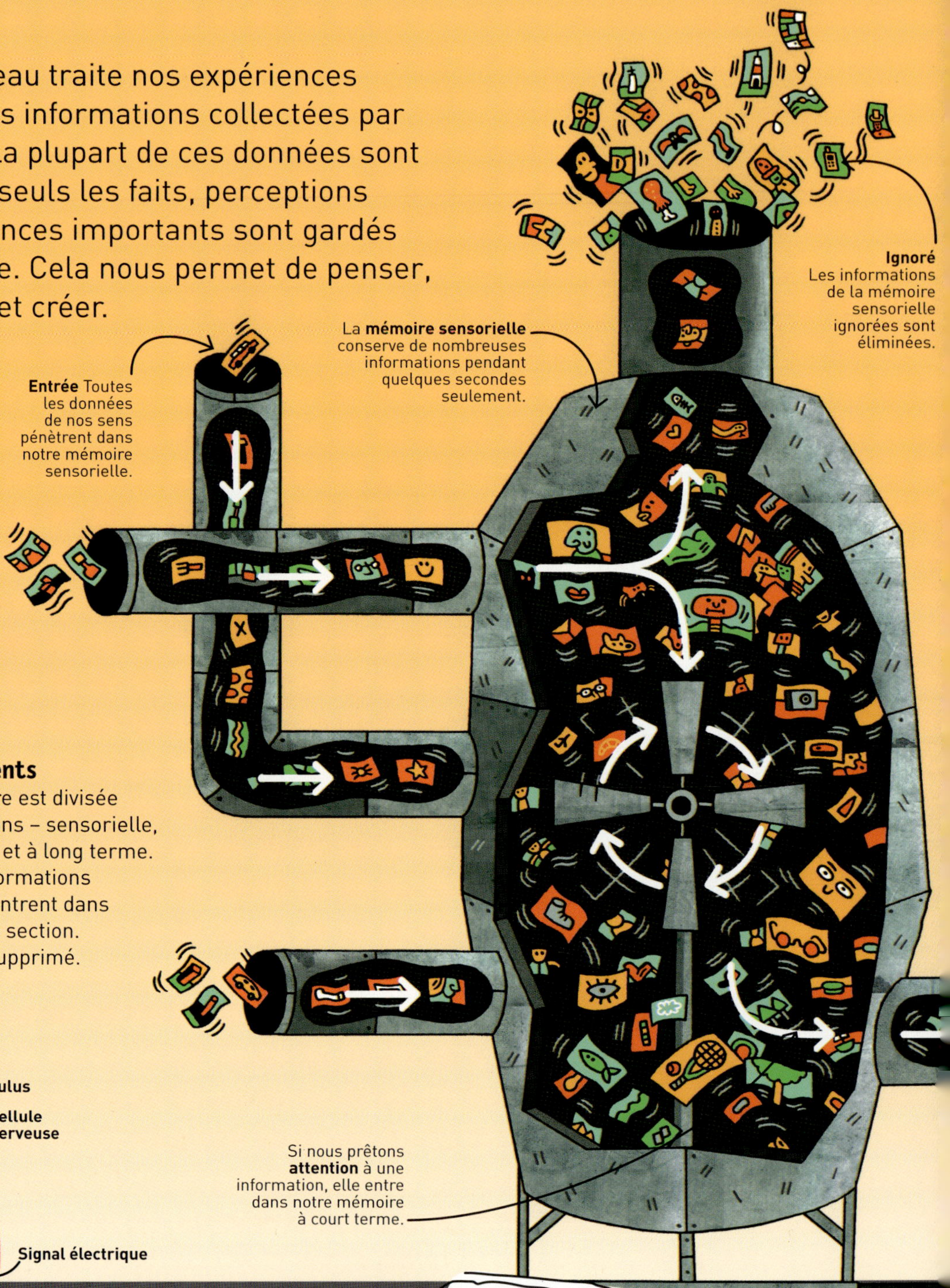

Compartiments

Notre mémoire est divisée en trois sections – sensorielle, à court terme et à long terme. Seules les informations importantes entrent dans cette dernière section. Le reste est supprimé.

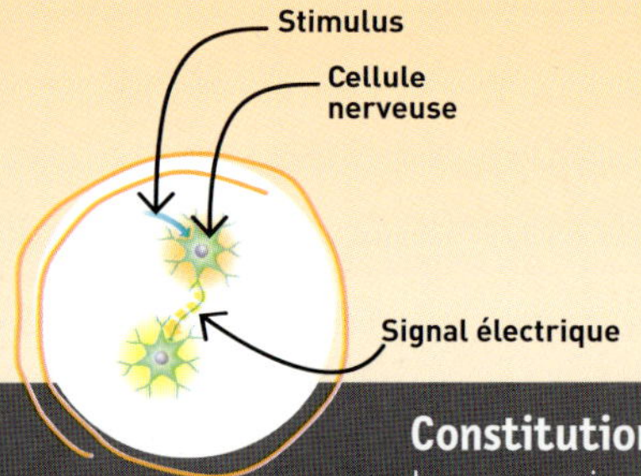

Établir des connexions Lorsqu'une cellule nerveuse reçoit un stimulus fort, elle transmet un signal électrique à la cellule nerveuse voisine.

Constitution d'un souvenir

Le souvenir est formé par un signal électrique qui établit une connexion entre les cellules nerveuses de sorte qu'elles forment un réseau. Plus le réseau est activé, plus il est fort et le souvenir durable.

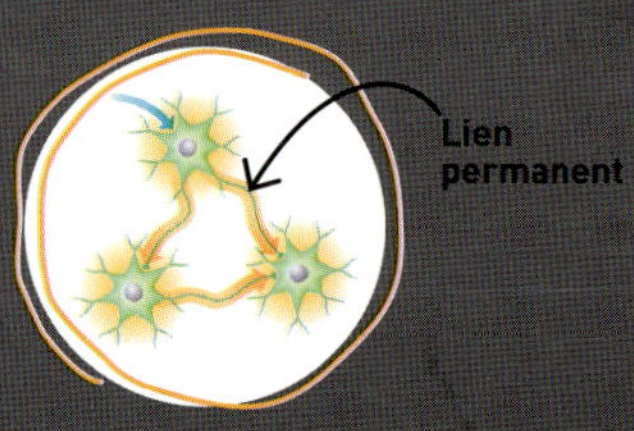

Des liens se forment Plus les cellules connectées sont stimulées, plus le lien devient fort.

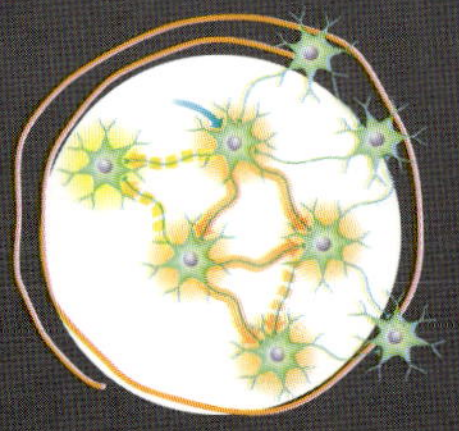

Toile de souvenirs Les signaux continuent de s'activer jusqu'à ce qu'un réseau de cellules nerveuses soit formé.

Mémoire vive

Lorsque nous ressentons une forte émotion, des modifications chimiques dans le cerveau stimulent l'activité nerveuse. Elles renforcent le processus de formation des souvenirs, créant une mémoire vive durable. Nous gardons souvent un souvenir clair d'un événement qui a eu un fort impact émotionnel.

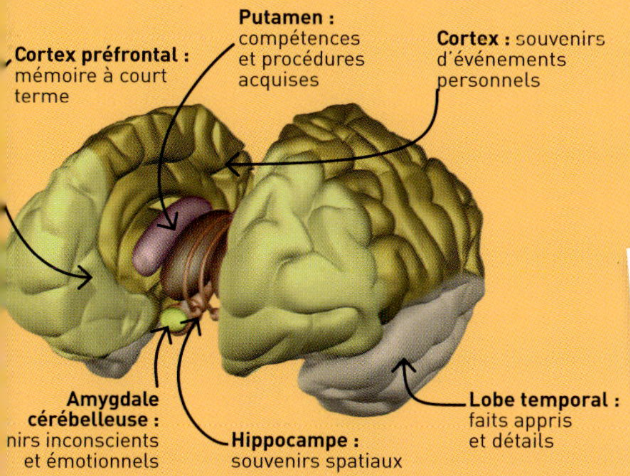

Reconnaissance et rappel

Il est plus facile de reconnaître un souvenir que de le retrouver. Regarde le portrait ci-dessous pendant cinq secondes puis masque-le. Cherche la jeune femme dans la photo de droite. Même si tu ne l'as vue que très brièvement, tu peux la reconnaître. Mais si tu dois la décrire, cela te paraîtra sans doute plus difficile.

Où nous souvenons-nous ?

Le cortex et l'hippocampe sont les deux zones cérébrales responsables de la mémoire mais d'autres régions du cerveau emmagasinent différents types de souvenirs.

Les souvenirs antérieurs à l'âge de trois ans sont rares.

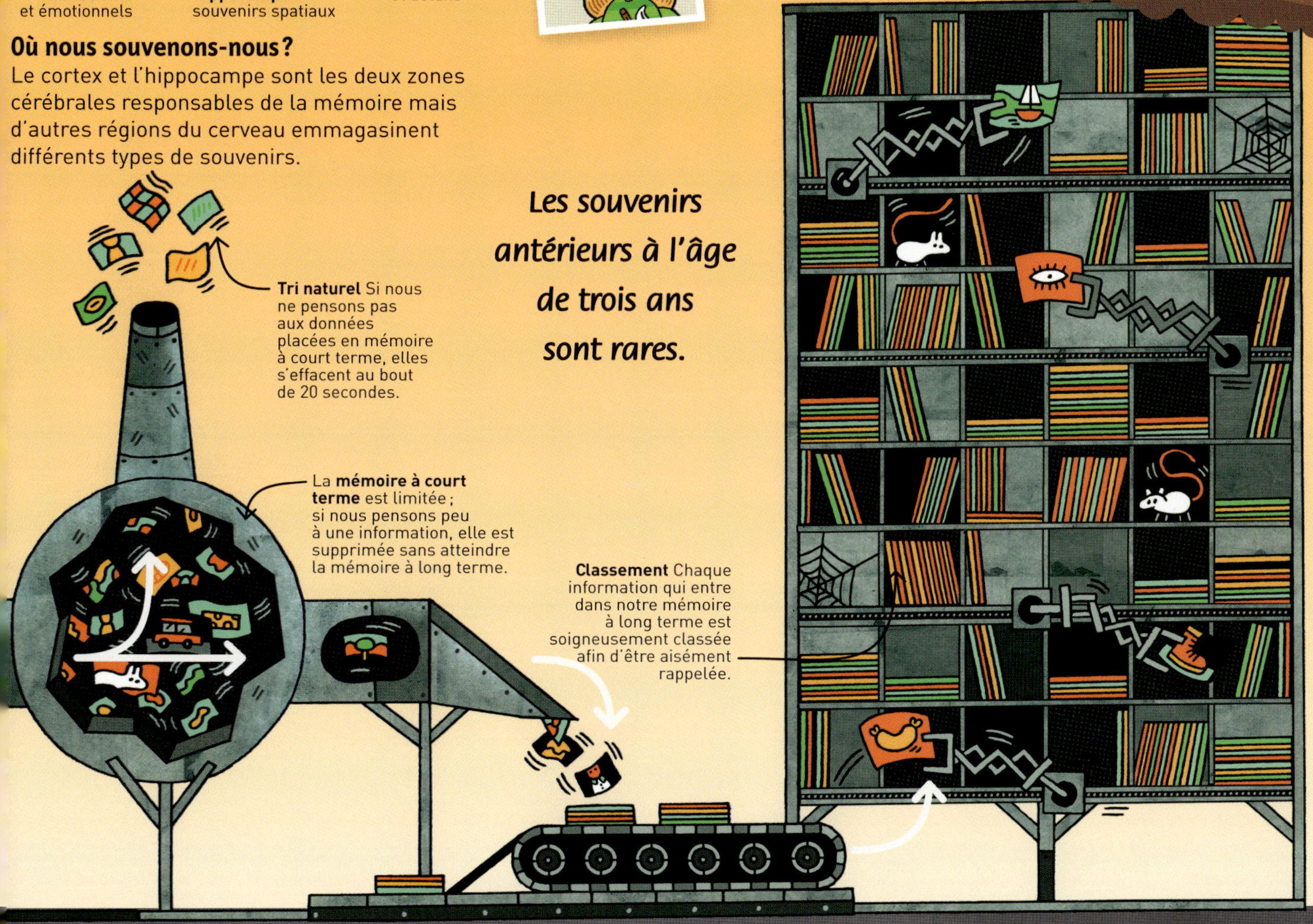

Rappel involontaire

As-tu déjà été transporté en souvenir dans le passé ou dans un lieu par une odeur ? Cette sensation s'appelle « rappel involontaire » car notre cerveau a retrouvé seul le souvenir, sans intervention de l'esprit conscient. Des sons et des signes visuels peuvent produire le même effet, mais les odeurs sont particulièrement puissantes, sans doute parce que la partie de notre cerveau qui traite les odeurs est étroitement liée à notre mémoire.

BOOSTONS NOTRE MÉMOIRE

Il est possible de faire passer une information dans la mémoire à long terme grâce au processus de répétition, ce que font les acteurs.

Nous oublions aisément. Cela peut se produire en quelques secondes si les souvenirs à court terme ne sont pas « revus » plusieurs fois ou associés à des choses que nous connaissons déjà. Il existe toutefois des astuces pour mémoriser ce que nous avons du mal à retenir.

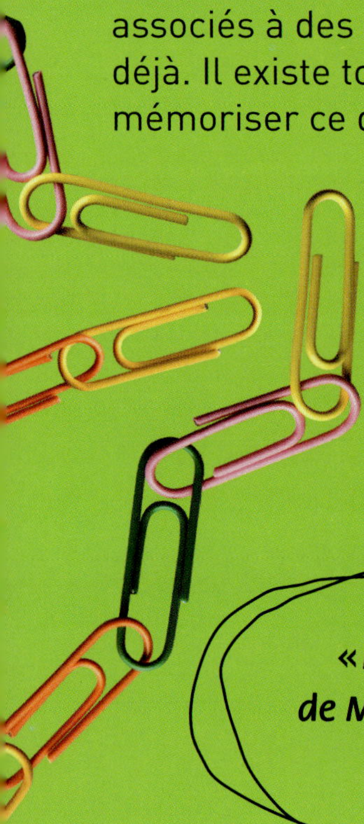

Établir des connexions
Nous pouvons renforcer notre mémoire en associant ce que nous venons d'apprendre à ce que nous savons déjà. Ce procédé insère l'information dans notre mémoire à long terme et nous fait réfléchir plus intensément à son sens. C'est une forme très importante de l'apprentissage, appelée association.

« Mnémotechnique » vient de Mnémosyne, déesse grecque de la mémoire.

Concentre-toi !
Combien de fois as-tu entendu cette phrase ? Pour intégrer une information, il est primordial de se concentrer sans se laisser distraire. Si l'on n'y prête pas attention, l'information n'entre pas dans notre mémoire à court terme, première étape de la mémorisation. Il faut d'abord apprendre une chose pour pouvoir l'oublier.

Mémorisation par bloc
Certaines des choses que nous essayons de mémoriser ne nous disent rien. Il peut s'agir de faits isolés ou de séries de chiffres. Parce que la mémoire à court terme ne peut retenir plus de cinq éléments, il peut être utile de diviser de longues séquences de données en « blocs » de trois ou quatre éléments, plus faciles à retenir.

Mercure	Marie
Vénus	Viens
Terre	Te
Mars	Marier
Jupiter	Je
Saturne	Suis
Uranus	Un
Neptune	Nabab

Méthode mnémotechnique
Une astuce pour mémoriser une suite de mots consiste à reprendre leurs initiales dans une phrase. Ainsi « Marie, viens te marier, je suis un nabab » permet de retrouver le nom des planètes en commençant par Mercure, la plus proche du Soleil. Une phrase stupide mais dont on se souvient.

Le chemin

On peut mémoriser une liste en visualisant un parcours familier. Chaque repère du parcours est associé à un objet – plus le résultat est étrange, plus la liste est facile à retenir ! Il suffit alors de revoir le chemin en pensée pour retrouver les objets.

Voici, associé au trajet qui mène à l'école, ce que tu dois faire avant les vacances :

1 Trouver un livre de lecture
2. Prendre tes lunettes de soleil
3. Poster une lettre
4. Acheter du dentifrice
5. Étendre le linge
6. Ne pas oublier ton chapeau
7. Acheter des boîtes pour le chien
8. Aller chez le coiffeur

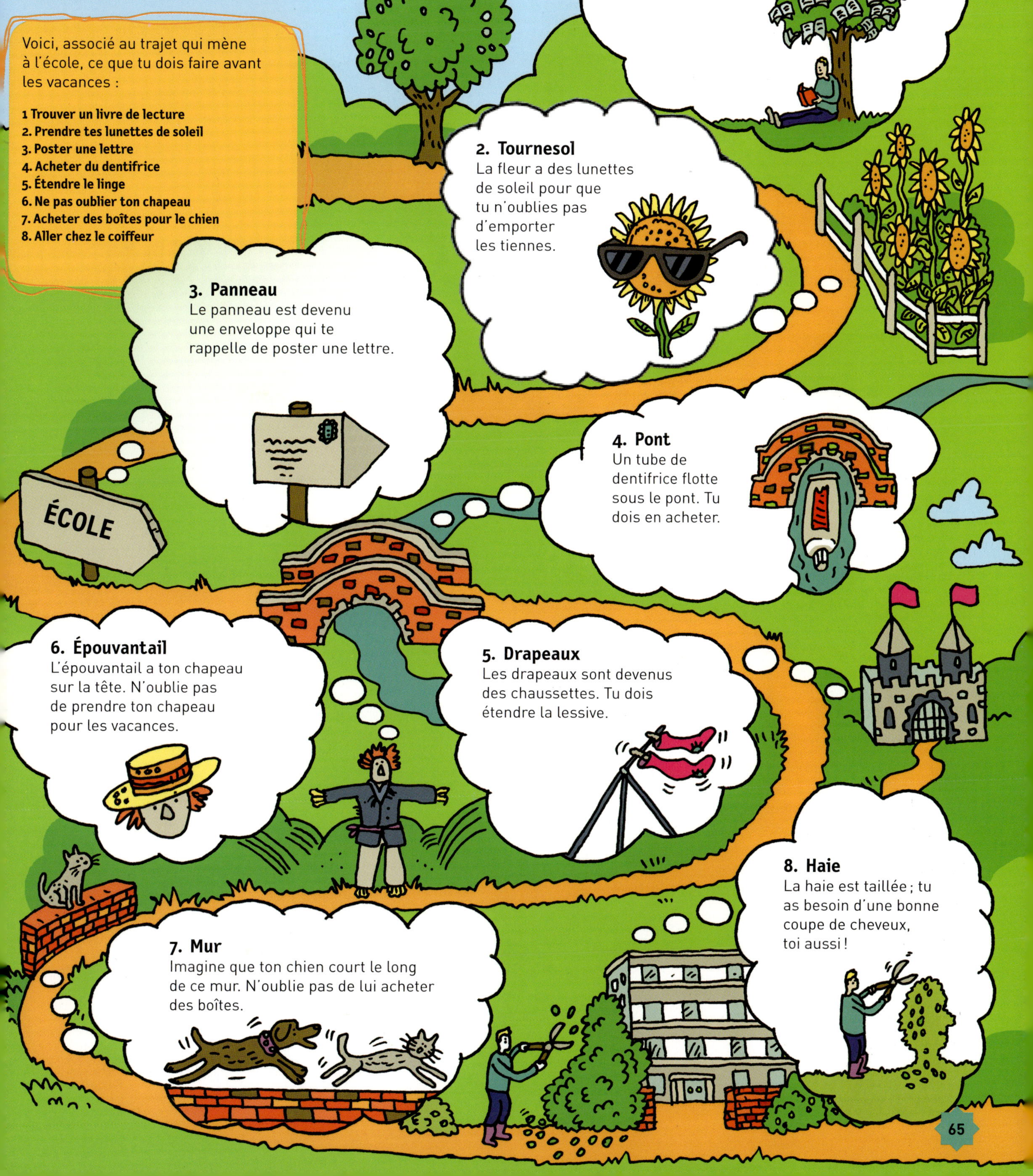

1. Arbre
Les feuilles de l'arbre deviennent les pages du livre que tu veux pour les vacances.

2. Tournesol
La fleur a des lunettes de soleil pour que tu n'oublies pas d'emporter les tiennes.

3. Panneau
Le panneau est devenu une enveloppe qui te rappelle de poster une lettre.

4. Pont
Un tube de dentifrice flotte sous le pont. Tu dois en acheter.

5. Drapeaux
Les drapeaux sont devenus des chaussettes. Tu dois étendre la lessive.

6. Épouvantail
L'épouvantail a ton chapeau sur la tête. N'oublie pas de prendre ton chapeau pour les vacances.

7. Mur
Imagine que ton chien court le long de ce mur. N'oublie pas de lui acheter des boîtes.

8. Haie
La haie est taillée ; tu as besoin d'une bonne coupe de cheveux, toi aussi !

MUSCLE TON CERVEAU !

Empan mnésique
Ta mémoire à court terme peut garder une certaine quantité d'informations pour un temps limité. Ce jeu révèle la capacité du cerveau à se souvenir de chiffres et mots. Tes compétences risquent de te surprendre.

Étape 1
En commençant par le haut, lis à voix haute chaque ligne de chiffres, un chiffre après l'autre. Masque la ligne et répète les chiffres. Continue de ligne en ligne jusqu'à ce que ta mémoire flanche !

La plupart des gens retiennent un maximum de sept chiffres. Bravo donc si ta mémoire à court terme a pu en retenir plus.

438
7209
18546
907513
2146307
50918243
480759162
1728406395

Ces jeux testent comment tu mémorises des nombres, des mots et des données visuelles. Les informations sont retrouvées par rappel ou reconnaissance. Grâce au rappel, tu retrouves l'information, tandis que tu identifies une chose connue lorsque tu la vois grâce au processus de reconnaissance.

BONNE MÉMOIRE ?

Mémoire visuelle
Te souviens-tu bien des images ? Regarde ces 16 photos pendant 45 secondes. Ferme le livre et note ce dont tu te souviens. As-tu tout retrouvé ?

C'est bien si tu t'es souvenu de la moitié des objets. Félicitations si tu en as trouvé plus de 12.

Étape 2
Lis ces mots, une ligne après l'autre. Masque la ligne et répète les mots. Descends de ligne en ligne jusqu'au trou noir.

La plupart des gens mémorisent mieux les mots que les chiffres. Bravo si tu es parvenu à retenir huit mots d'affilée.

Lit, lampe, tapis
Fourchette, assiette, verre, table
Araignée, arbre, oiseau, fleur, chien
Crayon, ciseaux, chaise, livre, poisson, horloge
Étang, lune, étoile, herbe, ver, vélo, pierre
Tambour, cloche, balle, raquette, corde, boîte, filet, perche
Œil, jambe, bras, pied, tête, oreille, orteil, cheveu, nez
Pain, lait, gâteau, assiette, bol, prune, cuillère, pomme, banane, orange

Reconnaissance contre rappel

Ce jeu te montre la différence qu'il y a entre reconnaître une information et s'en rappeler.

Étape 1
Teste tout d'abord ta capacité de reconnaissance. Une liste de dix pays et capitales est proposée. Combien de pays et capitales peux-tu associer en 30 secondes ? Vérifie les réponses page 186.

PAYS	CAPITALES
Israël	New Delhi
France	Ottawa
Inde	Berlin
Russie	Prague
République tchèque	Copenhague
Allemagne	Jérusalem
Afghanistan	Buenos Aires
Canada	Kaboul
Danemark	Paris
Argentine	Moscou

Étape 2
Voici dix autres pays. Cette fois, tu dois retrouver leur capitale en 30 secondes. Vérifie les réponses puis compare tes deux scores.

Espagne
Irlande
Chine
Suède
Iraq
Pays-Bas
Japon
Italie
Égypte
Grèce

La plupart des gens réussissent mieux le test de reconnaissance car, grâce à la liste de réponses, le cerveau est orienté vers l'information gardée en mémoire.

L'œil de l'artiste

As-tu une bonne mémoire en ce qui concerne les détails visuels ? Fais ce test pour le savoir.

Étape 1
Observe l'image ci-contre pendant deux minutes. Tu peux également la dessiner. Masque ensuite l'image et essaie de la dessiner de mémoire. Lorsque tu as fini, compare ton dessin à l'original et compte un point par ligne tracée correctement.

Étape 2
Refais la même chose avec ce schéma, en essayant d'y trouver des formes familières, par exemple, un cerf-volant. Au bout de deux minutes, masque l'image et essaie de la dessiner. Calcule ton score comme précédemment et compare-le au précédent.

Tu as sans doute mieux réussi le second test que le premier, car associer des lignes à des formes familières permet de s'en souvenir plus facilement.

QUESTION D'ATTENTION

As-tu une bonne mémoire des détails ? Ces jeux vont faire travailler ta mémoire à court terme, en testant ton souvenir des détails d'une histoire ou en mettant à l'épreuve ton acuité à repérer des différences. N'oublie pas, aucune de ces informations n'entrera dans ta mémoire si tu ne te concentres pas sur l'exercice.

Jeu des 10 différences
Es-tu attentif aux détails ? Observe ces deux images et cherche les 10 différences. *Regarde page 186 si tu ne les identifies pas toutes.*

Détails importants
Jusqu'à quel point te concentres-tu lorsque tu lis ? Lis une fois cette histoire, mais de manière consciencieuse, puis essaie de répondre aux questions ci-contre.

« Le jardin était parfait. Julie admira les lanternes orange dans les arbres, petites lueurs dans la lumière du soir, et les tables éparpillées dans le jardin, joliment décorées de bougies et de roses jaunes. Sur une table, du champagne, un saumon, un gâteau au chocolat blanc et une pyramide de fraises invitaient à la gourmandise. Julie était contente. Ses parents n'étaient pas au courant de la fête. Ils pensaient simplement être invités au cinéma.

Soudain, un bruit familier l'alerta – le halètement d'un chien. Rod ! Elle l'avait enfermé dans la cuisine. Comment avait-il pu sortir ? Un gros chien, couvert de boue et sentant terriblement mauvais, courut vers elle pour fièrement déposer un poisson à ses pieds. Julie savait d'où il venait – l'étang de monsieur Vidal, le voisin. Elle essaya d'attraper Rod par son collier mais le chien esquiva pour aller se secouer entre deux tables, les éclaboussant de boue et d'herbe. Soudain, il repéra ou plus vraisemblablement renifla le saumon. Dressé sur ses pattes arrière, il mordit dans le poisson tandis que la pyramide de fraises s'écroulait. »

Qu'est-ce qu'il manque?
Ce jeu montre la rapidité à laquelle les informations disparaissent de la mémoire à court terme.

Étape 1
Observe les 14 objets sur le plateau pendant 30 secondes puis masque l'image.

Étape 2
Regarde le second plateau. Cinq objets ont été retirés, mais lesquels ? Regarde l'image dessus pour voir si tu as raison. As-tu tout trouvé ?

Questions

1. *À quel moment de la journée se déroule l'histoire ?*
2. *Comment les tables ont-elles été décorées ?*
3. *À quel parfum est le gâteau ?*
4. *Pour qui était la fête ?*
5. *D'où revient Rod selon Julie ?*
6. *Quel est le nom de famille du voisin de Julie ?*

Relis l'histoire pour vérifier tes réponses. Si tu as cinq bonnes réponses, bravo. Une façon fûtée de te souvenir des détails est de visualiser ce qu'il se passe dans ta tête.

Qui est qui?
Es-tu très fin observateur ? Essaie de résoudre ce problème pour le savoir.

Freddie, une tortue de compagnie très appréciée, en haut à droite, a disparu. Une récompense a été offerte à qui la retrouvera et quatre tortues ont été rapportées. Mais laquelle est Freddie ? *Vérifie page 186.*

ASSOCIATIONS

Établir un lien ou une association entre des objets permet de se souvenir de choses que l'on pourrait par ailleurs oublier. Apprends, grâce à ces exercices, à associer des chiffres à des images, à organiser des mots en séquences ou à associer une personne à une image afin de ne pas oublier son nom.

Nombres et images
Associer des nombres à des objets ou formes qui y ressemblent peut permettre de mémoriser un numéro de téléphone, une date importante ou un code. Les chiffres imagés aident également à se souvenir de listes. Voici comment cela fonctionne.

Étape 1
Observe les chiffres imagés que nous avons créés et essaie de les mémoriser. Tu peux aussi inventer tes propres chiffres et les apprendre.

0 = bouche **1 = crocodile** **2 = cygne** **3 = ver** **4 = bras** **5 = visage** **6 = lapin** **7 = girafe** **8 = beignets** **9 = escargot**

Étape 2
Étudie maintenant ce nombre pendant 30 secondes et essaie de le « voir » en images. Masque-le et note-le. A-t-il été facile de s'en souvenir grâce aux associations ?

8371

Étape 3
Les chiffres imagés peuvent également t'aider avec des listes. Disons que tu doives acheter six œufs, trois briques de lait, deux bananes et huit timbres. Visualise les objets de la liste avec le chiffre imagé – un lapin mangeant un œuf, un ver buvant du lait, un cygne avec une banane dans le bec et un timbre à l'effigie d'un beignet, par exemple. Plus l'image est loufoque, mieux c'est car elle frappe ton esprit.

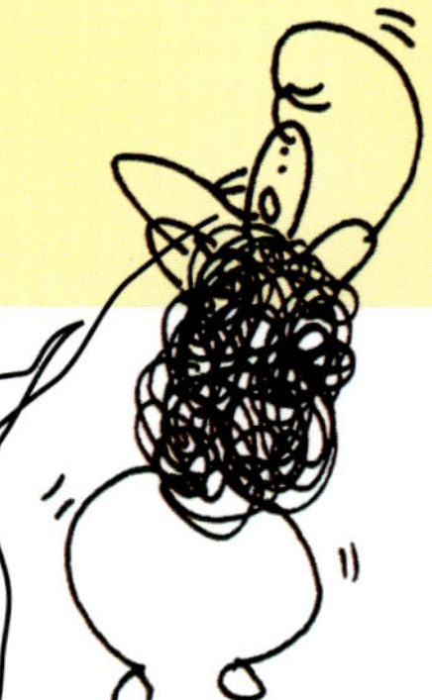

Alors qu'il ne l'avait vue qu'une fois, Dominic O'Brien, Britannique à la mémoire impressionnante, a pu mémoriser une série de 2 808 cartes, à huit erreurs près.

Former un groupe

Si tu dois te souvenir d'une longue liste de mots, essaie de les répartir en petits groupes.

Étape 1
Étudie la liste suivante de dix objets pendant 30 secondes. Masque-la puis note ce dont tu te souviens. Établis ton score sur 10.

Pyramide
Brindille
Serre
Insecte
Poisson
Tracteur
Clou
Bouton
Éléphant
Moquette

Étape 2
Voici une nouvelle liste. Cette fois, classe les objets par groupes. Tu peux par exemple les diviser en deux groupes : grandes et petites choses. Au bout de 30 secondes, masque la liste et essaie de noter les dix objets. Est-ce plus facile ?

Pin
Montagne
Arbre
Cil
Banane
Navire
Château
Souris
Livre
Avion

S'il n'y a pas de groupes manifestes, essaie de les associer par paire. Par exemple, une souris avec des cils ou un navire transportant une banane.

Un nom sur un visage

S'il t'est difficile de retenir le prénom d'une personne, essaie de l'associer à une image. Si tu rencontres une fille qui s'appelle Rose, imagine-la avec cette fleur. Tu peux aussi associer le prénom à une chose que la personne possède (Sacha et son chat) ou trouver une rime (Théo à vélo).

Émile **Léon**

Charlotte **Jules** **Noémie** **Louis**

Étape 1
Observe les personnages ci-dessus et crée tes propres associations, d'après ce que nous venons de dire.

Étape 2
Regarde maintenant les visages ci-dessous. Te souviens-tu de leurs prénoms grâce à tes associations ?

Notre cerveau sait instinctivement reconnaître un visage.

Fils d'un ingénieur, Einstein est né en Allemagne en 1879.

Einstein a été fasciné par la physique dès l'âge de cinq ans. Devant l'aiguille tremblante d'une boussole, il a réalisé que l'espace était plein de forces invisibles.

Albert Einstein

Einstein est le génie par excellence, sans doute parce que ses idées dépassent, bien souvent, notre entendement – la déviation de la lumière et la distorsion de l'espace, par exemple. Il est surtout connu pour sa théorie de la relativité, qui explique le fonctionnement de l'Univers, et pour l'équation $E = mC^2$, devenue l'emblème de la pensée mathématique. Traduire des idées extraordinaires en mathématiques a été une partie de son génie.

Sur ce portrait de 1893, Einstein, alors âgé de quatorze ans, est déjà fasciné par les mathématiquess.

Une idée lumineuse

À seize ans seulement, Einstein s'est demandé ce que cela faisait de voyager à la vitesse de la lumière : 300 000 km par seconde. Il se rendit compte que si nous pouvions nous éloigner d'une horloge à cette vitesse et que nous nous retournions pour la voir, les aiguilles ne bougeraient jamais – car l'image des aiguilles qui auraient bougé ne nous rattraperait jamais. Le temps serait alors immobile. Seul un génie peut penser ainsi.

Passe-temps

Einstein a étudié la physique et les mathématiques puis a trouvé un emploi de vérificateur auprès du Bureau des brevets de Berne, en Suisse, où il évaluait les inventions des autres. C'est lors de son temps libre qu'il a pensé à la physique et s'est interrogé sur la nature de l'Univers. Dans la mesure où il ne travaillait pas à l'université d'après les idées d'autres savants, il était libre de réfléchir et d'inventer ses propres théories.

La relativité

Einstein est fasciné par la nature de la lumière, l'espace et le temps. Ses conclusions – le temps peut ralentir, l'espace est courbe, la gravité une distorsion de l'espace et du temps, et rien n'est fixe si ce n'est la vitesse de la lumière – forment le cœur de sa théorie de la relativité.

Einstein (à gauche) avec les astronomes du Mount Wilson Observatory (Californie) en 1931.

Gravité et lumière

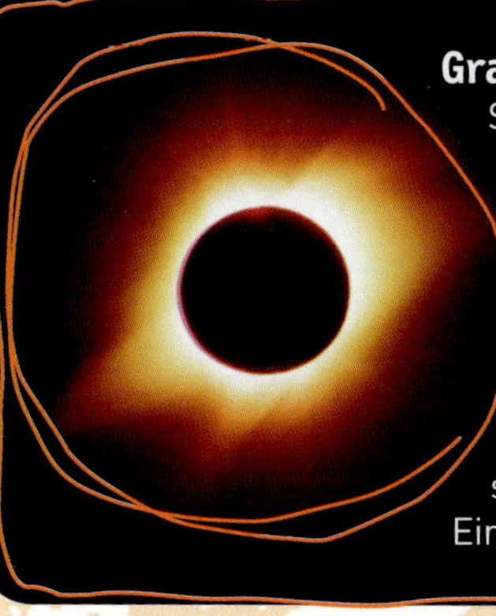

Selon ses théories, la lumière est déviée par la gravité. En 1919, une éclipse totale de Soleil permit à des astronomes de le vérifier en regardant la déviation de la lumière des étoiles passant près du Soleil. Les résultats indiquèrent que les étoiles semblaient être au mauvais endroit. Einstein avait raison !

Einstein a joué du violon dès son enfance et a continué d'en jouer toute sa vie.

$E = mC^2$

Einstein se rendit compte que toute masse d'une substance pouvait être convertie en énergie et que cela était expliqué par l'équation $E = mC^2$. Selon cette équation, l'énergie (E) est égale à la masse (m) multipliée par l'énorme valeur de 900 billions, la vitesse de la lumière au carré (C^2). Cela explique pourquoi une minuscule masse d'uranium peut produire une aussi grande quantité d'énergie générée par un réacteur nucléaire – ou une bombe nucléaire.

Einstein reçoit le prix Nobel de physique en 1921 pour ses « contributions à la physique théorique ».

Le grand-père de la science

Einstein a rejoint l'Amérique en 1932 pour fuir le régime nazi. Il a poursuivi ses recherches, publié plus de 300 ouvrages scientifiques et est devenu un personnage connu, aux cheveux en bataille. Ses dernières réalisations n'ont pas eu l'éclat de ses premières découvertes mais il a révolutionné notre vision de l'Univers. Il est mort en 1955, à soixante-seize ans.

Il y a toujours des

solutions !

NOTRE APPRENTISSAGE

Il est essentiel d'apprendre pour survivre. L'apprentissage n'est pas uniquement scolaire ; il concerne toutes les compétences qui nous sont utiles chaque jour, par exemple traverser une route, gérer de l'argent ou vivre en communauté. L'apprentissage est la somme d'efforts conscients et de réactions inconscientes et tout ce que nous apprenons intègre notre mémoire à long terme.

Emporter le porte-monnaie

Combien cela va-t-il coûter ?

Prendre de l'argent

Courbe d'apprentissage
Enfants, nous devons apprendre un tas de choses sur le monde en peu de temps. Nous apprenons les bases : manger, marcher, éviter de nous blesser… Nous découvrons que nos actions en entraînent d'autres en cascade et apprenons à les prévoir ou à les éviter. Nous apprenons bien plus les premières années de notre vie que le reste de notre existence.

Conditionnement
Si une expérience suit toujours un événement donné ou ne survient qu'une fois mais est très traumatisante, un lien très fort peut être créé dans le cerveau, appelant une réaction automatique. Par exemple, si tu as été piqué par une guêpe, tu deviens nerveux lorsque tu en vois une – ou tout autre insecte noir et jaune. Cette forme primaire d'apprentissage s'appelle le conditionnement.

Circuits de mémoire
La trame du cerveau est formée dès la naissance mais est modifiée lorsqu'une chose est apprise. Un groupe de cellules nerveuses s'associe pour former un réseau qui nous permet de répéter l'action à la demande. S'il n'est pas sollicité, le réseau peut cesser de fonctionner.

Association
Nous apprenons en établissant des connexions entre expériences et compétences, ce qui crée un réseau d'associations dans notre cerveau. Lorsqu'une partie du réseau est activée, elle active le reste. Si tu décides d'acheter un magazine, cette idée déclenche une association en chaîne : le magasin, le vélo que tu vas prendre, le parcours, l'argent dont tu as besoin, etc. L'association te permet également de lier des idées abstraites lorsque tu apprends tes leçons.

Le poids de notre cerveau triple lors des trois premières années de notre vie tandis que nous apprenons énormément.

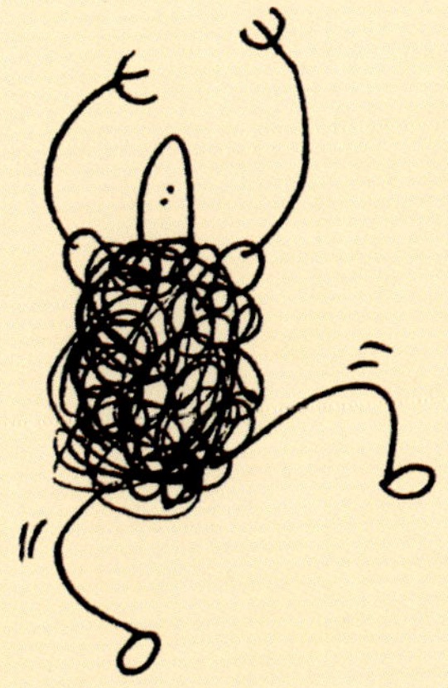

Imitation
Les enfants apprennent en imitant les actions des autres, notamment des adultes. Coucher une poupée, comme maman ou papa, peut paraître futile mais permet d'apprendre beaucoup. Nous faisons d'abord semblant de jardiner ou de cuisiner, par exemple, puis aidons peu à peu à le faire.

Mise en pratique
Si tu répètes une chose, tu finis par t'en souvenir. Par cette répétition, des cellules cérébrales sont associées à un circuit de mémoire. Nous pouvons ainsi apprendre à jouer du piano, en créant des circuits dans notre cerveau qui nous permettent de jouer un air. Un exercice parfois ennuyeux mais qui porte ses fruits. Un musicien peut cesser de jouer pendant plus d'un an et retrouver rapidement ses capacités s'il se remet à jouer.

La main sur le mur
Il existe une astuce pour sortir d'un labyrinthe dont tous les murs sont reliés à l'enceinte extérieure : toujours garder une main sur un mur tandis que l'on avance – peu importe quelle main tant que l'on n'en change pas. Tu peux ainsi gagner le centre de ce labyrinthe et en ressortir.

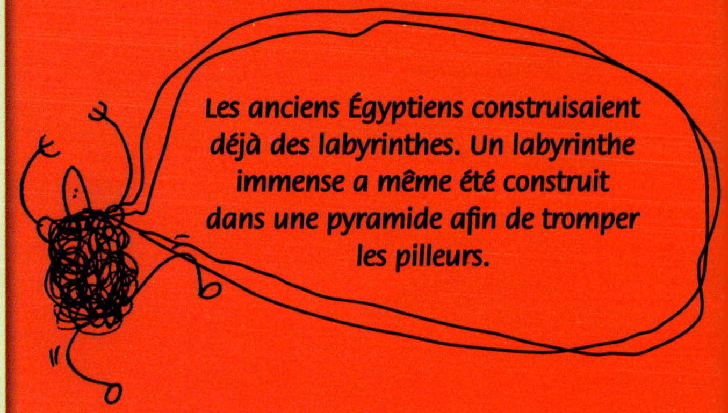

LABYRINTHES

La capacité du cerveau à apprendre nous aide à résoudre toutes sortes de problèmes, notamment sortir d'un labyrinthe. Les labyrinthes géants sont des attractions populaires – il semble que nous aimions nous croire perdus, dans la mesure où nous parvenons à retrouver notre chemin à la fin ! Essaie de trouver le tien à travers ces labyrinthes et si tu te perds, *rends-toi page 186*.

Droite ou gauche ?
Tu peux trouver ton chemin dans ce labyrinthe en gardant une main sur le mur. Lorsque tu es sorti, recommence avec l'autre main – quel chemin te semble le plus court ?

À tâtons

Pour certains labyrinthes, dont les murs ne sont pas reliés, l'astuce de la main sur le mur ne fonctionne pas. Il te faut alors trouver ton chemin à partir de tes erreurs. C'est donc en tâtonnant que tu vas rejoindre le centre du labyrinthe puis en sortir de l'autre côté.

Labyrinthique

Plus un labyrinthe est grand et compliqué, plus il est difficile de retenir les impasses. Bon courage pour trouver ton chemin jusqu'au point dans ce labyrinthe !

Le plus grand labyrinthe du monde est la plantation Dole à Hawaii. Cette labyrinthique plantation d'ananas couvre une superficie de 12 746 m² pour quelque 4 kilomètres d'allées.

Dessus et dessous

Ce labyrinthe en 3 D ne peut pas exister en vrai – nous tomberions ! Parce que le chemin passe sur ou sous un autre, il est encore plus difficile de retenir le parcours emprunté – il faut donc faire très attention. L'astuce de la main sur le mur ne marche pas – tu reviens au point de départ ; tu dois avancer par tâtonnement.

RECONNAISSANCE DE FORMES

Tout seul
Sans rien écrire ni cocher aucune image, essaie de trouver la créature qui n'apparaît qu'une seule fois. Pour ce faire, tu vas devoir mémoriser les animaux qui vont par paire.

Un visage dans la foule
Plus nous apprenons, plus notre cerveau parvient à déceler la moindre différence entre deux choses. Essaie de retrouver ces deux musiciens dans le groupe de rock stars ci-dessous.

Anticipe !
Ces petits gâteaux sont organisés selon un schéma spécifique. Peux-tu le trouver ? Si la séquence devait se poursuivre, quelle serait la couleur du 49ᵉ et du 100ᵉ gâteau ?

Le plus grand puzzle du monde compte 24000 pièces. Il faut des mois pour le faire.

Reconnaître des schémas et établir des liens sont des processus importants de l'apprentissage. Nous utilisons nos expériences antérieures et les solutions de problèmes précédents, gardées en mémoire, pour résoudre de nouvelles énigmes. Ces casse-têtes te demandent d'identifier de nouvelles formes. *Les solutions sont page 187.*

Pièces manquantes
Assembler un puzzle est un bon exemple de reconnaissance des formes. Le cerveau doit parvenir à rassembler de petites pièces pour reconstituer une image. Il faut à la fois observer le contenu des pièces et leurs formes. Quatre pièces de ce puzzle ont été mélangées aux pièces d'un autre puzzle. Tu peux les identifier ?

La police utilise des logiciels pour identifier les schémas criminels et traquer les malfaiteurs.

Les deux font la paire
Au premier regard, ces dessins semblent très voisins. Prends le temps de mieux les observer et tu verras peu à peu des différences. En fait, chaque dessin est reproduit en double, sauf un. Peux-tu trouver la pièce unique parmi les sept autres paires ?

Séquence ordonnée
Ces fleurs (à gauche) peuvent paraître posées au hasard et pourtant elles sont organisées en une séquence bien spécifique. Vois-tu laquelle ? Pour finir la séquence, quelles sont les trois prochaines fleurs dont tu as besoin ?

Intelligence musicale
Cette forme d'intelligence donne la capacité d'apprécier, d'exécuter et de composer une œuvre musicale. Elle permet de reconnaître et de produire des sons, des mélodies et des rythmes, et est semblable à l'intelligence linguistique.

Intelligence linguistique
Ce type d'intelligence confère une sensibilité au langage écrit et parlé. Elle permet non seulement d'acquérir aisément des langues mais aussi d'utiliser le langage pour s'exprimer et transmettre des informations complexes.

Intelligence mathématique
Elle permet d'analyser de manière logique les problèmes, de mesurer les choses et de réaliser des calculs mathématiques. Elle couvre autant la pensée mathématique que la pensée scientifique et concerne donc aussi ceux qui utilisent rarement les mathématiques.

Intelligence interpersonnelle
Elle permet l'empathie, essentielle lorsque l'on traite avec les motivations et désirs des autres. Elle permet de donner de bons conseils à des amis qui ont des ennuis tout comme de travailler efficacement avec les autres.

Intelligence corporelle
La faculté à utiliser le corps n'est généralement pas associée à l'intelligence mais fait appel à des compétences intellectuelles. Certaines capacités mentales sont requises pour coordonner les mouvements essentiels aux sports et autres activités physiques.

Intelligence spatiale
L'intelligence spatiale permet de naviguer avec précision et de visualiser les choses en trois dimensions. Elle couvre également les compétences requises dans la pratique de certains sports, comme le tennis, et des arts, architecture et sculpture notamment.

Intelligence intrapersonnelle

Il s'agit de la faculté à se comprendre soi-même et à évaluer ses émotions, peurs et désirs. Elle nous permet de comprendre notre fonctionnement pour mieux contrôler nos comportements.

Et toi ?

Nous avons tous différentes aptitudes et les intelligences multiples ne sont qu'une façon de les décrire. Certains possèdent de nombreuses compétences, plus ou moins affirmées, et d'autres excellent dans un ou deux domaines. Selon les types d'intelligence ci-dessus, comment te décrirais-tu ?

Nous évaluons l'intelligence par l'aptitude à expliquer ou à utiliser des idées complexes. L'intelligence peut aussi être décrite comme la capacité à expérimenter, à apprendre, à penser et à s'adapter au monde. Selon le psychologue Howard Gardner, nous sommes intelligents de huit façons, selon différents degrés. C'est une des nombreuses théories sur l'intelligence.

Intelligence naturaliste

Ce type d'intelligence nous permet de reconnaître, comprendre et utiliser nos connaissances sur l'environnement. Elle nous permet d'appréhender le monde naturel et de réagir à un environnement.

DIFFÉRENTS TYPES D'INTELLIGENCE

Quotient intellectuel

Divers tests ont été conçus pour évaluer l'intelligence. Ils donnent une valeur numérique appelée quotient intellectuel ou QI. Ces tests portent entre autres sur la connaissance générale, l'arithmétique, la logique, la mémoire, la résolution d'énigmes et l'analyse de formes. Mais ils n'évaluent pas les qualités interpersonnelles et ne sont pas équitables pour les personnes de contexte culturel différent.

Howard Gardner

Le psychologue américain Howard Gardner commence à remettre en question la notion d'intelligence unique dans les années 1970 et publie sa théorie des intelligences multiples en 1983. Bien que controversée, elle aide à ébranler l'idée grossière que l'intelligence peut être mesurée avec précision par les tests de QI.

Ne connaissant ni sa date ni son année de naissance, Carver n'a jamais fêté son anniversaire.

George Washington Carver

Enfant, Carver a sans doute vécu dans une maison comme celle-ci, très pauvre.

Refusant le racisme, George Washington Carver, Noir-Américain né dans les États du Sud avant l'abolition de l'esclavage, est parvenu à s'imposer comme scientifique, éducateur et inventeur. Passionné d'agriculture, il a promu les cultures que les fermiers pauvres pouvaient planter à des fins vivrières. Ce faisant, il a amélioré la vie des plus pauvres, ébranlé les préjudices raciaux et montré la voie aux autres Afro-Américains.

Un étudiant déterminé

Carver a pris le nom de son propriétaire, Moses Carver, qui a élevé l'orphelin comme son propre fils après l'abolition. Grâce à lui, George a pu faire des études supérieures, étudiant tout d'abord l'art et la musique avant d'opter pour l'Iowa State Agricultural College en 1891, dont il fut le premier étudiant noir.

Carver a dit : « Lorsque l'on peut faire la plus ordinaire des choses de manière extraordinaire, on bénéficie de toute l'attention du monde. »

Au début du XXe siècle, le laboratoire de Carver à Tuskegee était l'un des rares endroits où les Noirs-Américains pouvaient apprendre l'horticulture.

Enseignant

En 1896, il est demandé à Carver de diriger le département agricole du *Tuskegee Institute* en Alabama – institut chargé de l'enseignement des anciens esclaves. Il y restera quarante-sept ans, apprenant à ses étudiants à cultiver intelligemment la terre et à devenir autonomes. Pour le directeur de l'institut, Carver fut « une des intelligences scientifiques les plus profondes que j'aie connue ».

Arachides et pommes de terre

Carver a voulu améliorer la condition des fermiers dont la terre était épuisée par la culture incessante du coton – principale culture de la région. Il a conseillé d'alterner coton et autres produits de la terre, arachides et pommes de terre notamment. Il a indiqué également comment utiliser ces récoltes comme teintures, peintures, plastiques, huile et explosifs. Il a espéré ainsi permettre aux fermiers de fabriquer ces produits au lieu de les acheter.

Il est probable que ces arachides récoltées en Géorgie en 1929 aient été plantées selon les instructions de Carver.

La renommée de Carver était faite. Il est ici salué par le président Franklin D. Roosevelt en 1936.

Répandre l'enseignement

Les fermiers ont pu lire les « bulletins pratiques » de Carver – des brochures gratuites contenant des informations sur les cultures et des recettes. Quarante-quatre bulletins ont été publiés, dont *Comment cultiver l'arachide et 105 façons de la préparer pour la consommation humaine*. D'autres portaient sur la patate douce, le coton, la volaille, les cochons ou encore la conservation de la viande.

Héritage

En janvier 1943, Carver chuta dans ses escaliers et mourut. Six mois plus tard, le président Franklin D. Roosevelt annonça la création du George Washington Carver National Monument près de Diamond, dans le Missouri, où Carver avait passé sa petite enfance. Premier monument national dédié à un Noir-Américain, il renferme ce buste commémoratif. Carver a été un personnage clé de l'érosion du racisme aux États-Unis et a sans doute montré la voie à d'autres personnalités afro-américaines, dont Barack Obama.

Célébrité

Carver est devenu célèbre en 1921 lorsque, malgré la ségrégation, il a été élu porte-parole des producteurs d'arachides devant un comité de la Chambre des représentants. S'il s'est moqué de lui au début, le comité a été vite subjugué par son intelligence, son éloquence et sa courtoisie et s'est levé pour l'applaudir. Un grand moment pour tous les Noirs-Américains dont il est devenu, à cet instant, une figure majeure.

LOGIQUE

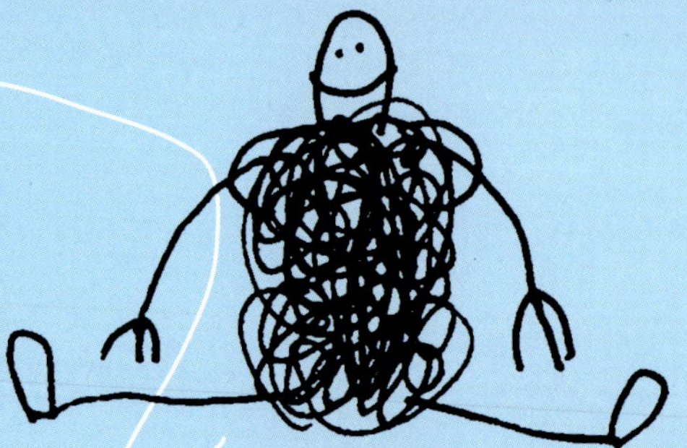

Nous pensons tous, mais de manière plus ou moins disciplinée. Il arrive que certains se contredisent en disant par exemple qu'ils détestent les animaux puis qu'ils aiment vraiment les chats. Difficile dans ce cas de savoir quelle affirmation doit être prise au sérieux. On dit de ces personnes qu'elles manquent de logique – elles ne parviennent pas à analyser ce qu'elles disent ni à en percevoir les défauts. Être logique, c'est savoir penser clairement.

Raisonnement erroné
Dans la mesure où les poissons vivent dans l'eau et les requins sont des poissons, on peut en conclure que les requins vivent dans l'eau. Mais si l'on dit que tous les oiseaux nagent dans la mesure où les pingouins nagent et qu'ils sont des oiseaux, alors, cela ne va pas car la conclusion n'est pas une progression logique.

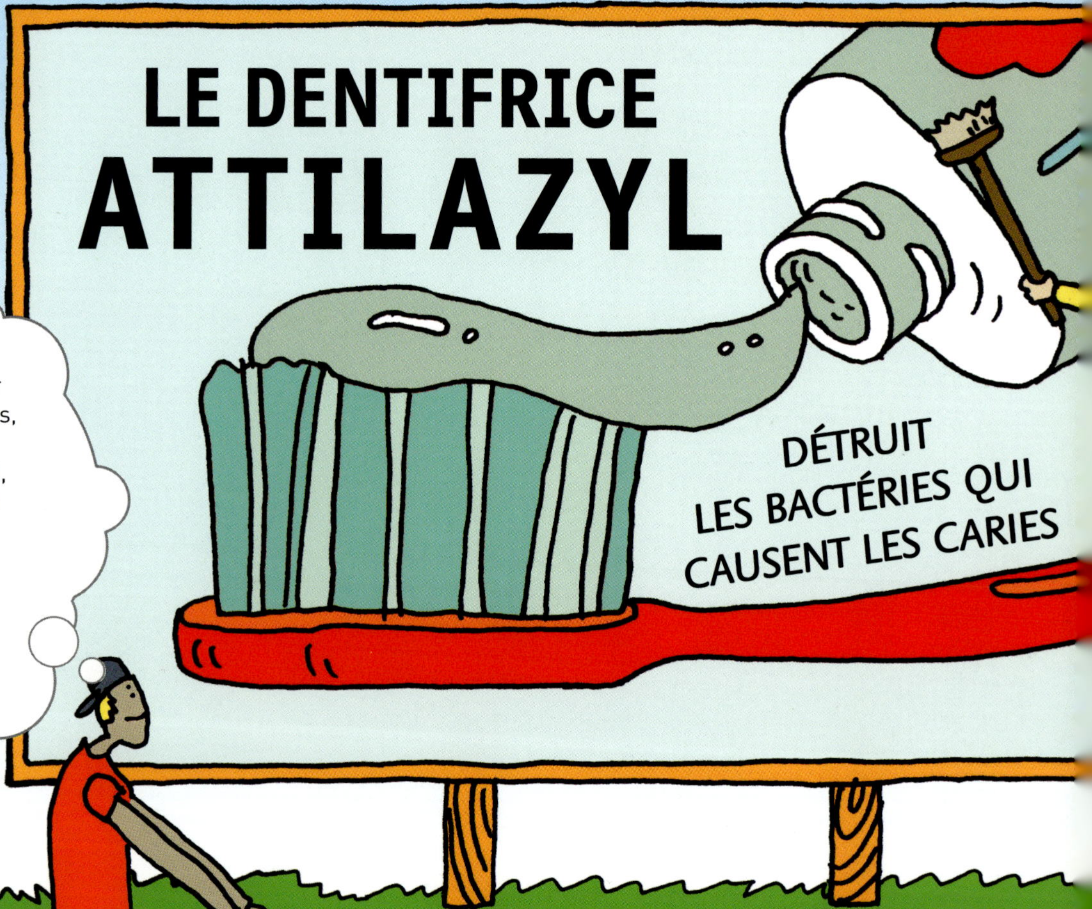

Sers-toi de ta tête !
La logique sous-entend de raisonner clairement pour, à partir de faits exacts, tirer la bonne conclusion. Si tu ne trouves rien à redire au raisonnement, la conclusion est vraisemblablement exacte. Cette vérification est importante dans la pensée logique. Mais un raisonnement parfaitement correct ne sert à rien si les faits de base sont erronés.

Vérifie les arguments !
Vérifie les arguments si tu ne peux pas vérifier la conclusion ! Les bactéries provoquent des caries ; il est donc logique de dire qu'un dentifrice qui élimine les bactéries aide à prévenir l'apparition des caries. Fais confiance à la logique car tu n'as pas de moyen de vérifier l'effet sur tes dents.

Logique persuasive

Certains utilisent la logique pour convaincre. Si quelqu'un affirme une chose que nous ne croyons pas mais la soutient par une forte argumentation logique, nous pouvons adhérer à son avis. Sans argumentation logique, nous ne sommes pas convaincus. La logique est très importante pour les avocats et les politiciens comme Hillary Clinton.

Logique et philosophie

La philosophie, discipline intellectuelle initialement pratiquée par les Grecs, est essentiellement affaire de logique car elle se sert d'arguments raisonnés pour étudier des concepts tels que vérité, beauté et justice. Pour beaucoup, ces exercices sont des jeux intellectuels car la réponse nous est donnée par le bon sens. Mais le bon sens peut être trompé s'il repose sur de fausses idées. L'argumentation logique encouragée par l'étude de la philosophie a une réelle valeur pratique.

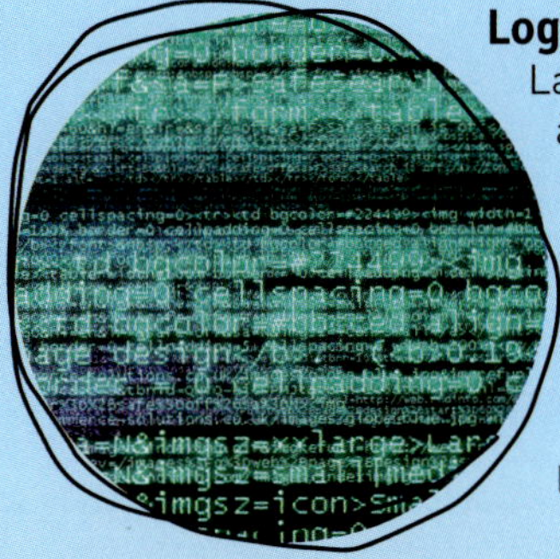

Logique informatique

La logique est indispensable à l'informatique. L'ordinateur répond à de longues séries d'instructions électroniques ou programme, conçu par un programmeur qui doit convertir ses idées en un code que l'ordinateur peut lire. Si les instructions ne sont pas logiques, le programme ne fonctionne pas.

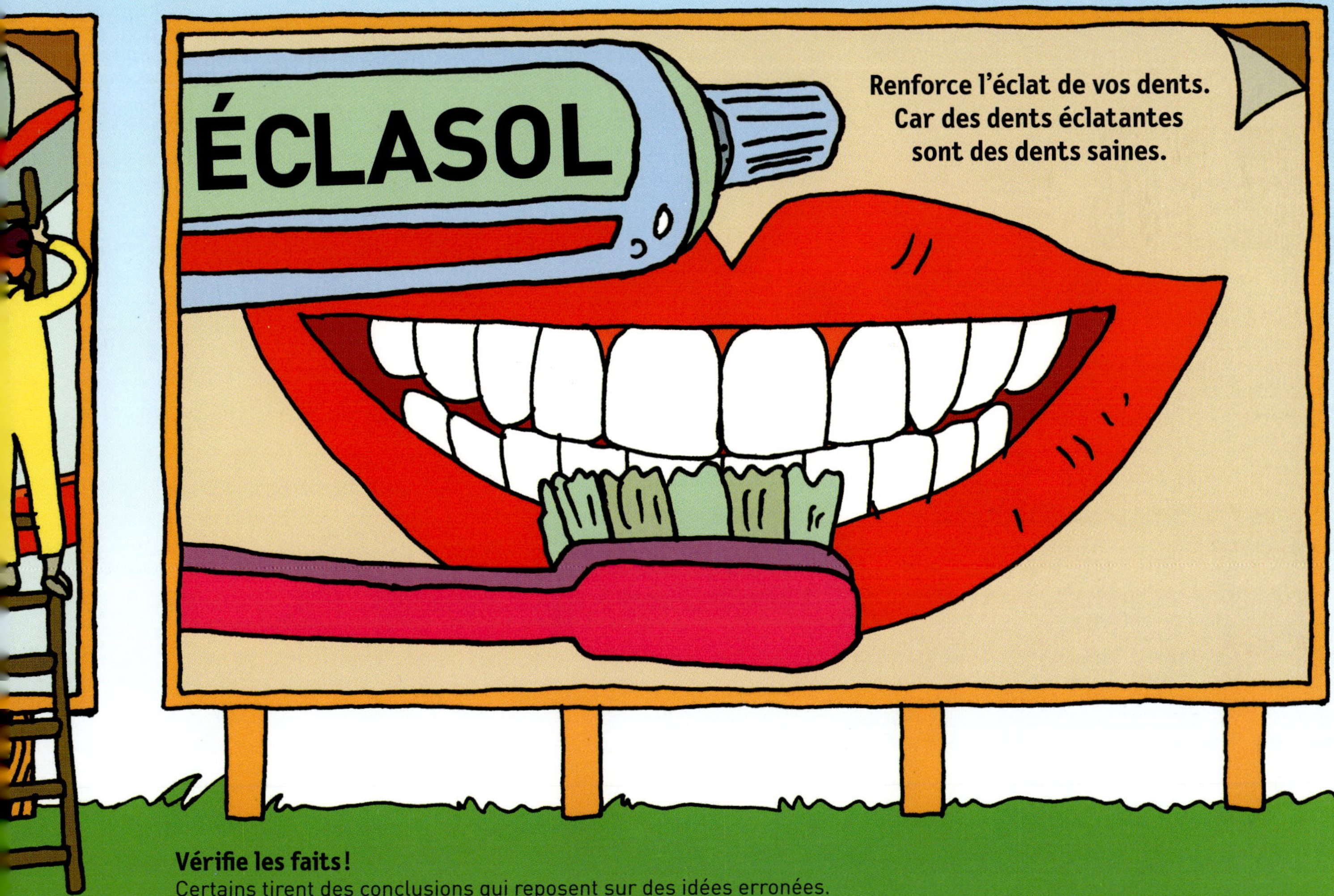

Vérifie les faits !

Certains tirent des conclusions qui reposent sur des idées erronées. Si des dents éclatantes étaient vraiment des dents saines, l'argument de cette publicité serait parfait. Mais comme avoir des dents éclatantes n'empêche pas l'apparition de caries, il est faux. Il est important de vérifier les faits et la logique.

LA PENSÉE ILLOGIQUE

Libre association
Lorsque nous pensons de manière logique, nous retrouvons les informations que nous avons en mémoire et les utilisons pour résoudre des problèmes. Mais parfois l'esprit s'égare et fait des associations sans orientation consciente.

Phobies
Nous sommes nombreux à avoir peur des araignées. Ce type de peur est une phobie. Il existe différents types de phobies. Certaines sont compréhensibles, comme la peur du vide – car tomber de haut peut être mortel. Mais d'autres, comme la peur des poissons, sont illogiques, irrationnelles et difficiles à expliquer.

L'**ornithophobie** est la peur des oiseaux, parfois même des simples plumes.

L'**ichthyophobie**, ou peur des poissons, est une phobie très rare.

C'est l'instinct !
Nous avons tous des instincts naturels qui nous poussent à nous nourrir, boire ou respirer. Les instincts concernent également les émotions, telle que la peur des chiens méchants. Ils sont un type de pensée que nous partageons avec les animaux mais ne sont pas régis par la logique. Loin d'être pour autant futiles, ils sont essentiels à notre survie.

Ma foi !
Toutes les religions reposent sur la foi, c'est-à-dire croire en une chose qui ne peut être prouvée. Il n'y a pas de raison logique à croire en un dieu et pourtant de nombreuses personnes le font, notamment des scientifiques qui s'en remettent par ailleurs à la pensée logique.

L'**arachnophobie** est la peur des araignées, une des phobies les plus communes.

Musophobie est le terme utilisé pour décrire la peur des souris.

L'**aviophobie**, phobie très fréquente, est la peur des voyages en avion.

Nous aimons croire que nous pensons de manière logique mais c'est loin d'être vrai. Les idées sautent dans notre tête sans raison apparente, allant parfois jusqu'aux troubles, phobies ou délires. Nous sommes nombreux à être superstitieux et à croire en un dieu, ce qui ne relève pas du tout de la logique.

Chance ?

Nous croyons pour la plupart dans la chance. Certains jouent au loto car ils pensent avoir la chance de gagner. D'autres évitent de prendre l'avion pour ne pas attirer le « mauvais œil » et voir l'avion s'écraser.
En réalité, les chances – ou risques – que l'un et l'autre se produisent sont minces, mais les gens ignorent les faits.

La **démophobie** est la peur d'être pris au piège dans une foule.

La **technophobie** est la peur de la technologie, téléphones portables et ordinateurs notamment.

Superstition !

Nous sommes nombreux à être superstitieux. Nous évitons de passer sous une échelle, craignons les vendredis 13 ou croyons aux esprits. Nous évitons de dire « je n'ai jamais eu d'accident » pour ne pas « tenter le destin » et augmenter le risque d'en avoir un. Il n'y a aucune logique dans cette façon de penser.

MUSCLE TON CERVEAU !

CASSE-TÊTE

La pensée logique est nécessaire pour résoudre ces casse-têtes déconcertants, créés pour embrouiller et tromper. Il faut donc se concentrer et avoir un raisonnement clair pour trouver les réponses. *Vérifie page 187 si ton raisonnement est exact.*

Le compte est bon !
Trois garçons se rendent à la foire un dimanche matin. Le guichetier leur dit que l'entrée coûte 10 € ; les garçons donnent donc 30 € et entrent. Toutefois, le guichetier se rend compte que les tickets sont moins chers le dimanche, de sorte que les garçons n'auraient dû payer que 25 €. Le guichetier demande à son assistant de retrouver les garçons et de leur rendre 5 €. L'assistant ne parvient pas à diviser 5 € en trois ; il garde donc 2 € pour lui et donne 1 € à chaque garçon. Cela signifie que chaque garçon a payé 9 € son ticket – soit un total de 27 € – et que l'assistant a gardé 2 €, soit 29 €. Où est passé le dernier euro ?

Le fermier, le maïs, la poule et le renard
Un fermier doit traverser une rivière dans une petite barque avec un renard, une poule et un sac de maïs. Il ne peut prendre qu'une chose à la fois. S'il laisse le renard et la poule, cette dernière sera mangée par le renard. S'il laisse la poule et le maïs, celui-ci sera picoré par la poule. Comment peut-il faire pour traverser la rivière sans que rien ne soit mangé ?

Si tu découpes des silhouettes des personnages, tu pourras peut-être mieux visualiser la solution.

Où sont les biscuits ?
Jeanne veut un biscuit mais doit au préalable trouver le bocal dans lequel il se cache. Les bocaux du placard portent simplement un numéro. Elle n'a droit qu'à un seul choix. Si elle se trompe, elle découvrira autre chose de moins agréable. Pour l'aider à choisir, elle dispose des indices suivants :

Le pont à traverser
Quatre hommes – deux frères, leur père et leur grand-père – se rendent à la gare dans la nuit et doivent traverser un vieux pont étroit pour y parvenir. Le pont ne peut supporter que le poids de deux personnes et les hommes n'ont qu'une lampe-torche ; ainsi lorsque deux hommes ont traversé, l'un d'eux doit rapporter la lampe pour les deux suivants. Chaque homme traverse le pont à une allure différente.

- L'aîné le traverse en une minute.
- Le cadet le traverse en deux minutes.
- Le père le traverse en cinq minutes.
- Le grand-père le traverse en dix minutes.

Les deux hommes avancent à l'allure du plus lent et le prochain train entre en gare dans 17 minutes. Arriveront-ils à temps ?

- Les lentilles ne sont pas sur l'étagère du bas ni au milieu.
- Les haricots ne sont pas sur l'étagère du haut ni à côté du riz, qui est directement sous la farine.
- Le poivre n'est pas sur le côté droit et son numéro est égal à celui de la farine + 2 et à celui des lentilles + 4.

Quel bocal doit-elle choisir ?

La bonne porte
Un prisonnier peut recouvrer la liberté s'il choisit la bonne porte – une des deux portes donne sur la liberté, l'autre sur un lion mangeur d'homme. Un gardien se tient devant chaque porte – l'un dit toujours la vérité, l'autre ment constamment. Le prisonnier ne peut poser qu'une question à un seul des gardiens. Quelle question doit-il poser pour retrouver la liberté ?

Qui a commencé?
Paul vient de gagner le jeu du cadeau. Neuf enfants, assis en rond, se passent un cadeau emballé plusieurs fois. Le joueur 1 prend le cadeau et le passe à son voisin de gauche et ainsi de suite jusqu'au joueur 7. Celui-ci enlève un emballage et est éliminé. Son voisin de gauche devient le joueur 1 qui passe le cadeau à son voisin de gauche et ainsi de suite jusqu'à ce qu'il ne reste plus qu'un joueur, le vainqueur. Si Paul a gagné, qui a commencé ?

MUSCLE TON CERVEAU !

GRILLES ET CARRÉS MAGIQUES

Ces jeux font plus appel à la pensée logique qu'aux compétences mathématiques. Le sudoku et le kakuro, par exemple, sont des grilles de chiffres qu'il faut compléter selon certaines règles logiques.

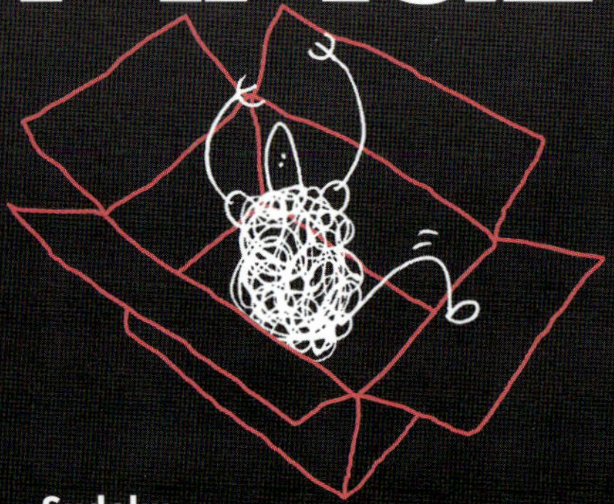

Sudoku

Une grille classique de sudoku est un carré de 9 cases de côté, divisé en neuf carrés de 3 cases de coté ou « régions ». Chaque colonne verticale, ligne horizontale et région doit contenir les chiffres 1 à 9. Certains chiffres sont déjà donnés, il te faut donc trouver les autres. Commence par cette grille pour acquérir quelques trucs et astuces afin de résoudre des grilles de sudoku de plus en plus complexes.

Trucs et astuces

	6	8			2			5
2				5			6	
	4	5		6		3		
		2			6			
4	3	6		1		9		7
1			4			6		
6		9		8		7	4	
	5	3		4			8	1
8			7	2	3	5		

Commence par la rangée ou la colonne qui porte le plus de chiffres. Ici, il manque seulement le 2 et le 8 sur la rangée du milieu. En regardant les autres chiffres des colonnes verticales auxquelles appartiennent les deux cases vierges, tu dois pouvoir trouver le bon chiffre.

Rangée du milieu

Autre astuce : cherche des séries de trois chiffres ou « triplets ». Regarde la colonne centrale, en gris sur l'image. Les deux carrés du haut contiennent le chiffre 1. Cela signifie que le 1 va dans la région du bas, colonne de droite. Vérifie les rangées et tu verras qu'une seule case peut accueillir le 1.

Sudoku débutant

1		6			8			
			9	3			8	6
8		9		7		1		4
7		5			4	6		1
6			2	5				
4		8	1			2		5
5				9				3
	8				3		4	
3		2	8	4		9		7

Sudoku intermédiaire

	5			1			2	
1		7	3					
			5		7			
6				9				2
		5		4		7		
8	2			3	6			5
					1			
4		8						3
	9		6	8			5	

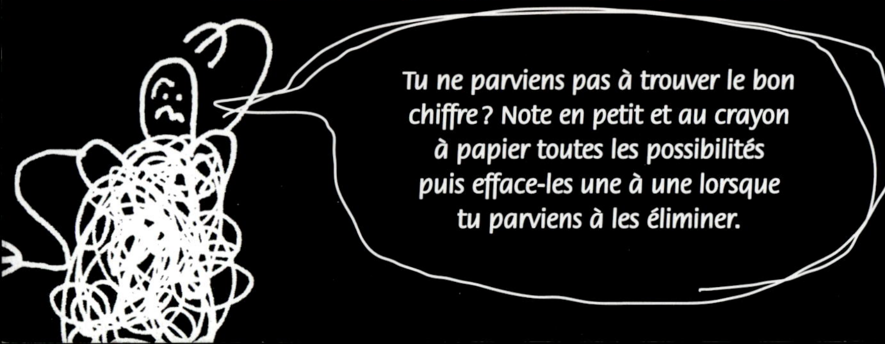

Kakuro

Le kakuro ressemble aux mots-croisés si ce n'est que les chiffres remplacent les lettres. Comme pour le sudoku, les grilles doivent être remplies des chiffres 1 à 9. Toutefois, pour le kakuro, les chiffres s'additionnent pour former le total donné en haut de la colonne ou sur le côté de la rangée – petit rappel, la colonne va de haut en bas et la rangée de gauche à droite. Commence par ce petit kakuro pour t'habituer puis passe aux plus difficiles.

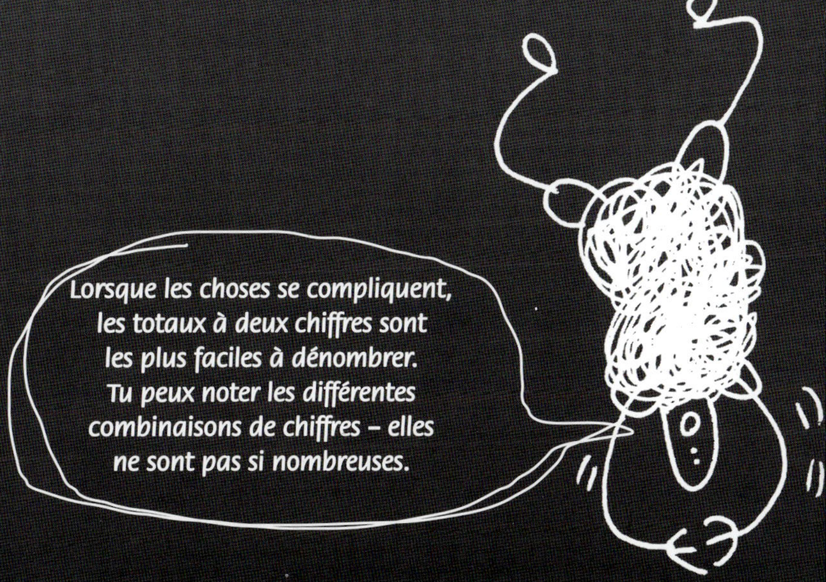

Comment faire

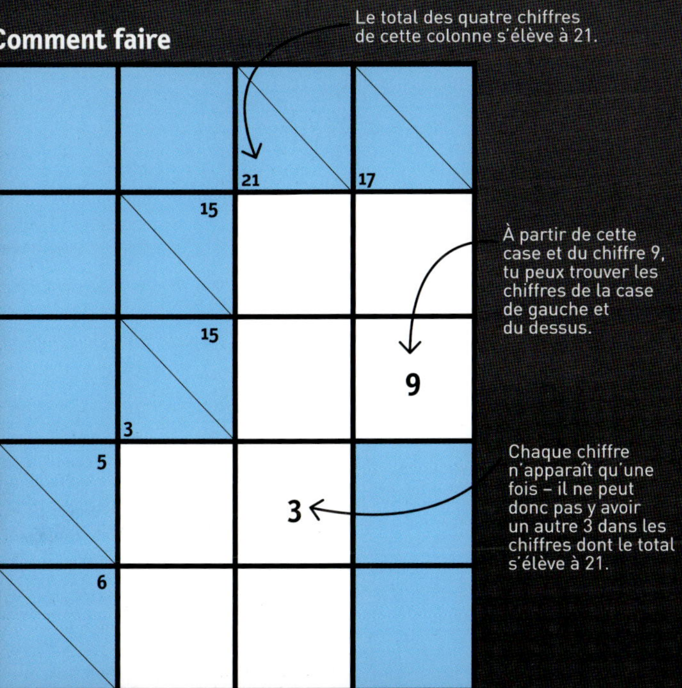

Un peu plus compliqué

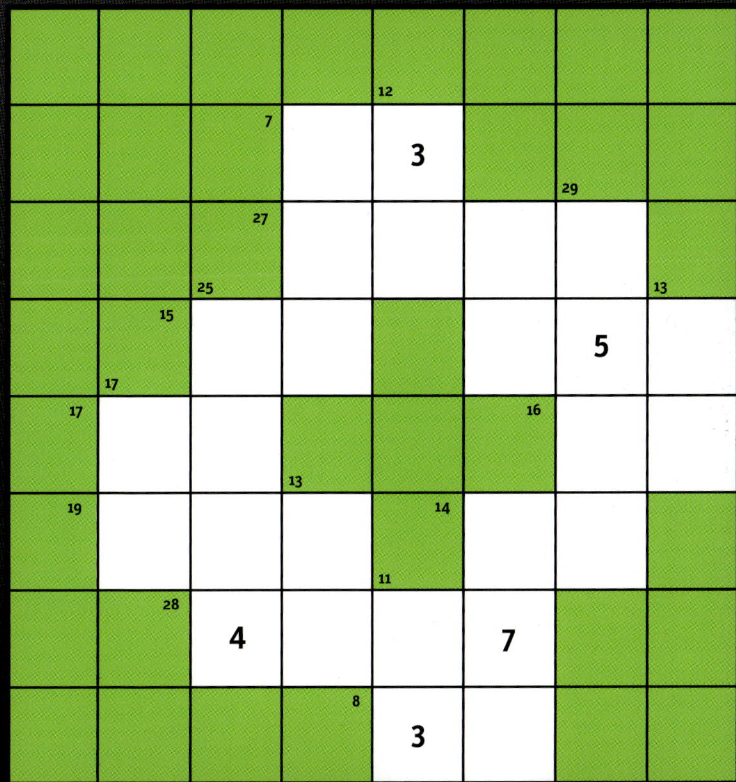

Pour les plus futés

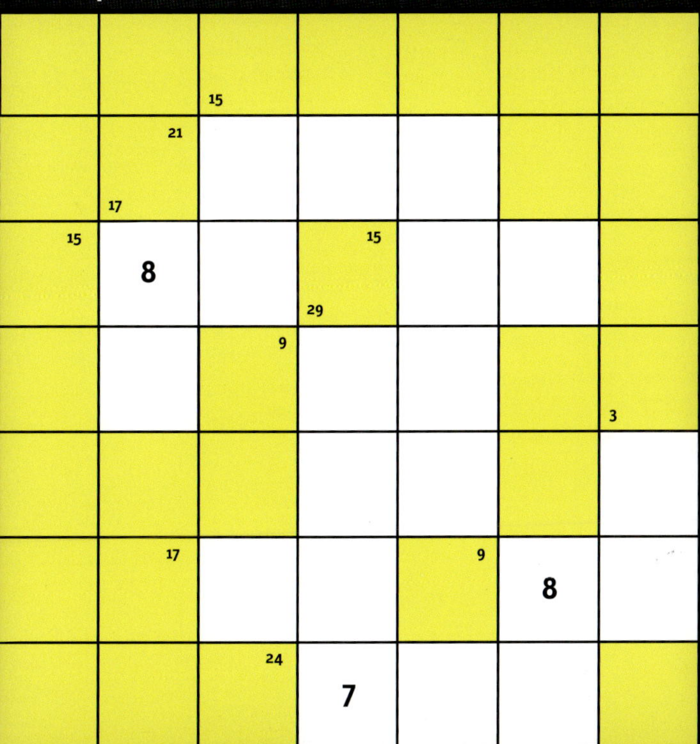

PENSÉE M4TH3M4T1QU3

Les nombres font appel à la forme de pensée la plus logique. Les calculs simples n'entraînent aucune supposition. Nous trouvons les réponses en appliquant des règles logiques. Depuis des siècles, les hommes ont inventé divers systèmes numériques et diverses façons de raisonner avec les chiffres.

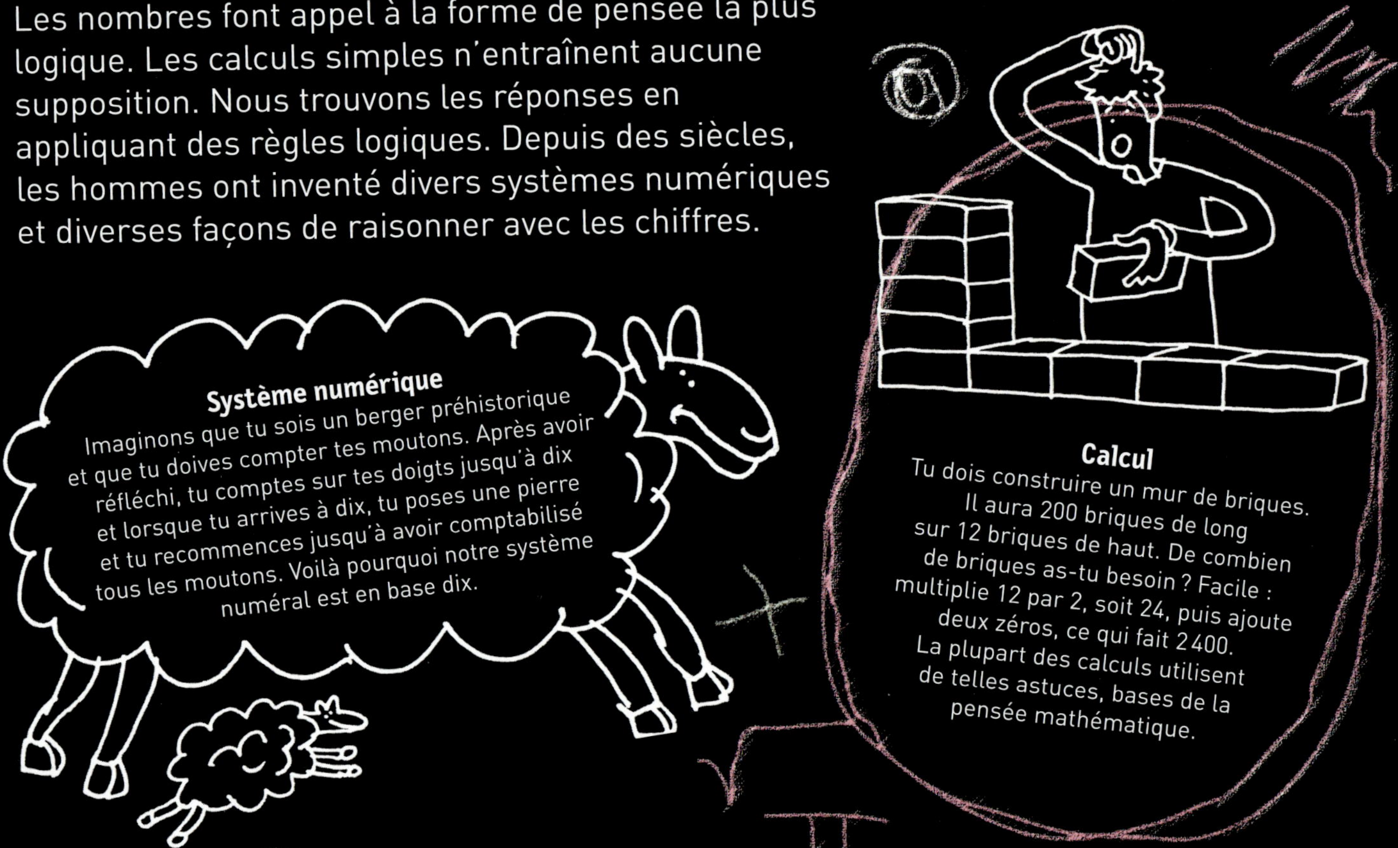

Système numérique

Imaginons que tu sois un berger préhistorique et que tu doives compter tes moutons. Après avoir réfléchi, tu comptes sur tes doigts jusqu'à dix et lorsque tu arrives à dix, tu poses une pierre et tu recommences jusqu'à avoir comptabilisé tous les moutons. Voilà pourquoi notre système numéral est en base dix.

Calcul

Tu dois construire un mur de briques. Il aura 200 briques de long sur 12 briques de haut. De combien de briques as-tu besoin ? Facile : multiplie 12 par 2, soit 24, puis ajoute deux zéros, ce qui fait 2400. La plupart des calculs utilisent de telles astuces, bases de la pensée mathématique.

Géométrie

Les mathématiques permettent de décrire des formes telles que des triangles et des pyramides en termes d'angles et de dimensions. Cela peut servir pour mesurer la hauteur des montagnes. Si tu connais la distance au sol (D) d'un sommet et si tu parviens à en mesurer l'angle, tu peux calculer sa hauteur (H).

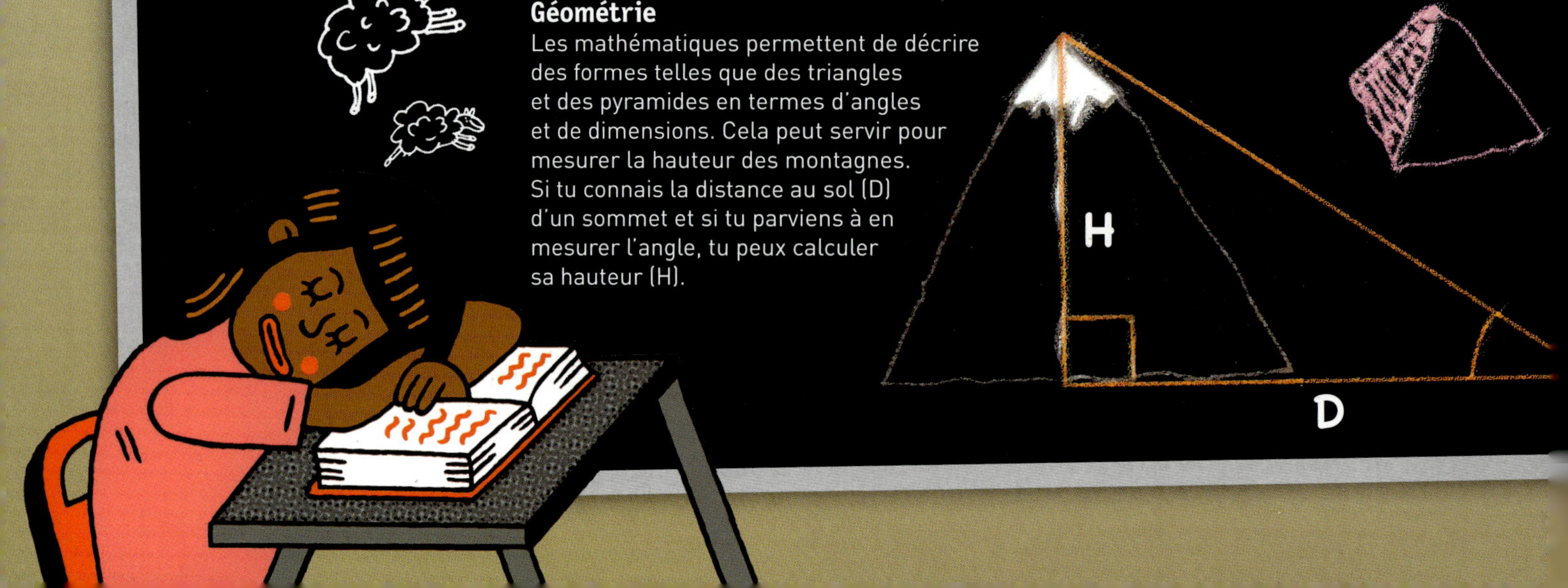

La science universelle

Aujourd'hui, toutes les sciences reposent sur la mesure des choses et sur leur réduction à des formes numériques. Ces chiffres sont agrégés en mathématiques qui nous aident à comprendre et à utiliser la science. Les scientifiques conçoivent des équations mathématiques qui expliquent comment l'Univers fonctionne, de l'infiniment grand (les galaxies) à l'infiniment petit (l'atome). Ils espèrent parvenir à une « théorie du tout » qui unirait les deux extrêmes – et qu'ils pourront retranscrire sous la forme d'une équation.

Musique et nature

Pythagore, pionnier des mathématiques né vers 580 av. J.-C., a découvert qu'il existait une relation entre la longueur d'une corde vibrante et la hauteur du son émis, harmonieux à la moitié, au tiers, au quart et au cinquième de la corde de base. Il en conclut que les maths sont la base de toute beauté naturelle. Le schéma mathématique de ce tournesol tend à le prouver.

Le système numérique que nous utilisons a été ramené d'Inde par les Arabes vers 750 de notre ère. C'est pourquoi on parle de chiffres arabes.

Algèbre

Certains types de calculs servent à résoudre des problèmes donnés et leur forme ne varie pas. Il est alors possible de remplacer les valeurs par des symboles. Par exemple, on trouve la superficie (S) d'un rectangle en multipliant sa longueur (L) par sa largeur (l), d'où l'équation L x l = S. Si l'on connaît la superficie et la largeur sans connaître la longueur, il suffit de diviser les deux variables par l. On a donc ainsi L = S ÷l. Il suffit de remplacer les symboles par des valeurs.

si $L \times l = S$

donc $\frac{L \times l}{S} = \frac{S}{l}$

alors $L = S \div l$

La pyramide magique
Remplis chaque case avec un chiffre qui correspond à la somme de ceux contenus dans les deux cases placées juste en dessous.

120

? | 50

44 | ? | ?

? | 14 | ? | ?

? | | ? | 3 | ?

JOUE 4VEC LES NOM8RES

Pour résoudre ces énigmes, sers-toi de tes connaissances en mathématiques, et de ton esprit logique. Si certains de ces jeux sont simples et ne devraient pas te poser de problèmes, d'autres sont plus difficiles et t'obligeront à réfléchir davantage. Attention ! il y a quelques questions-pièges. *Tu trouveras les réponses page 188.*

Une seule fois
Remplace les points d'interrogation par l'un des chiffres suivants : 1, 2, 3, 4, 5 ou 6, afin d'obtenir un résultat mathématiquement correct. Chaque chiffre ne peut être utilisé qu'une fois.

?? x ? = ???

Les fleurs fatales
Le nombre blanc du milieu a été obtenu en ajoutant et en multipliant les quatre nombres noirs des pétales, avec la même combinaison d'opérations pour chaque fleur. Devine le chiffre manquant dans la troisième fleur.

Combien ça pèse ?

Observe bien les dessins ci-dessus. Sachant qu'un ananas pèse plus qu'une orange, une orange plus qu'une pomme, une pomme plus qu'une banane, une banane plus qu'une fraise, combien de fraises dois-tu mettre dans le plateau de droite pour obtenir le même poids qu'un ananas et trois bananes ? Combien de fraises faudrait-il pour obtenir le même poids qu'un ananas ? qu'une orange ? qu'une pomme ? qu'une banane ?

Suite de huit

Écris huit fois le chiffre 8. Puis insère dans ta suite quatre signes mathématiques de façon à obtenir un résultat équivalent à 1 000.

88888888

Admise ou recalée ?

Pour être reçue à son examen, Sabine doit répondre correctement à 15 questions sur 20. Chaque bonne réponse lui rapporte 10 points, et chaque erreur lui en coûte 5. Elle répond à toutes les questions et obtient un total de 125 points. A-t-elle réussi son examen ?

Des étoiles et des chiffres

Chaque étoile représente un chiffre entre 1 et 4. Lequel ? Attention ! ton opération doit être juste.

Fractions en folie

Quelle est la moitié du tiers du quart du cinquième de 600 ?

1/5 1/2 1/3 1/4

MAGIQUES, LES MATHS

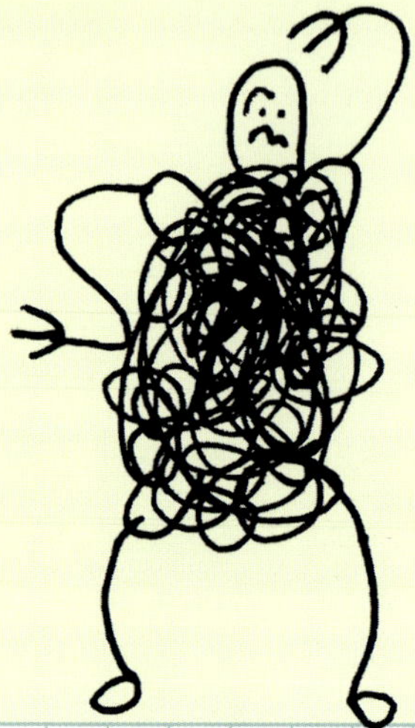

Les maths, c'est en grande partie une question de relations entre chiffres. Propose ces petits casse-têtes à tes camarades et à ta famille. Tu verras que les maths, ça peut être beaucoup plus amusant que tu ne le pensais !

Le domino caché

Grâce à une simple soustraction, devine la valeur du domino que ton partenaire cache dans sa main.

Étape 1
Donne à un copain un jeu de dominos et dis-lui d'en prendre un sans te le montrer.

Étape 2
Demande à ton copain de choisir l'un des chiffres de son domino et de faire les opérations suivantes, avec une calculette si besoin :
- Multiplier le chiffre par 5
- Ajouter 7
- Multiplier le résultat par 2
- Ajouter l'autre chiffre du domino.

Étape 3
Demande à ton copain ce qu'il obtient. Soustrais 14 au résultat qu'il te donne : tu obtiendras un nombre à deux chiffres correspondant aux chiffres du domino caché.

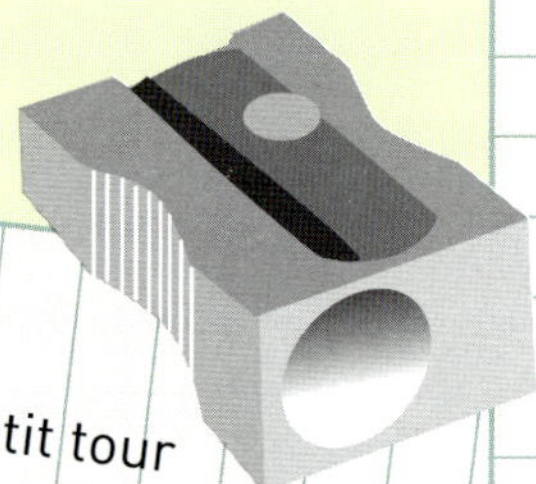

La réponse est 9

Pour commencer, un petit tour facile : ce sont les maths qui vont faire le travail à ta place. Assure-toi que les étapes suivantes sont bien respectées et tu verras que la réponse est toujours la même.

Étape 1
Tout d'abord, écris le chiffre 9 sur un bout de papier, que tu plieras et que tu donneras à un copain en lui demandant de ne pas le regarder.

Étape 2
Confie une calculette à ton copain et demande-lui :
- de taper son âge
- d'y ajouter le numéro de sa maison
- les quatre derniers chiffres de son numéro de téléphone
- le nombre d'animaux qu'il a
- le nombre de ses frères et sœurs
- de multiplier le total par 18
- de faire la somme des chiffres de la réponse jusqu'à obtenir un nombre à un chiffre.

Étape 3
Déplie le bout de papier et montre-le à ton copain : la réponse obtenue est identique au chiffre que tu y avais écrit.

À la queue leu-leu

Ce qui suit est plus qu'un simple petit tour. C'est aussi une bonne manière de t'entraîner aux multiplications. Là encore, le chiffre 9 joue un rôle clé.

Étape 1

Donne une calculette à un copain, ainsi qu'un stylo et une feuille de papier. Demande-lui d'écrire les chiffres : 1, 2, 3, 4, 5, 6, 7 et 9.

Étape 2

Demande-lui de choisir l'un de ces chiffres.

Étape 3

Multiplie ce chiffre par 9, dans ta tête.
Par exemple, s'il a choisi 1 : 1 x 9 = 9 ;
si c'est 2 : 2 x 9 = 18.

Étape 4

Dis à ton copain de multiplier (avec la calculette) la suite de huit chiffres écrite sur la feuille par le résultat que tu viens d'obtenir. S'il avait choisi 1 à l'étape n° 2, il obtiendra comme résultat 111 111 111. S'il avait choisi 2, la réponse sera 222 222 222, et ainsi de suite.

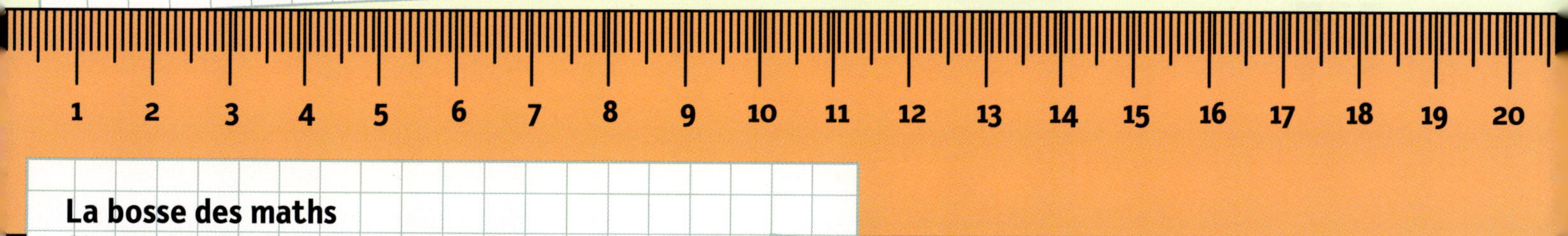

La bosse des maths

Si tu t'y prends bien, tu pourras faire croire à tes camarades que tu es plus rapide qu'une calculette. En réalité, il te suffira de savoir multiplier par 11.

Étape 1

Donne à un copain un crayon noir, une feuille de papier et une calculette. Il devra :

- écrire deux nombres entre 1 et 19 l'un au-dessus de l'autre
- les additionner et écrire le résultat obtenu en dessous
- additionner les deuxième et troisième nombres de la colonne et écrire le résultat en dessous
- procéder de la sorte jusqu'à ce qu'il obtienne une colonne de 10 nombres.

Étape 2

Demande à ton copain de te montrer la liste de nombres. Dis-lui que tu es capable de les additionner avec un simple crayon et une feuille plus vite qu'il ne le ferait avec une calculette.

Étape 3

Ton copain accepte le défi ? Contente-toi de multiplier le septième chiffre de la colonne par 11 ; tu obtiendras le résultat avant même qu'il ait eu le temps de tout additionner avec sa calculette !

Par exemple, si ton copain a écrit les nombres 7, 12, 19, 31, 50, 81, 131, 212, 343 et 555, il te suffira de multiplier le septième nombre, 131, par 11, ce qui te donnera 1 441, le total des 10 nombres de la colonne. N'oublie pas que même si tu as la bosse des maths, tu n'es pas obligé de faire l'opération de tête : tu as le droit de la poser !

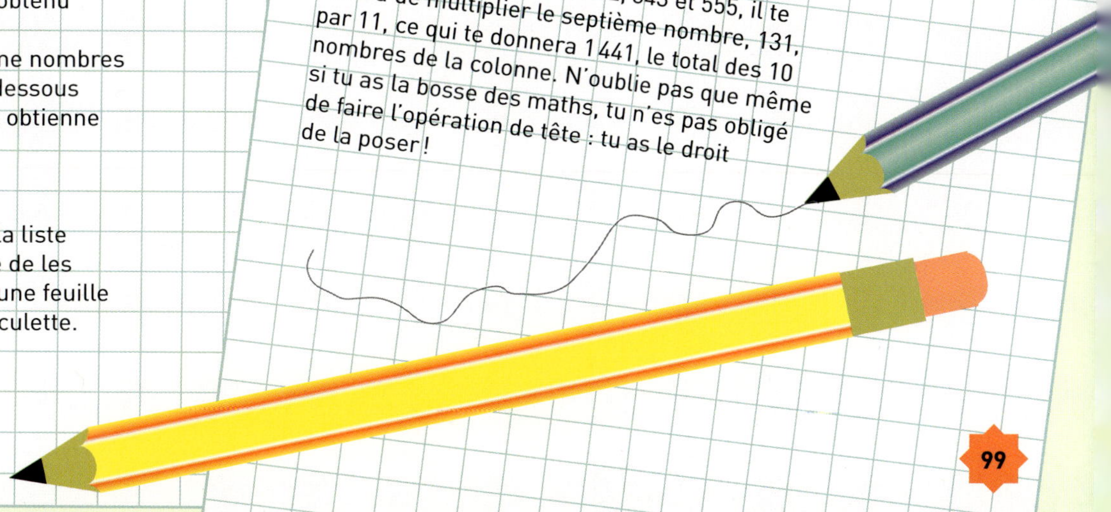

Visualiser
Si tu dois mettre beaucoup d'objets dans le coffre d'une voiture, la capacité à visualiser les choses t'aidera à tout ranger en perdant le moins d'espace. C'est également cette capacité qui te permet d'imaginer une nouvelle manière de disposer les meubles dans ta chambre, par exemple.

LA PERCEPTION SPATIALE

La perception spatiale, c'est le fait de pouvoir penser en trois dimensions. C'est ce qui te permet de visualiser des formes et d'imaginer à quoi ressemble un objet vu sous différents angles. C'est également ce qui t'aide à trouver ton chemin, à lire une carte et à pratiquer certains sports.

Lire une carte
Une carte est une vue aérienne d'un lieu où rues, bâtiments et relief sont représentés par des symboles. Lire une carte, c'est se repérer dans l'espace. Ce garçon essaie de trouver son chemin grâce à sa carte en transposant dans la réalité les informations qu'elle lui donne.

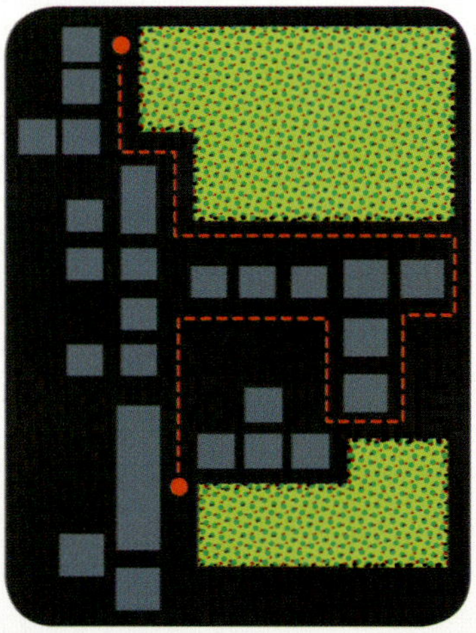

Savoir s'orienter

Certaines personnes ont le sens de l'orientation et sont capables de trouver aisément leur chemin, alors que d'autres doivent s'aider d'une boussole. Voici quelqu'un qui fait appel à son sens de l'orientation pour trouver le chemin le plus court jusqu'au marchand de glaces !

Angles de vue

Appréhender l'espace suppose également de pouvoir imaginer un objet sous un autre angle. C'est ce que font les artistes qui travaillent en trois dimensions. Par exemple, ce jardinier qui a décidé de tailler un buisson en forme d'éléphant doit visualiser le résultat de son travail avant même de le commencer.

Jouets en 3 D

Certains jouets font travailler notre perception spatiale. Inventé en 1974, le cube magique se vend toujours à des millions d'exemplaires. Le jeu consiste à mélanger les éléments du cube, puis à le reconstituer de sorte que chaque face soit de la même couleur. Pour cela, il faut penser en trois dimensions.

Une partie de tennis ?

La pratique de certains sports suppose la perception du terrain dans toutes ses dimensions. Par exemple, un joueur de tennis doit lancer la balle dans les limites du terrain tout en prévoyant le déplacement de son adversaire. Aux échecs, il faut visualiser la configuration des pièces du jeu plusieurs coups à l'avance.

VOIR EN 2 D

La perception spatiale est souvent rapportée à des activités, sportives par exemple, dans un espace tridimensionnel. Mais la perception spatiale peut également nous aider à résoudre des problèmes en deux dimensions, comme la compréhension d'un schéma. C'est ce que tu vas faire ici avec ces énigmes. Vérifie page 188 si tes réponses sont correctes.

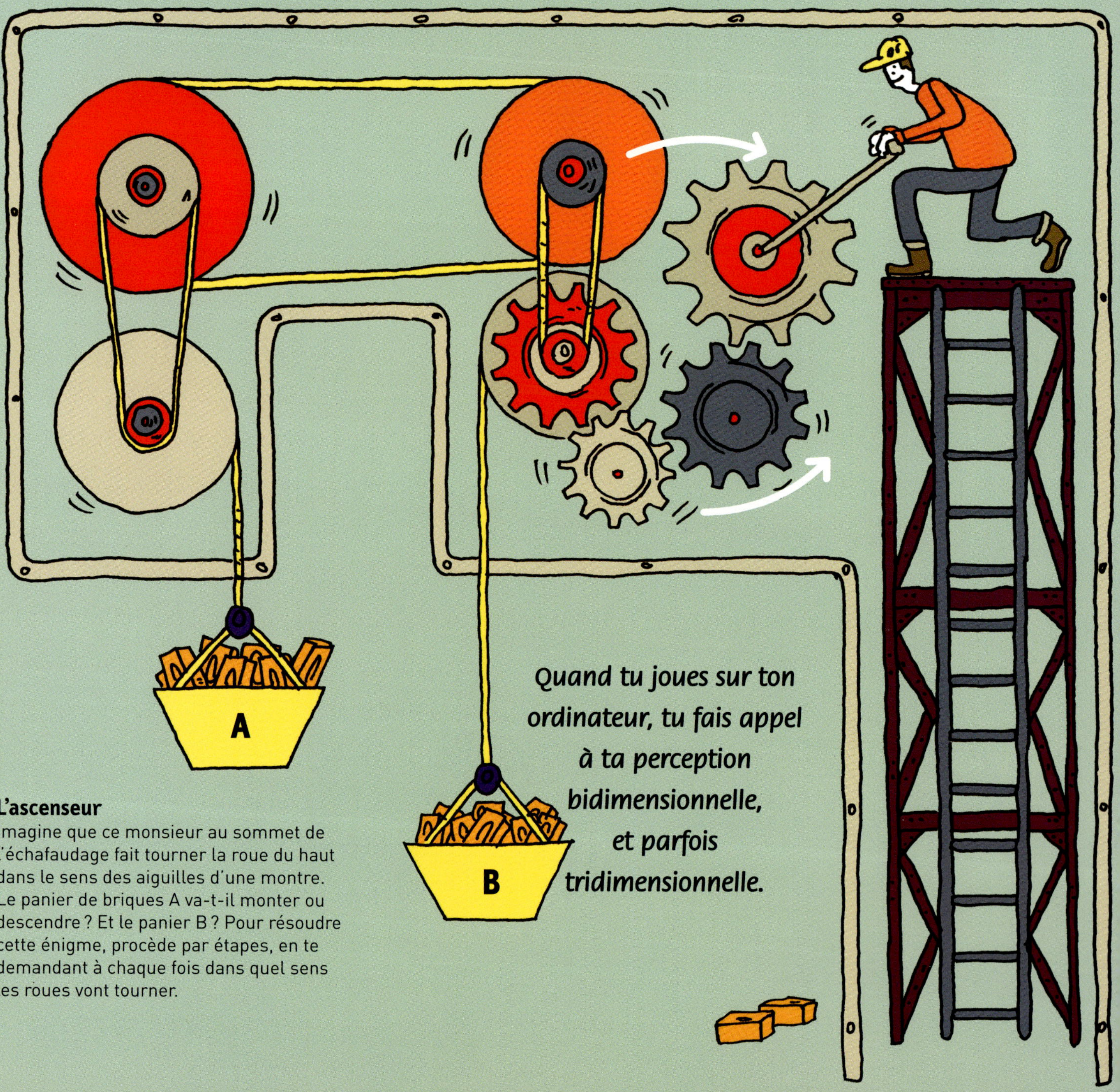

Quand tu joues sur ton ordinateur, tu fais appel à ta perception bidimensionnelle, et parfois tridimensionnelle.

L'ascenseur
Imagine que ce monsieur au sommet de l'échafaudage fait tourner la roue du haut dans le sens des aiguilles d'une montre. Le panier de briques A va-t-il monter ou descendre ? Et le panier B ? Pour résoudre cette énigme, procède par étapes, en te demandant à chaque fois dans quel sens les roues vont tourner.

Le triangle inversé

Essaie de passer du triangle de gauche au triangle de droite en ne déplaçant que trois roues. Tu peux t'aider en utilisant des pièces de monnaie pour reconstituer le triangle et le transformer.

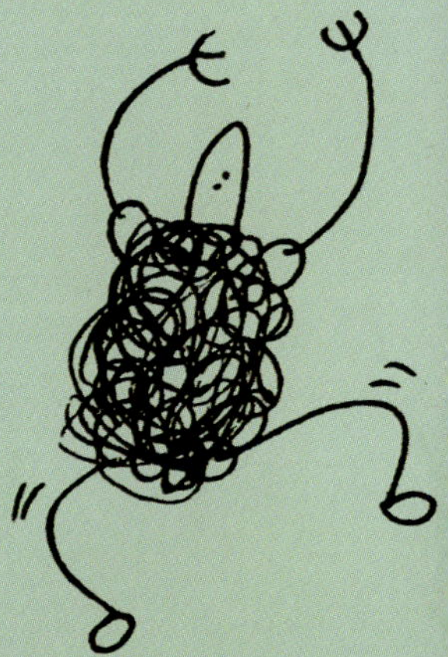

De quatre à cinq

Voici cinq carrés délimités par seize pelles. Sauras-tu, en ne déplaçant que deux pelles, passer à quatre carrés ? Attention ! tu dois conserver le même nombre de pelles.

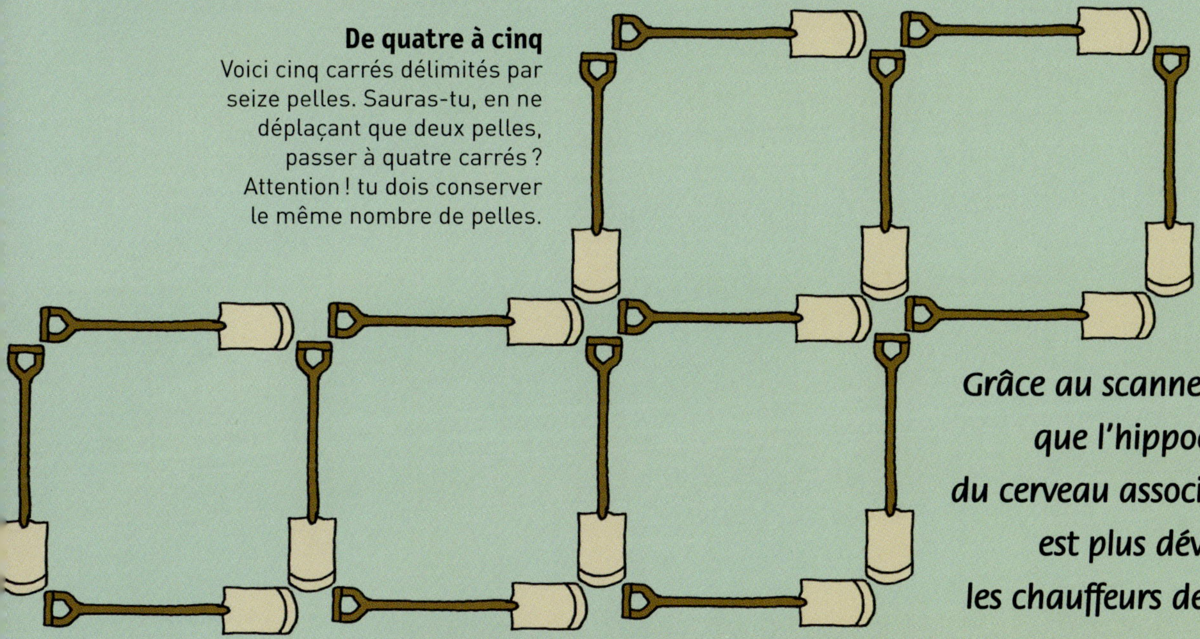

Grâce au scanner, on s'est aperçu que l'hippocampe, zone du cerveau associée à l'orientation, est plus développé chez les chauffeurs de taxi londoniens.

À chacun ses outils

Ce chantier semble un peu désorganisé ! Serais-tu capable, en traçant quatre lignes droites, de le diviser en cinq zones contenant chacune un ouvrier, une brouette et un tas de briques ?

RÉFLÉCHIR EN 3D

La plupart de tes actions quotidiennes font appel à ta perception de l'espace, par exemple quand tu marches dans la rue ou quand tu téléphones. Généralement, tu le fais sans y penser. Mais pour résoudre les énigmes suivantes, tu vas devoir sérieusement réfléchir.
Vérifie tes réponses page 188.

Six crayons, quatre triangles

Dispose ces six crayons de façon à former quatre triangles équilatéraux. Si tu es coincé, n'oublie pas qu'il s'agit d'un exercice en trois dimensions.

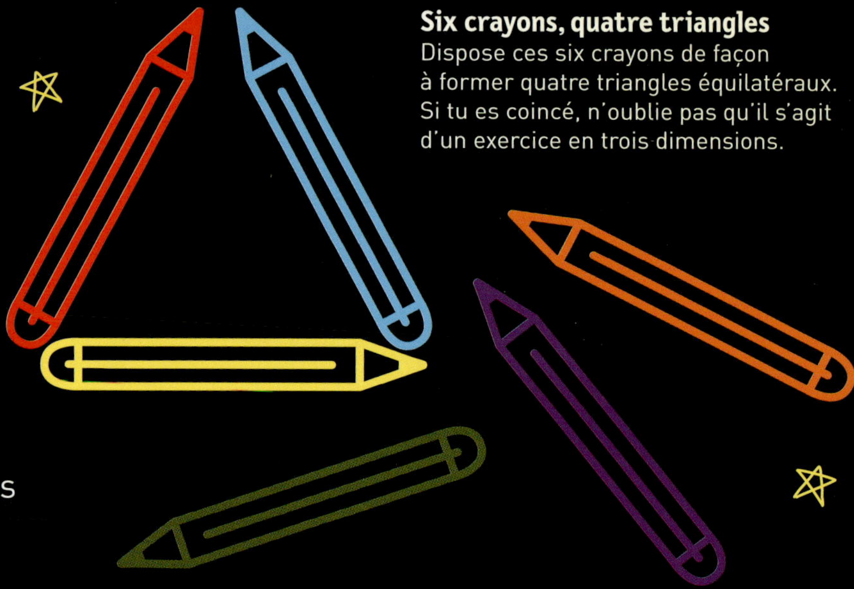

Vu d'en haut

Voici quatre formes tridimensionnelles disposées sur un plateau en forme d'étoile et vues de côté. Il s'agit (dans le sens des aiguilles d'une montre) d'un cube, d'un cylindre, d'une pyramide et d'un icosaèdre (un solide à vingt faces). Parmi les six images ci-dessous, laquelle représente ces mêmes formes vues de haut ?

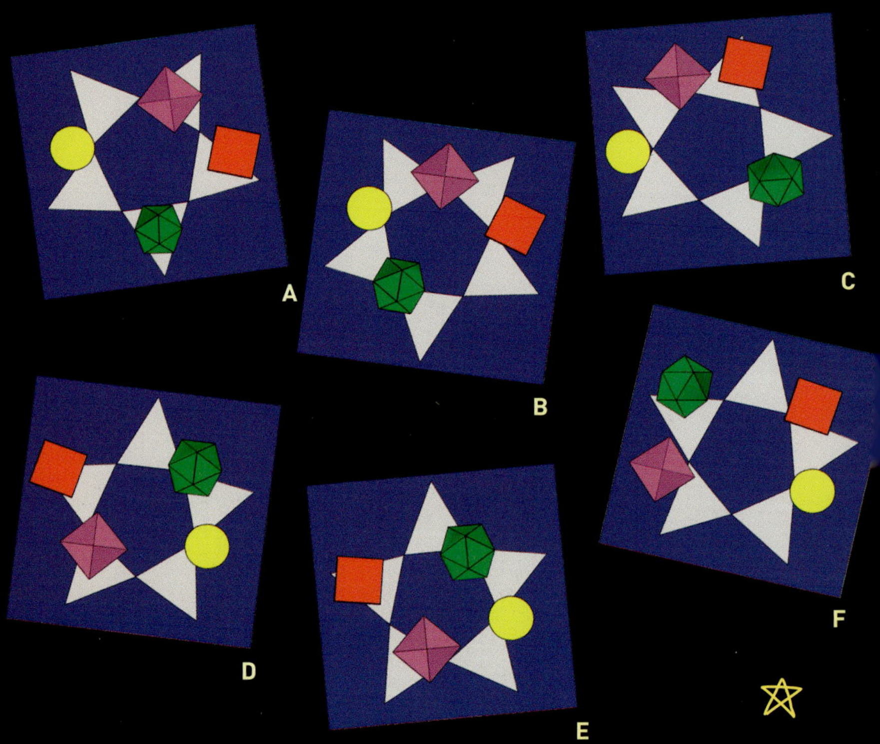

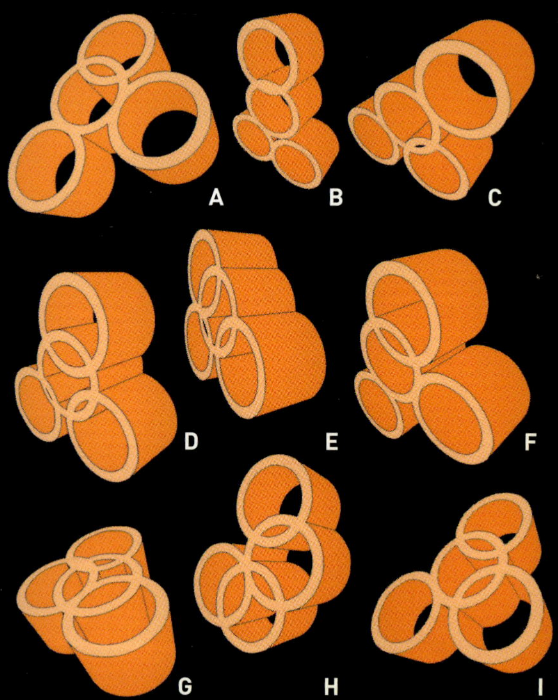

Les deux font la paire

Ces neuf formes tridimensionnelles paraissent toutes différentes. Pourtant, il y en a deux identiques : simplement, elles ne sont pas présentées sous le même angle. Peux-tu les retrouver ?

Le record du monde pour reconstituer le cube magique est de 7,08 secondes.

La face cachée
Ceci est un cube représenté trois fois dans des positions variées. Chacun de ses côtés est de couleur différente. Dans la troisième image, de quelle couleur est le côté qui se trouve en bas ?

Le dé déplié
Parmi les six dés représentés à droite, lequel correspondrait, déplié, au dessin ci-dessous ?

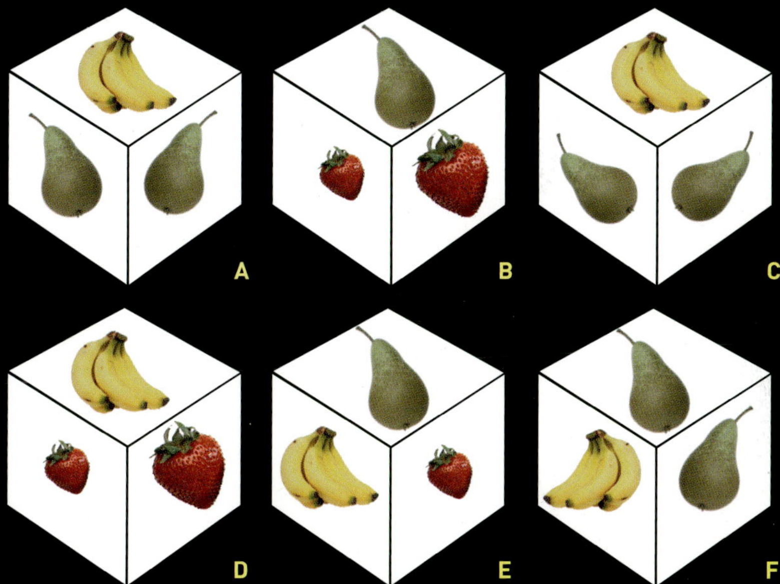

Le cube diabolique
Voici un cube composé de 27 petits cubes regroupés en trois parties de couleurs différentes. Lorsque l'on retire les petits cubes bleus et orange, il ne reste plus que les roses. Parmi les cinq formes tridimensionnelles ci-dessous, sauras-tu reconnaître la partie rose du gros cube ?

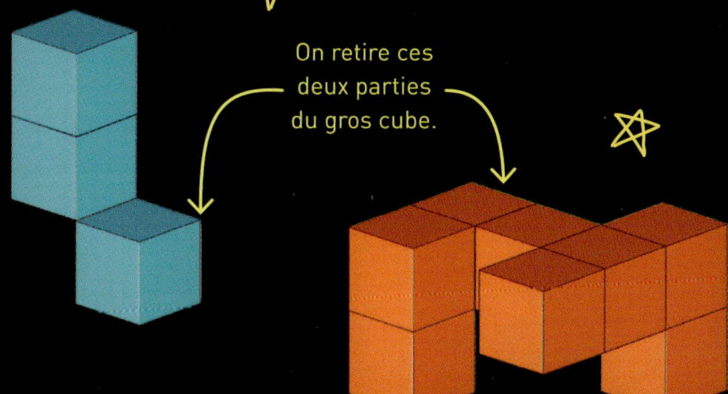

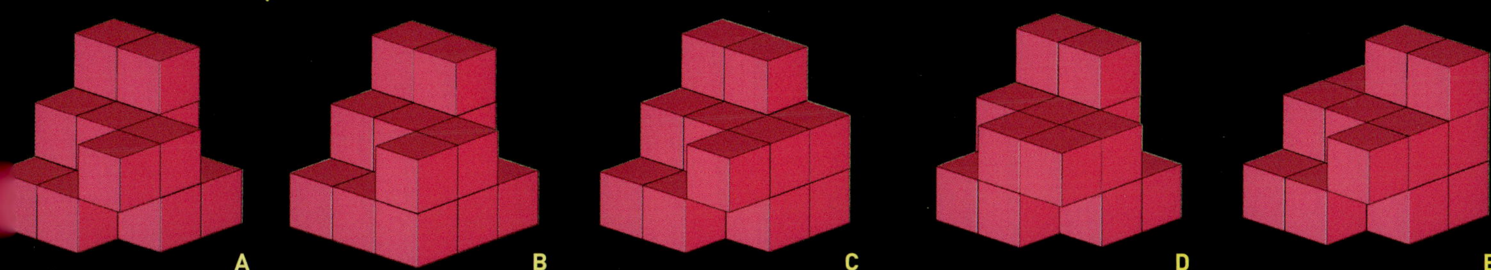

LES INVENTIONS

Chaque jour naissent de nouvelles idées qui peuvent rendre la vie plus facile, et même changer le monde, pourvu qu'on parvienne à les mettre en pratique. Derrière ces idées, il y a souvent une inspiration de génie.

Les fruits de la bardane, plante sauvage commune, sont pourvus de crochets qui s'attachent au pelage des animaux, dispersant ainsi les graines.

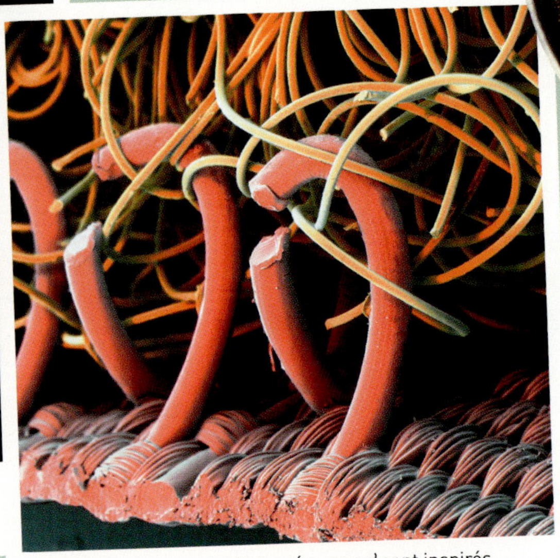

Les crochets des bandes Velcro *(en rouge)* sont inspirés des crochets de la bardane, ce qui leur permet de se fixer sur le tissu.

Inspiration de génie
Les personnes inventives ont très souvent un sens aigu de l'observation, et la capacité à relier les idées entre elles. En 1948, Georges de Mestral, un inventeur suisse, remarque, accrochés à ses vêtements, les téguments d'une plante piquante. Il s'aperçoit qu'ils sont pourvus de crochets microscopiques. Cette découverte lui permettra d'inventer les attaches Velcro.

Les prix Nobel ont été créés par Alfred Nobel, chimiste suédois qui avait fait fortune grâce à l'invention de la dynamite en 1867.

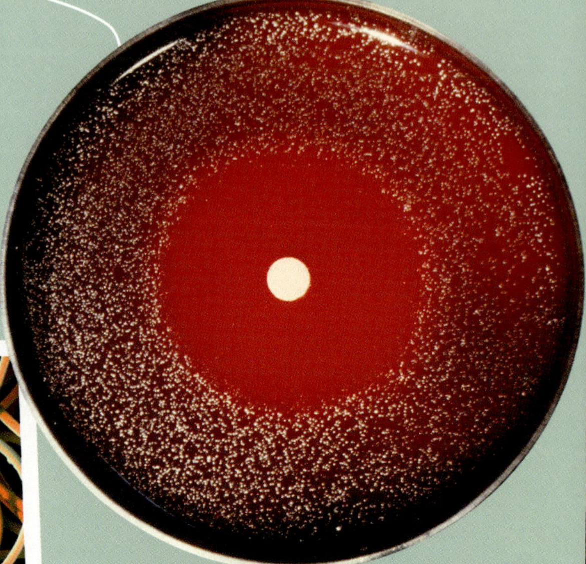

Une question de chance
Parfois, la chance vient à la rescousse de l'inventeur, à condition bien sûr qu'il sache l'exploiter. En 1928, en cherchant le moyen de combattre les infections dues aux bactéries, Alexander Fleming s'aperçoit par hasard qu'une moisissure qui s'était développée sur une plaque de culture a détruit les bactéries alentour – exactement comme la moisissure blanche au milieu de la plaque ci-dessus. Fleming venait ainsi de découvrir le premier antibiotique, la pénicilline.

Un problème ? Une solution !
En 1993, Trevor Baylis, un inventeur britannique, se rend compte que la propagation du sida en Afrique est renforcée par le manque d'accès aux informations vitales diffusées à la radio. Pourquoi ? Parce que les villageois n'ont pas l'électricité. Baylis décide alors de mettre au point une radio alimentée par un moteur qui se remonte, relié à un petit générateur d'électricité.

La plus importante de toutes les inventions est certainement la roue, mais on ignore qui en est l'auteur.

Profession : inventeur

Certains inventeurs sont si doués qu'ils en font leur profession. Ainsi, l'Américain Thomas Edison est officiellement l'auteur de plus d'un millier d'inventions, parmi lesquelles l'ampoule électrique en 1879 (ci-contre). Son laboratoire était une véritable usine à inventer. Mais certaines de ses inventions proviennent d'idées empruntées à d'autres personnes.

Incroyable mais vrai !

Quelques inventions ont bien failli ne jamais voir le jour. En 1853, Cornelius Vanderbilt, un millionnaire américain, va manger dans un restaurant de Saratoga Springs. Trouvant ses pommes de terre sautées trop épaisses, il en fait la remarque au chef cuisinier, George Crum, qui décide alors de lui préparer des pommes sautées si fines qu'elles deviennent croustillantes à la cuisson. Vanderbilt reste sceptique. Pourtant, Crum vient d'inventer... les chips ! Aujourd'hui, on en trouve partout dans le monde.

Le Kevlar, matière très solide et résistante au feu, est utilisé pour la tenue des pompiers.

Malgré leur robustesse, les fibres de Kevlar sont suffisamment souples pour être tissées. On en fait aussi des cordes.

C'est en adaptant un tuyau d'arrosage aux roues du tricycle de son fils pour en améliorer les performances que John Dunlop a inventé la chambre à air en 1887.

Une affaire de spécialiste

Il y a des inventions assez simples, et d'autres qui font appel à des connaissances pointues. Dans les années 1960, Stephanie Kwolek, une chimiste américaine, trouve la formule d'un plastique, le polyparaphénylène téréphtalamide, dont les fibres flexibles sont cinq fois plus résistantes que l'acier. Elle venait d'inventer le Kevlar, la matière dont on fait les gilets pare-balles.

Wernher von Braun

Fritz Opel à bord de sa fusée terrestre à Berlin en 1928.

Wernher von Braun était un inventeur visionnaire, un homme qui a transformé le futur en réalité. Sans lui, la fusée Saturne V, celle qui a permis à l'homme d'aller sur la Lune, n'aurait jamais existé. Il avait des projets ambitieux : créer une station spatiale en orbite et envoyer vers Mars des vols habités. En fait, toutes ces idées avaient germé alors qu'il travaillait en Allemagne sur les V2, ces missiles dévastateurs.

Les premiers pas

Von Braun, né en 1912, s'est pris très tôt de passion pour l'astronomie. Inspiré par les bolides de Fritz von Opel ainsi que par les travaux de Hermann Oberth, un pionnier en matière de fusées, il décida de se consacrer aux voyages spatiaux et devint membre de la Société des vols spatiaux de l'université de Berlin afin de pouvoir aider Oberth dans ses recherches sur les fusées.

À l'âge de douze ans, von Braun s'est fait arrêter parce qu'il avait attaché des fusées enflammées à un chariot, à Berlin, en pleine rue, au milieu de la foule !

En octobre 1945, peu après la guerre, les scientifiques britanniques lancent un missile V2 qu'ils avaient capturé.

Nouveau départ

En 1945, von Braun a proposé ses services aux États-Unis. Il sera rejoint là-bas par 127 techniciens ayant travaillé sur les V2. L'équipe a été chargée de transformer le V2 en missile nucléaire. En attendant, l'une des fusées de von Braun a été utilisée pour lancer Explorer 1, le premier satellite américain. C'était en 1958. La course à l'espace venait de commencer entre les États-Unis et l'Union soviétique. Elle aboutira à la conquête de la Lune.

Mauvaise cible

À la fin des années 1930, les autorités nazies ont persuadé von Braun de mettre au point le missile V2. Pourtant, l'inventeur ne cessa de répéter qu'il ne s'intéressait qu'aux voyages spatiaux. Lorsqu'il a appris l'explosion du premier V2 sur Londres, il a déclaré : « La fusée a parfaitement fonctionné. Hélas, elle a atterri sur la mauvaise planète. »

3 225 V2 ont été lancés sur des cibles alliées jusqu'à la fin de la Seconde Guerre mondiale, parfois jusqu'à dix par jour.

Spécialiste des fusées
À l'époque où il travaillait sur les premières fusées américaines, von Braun a formé d'ambitieux projets d'exploration de l'espace. Il a imaginé une immense station orbitale habitée et des expéditions vers la Lune et Mars. Plus tard, il a travaillé comme conseiller pour Walt Disney quand celui-ci a réalisé des émissions de télévision sur la conquête spatiale.

La conquête de la Lune
La grande invention de von Braun, c'est la fusée Saturne V utilisée pour les missions lunaires de la fin des années 1960. Jamais on n'avait conçu une fusée aussi énorme, capable de placer des charges très lourdes en orbite autour de la Terre. En 1969, Saturne V a permis à Apollo 11 et à son équipage de se poser sur la Lune – le rêve de von Braun venait ainsi de se réaliser ! Il y aura en tout six missions lunaires, toutes effectuées grâce à Saturne V.

Cloué au sol
Les années passant, von Braun comprit que sa fusée allait être remplacée par la navette spatiale, laquelle n'était pas conçue pour les voyages dépassant l'orbite terrestre. Ainsi, il a dû abandonner tout espoir de voir se réaliser des expéditions lointaines. En 1972, il a cessé de travailler sur les programmes spatiaux américains. Peu après, il est tombé malade et est mort en 1977. Mais son ambition, celle d'envoyer des astronautes dans l'espace et sur la Lune, est bel et bien devenue une réalité.

Au fil des

mots

Trouver sa voix

Pour participer à une conversation, nous utilisons les organes de la parole ainsi que notre cerveau. Les données sont analysées par les aires auditives du cerveau, puis transmises à l'aire de Wernicke pour y être interprétées. Ensuite, l'aire de Broca conçoit la réponse à donner. L'aire motrice envoie alors les signaux adéquats aux cordes vocales, à la langue et aux lèvres, grâce auxquelles nous produisons des mots.

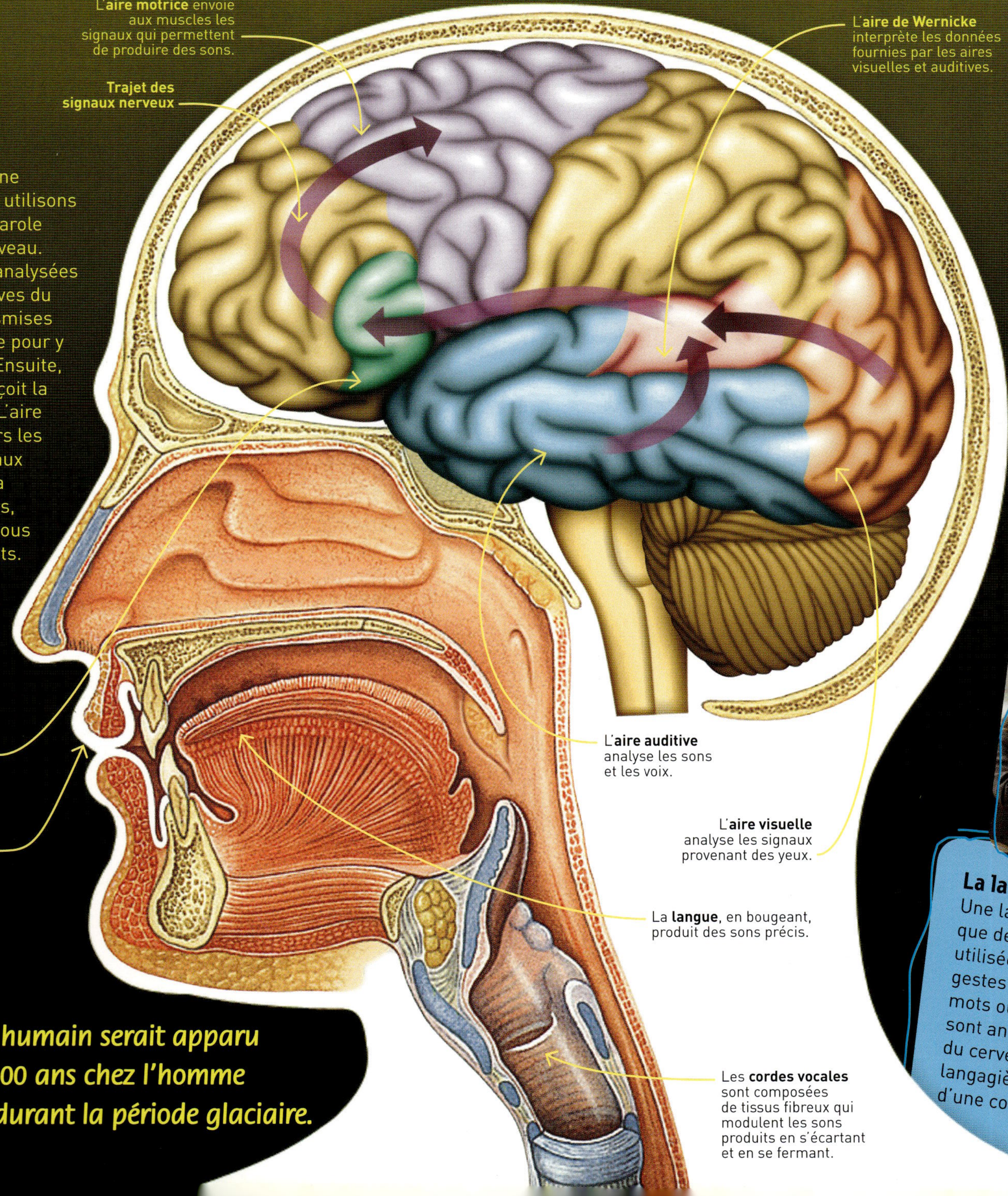

Le langage humain serait apparu il y a 100 000 ans chez l'homme de Neandertal, durant la période glaciaire.

Communiquer

Au cours d'une conversation, nous réagissons à plusieurs indices qui nous aident à comprendre ce qu'on nous dit. Certains de ces indices sont visuels, tels le mouvement des lèvres, l'expression du visage et les gestes de notre interlocuteur. L'aire visuelle de notre cerveau est mobilisée lors d'un échange, ce qui explique pourquoi l'on a parfois du mal à comprendre ce qu'on nous dit au téléphone.

La langue des signes

Une langue, ça peut être autre chose que des mots. La langue des signes utilisée par les sourds consiste en des gestes de la main qui représentent des mots ou des expressions. Ces gestes sont analysés par les aires visuelles du cerveau, mais ils activent les aires langagières, exactement comme lors d'une communication verbale.

APPRENDRE A PARLER

Le langage est l'un des traits qui distinguent l'homme de l'animal. Certes, un perroquet peut produire des sons, mais il ne saura pas expliquer ce qu'il pense. Parler, ce n'est pas simplement produire des sons, c'est utiliser des sons qui permettent de communiquer. Cela, nous l'apprenons dès l'enfance, et notre langage ne cesse de s'enrichir toute notre vie.

Noam Chomsky
Né en 1928, Noam Chomsky est l'une des grandes figures de la linguistique (l'étude du langage). D'après lui, la capacité qu'a un enfant à comprendre des phrases et à les former est instinctive. Même si les langues ont des fonctionnements parfois très différents, Chomsky pense que nos capacités langagières sont innées.

Du mot à la phrase
Les bébés réagissent à la parole. À l'âge de deux ans, ils connaissent environ 300 mots, qu'ils associent d'abord deux par deux. À quatre ans, ils sont, pour la plupart, capables de former des phrases simples. À six ou sept ans, ils savent faire des phrases complexes.

Deuxième langue
Apprendre une autre langue, c'est facile quand on est tout petit, parce qu'à cet âge, notre cerveau est très réactif. Certains enfants peuvent même apprendre deux langues en même temps. Mais en vieillissant, cela devient difficile, voire pour certains adultes quasiment impossible (sauf s'ils vivent dans un pays étranger). Il y a des personnes qui ont des facilités pour les langues, peut-être parce que les aires de leur cerveau qui traitent le langage sont plus développées.

Comme un perroquet
Un perroquet peut apprendre à parler, mais ne saura jamais soutenir une conversation, car il ne fait que répéter des sons. Certains perroquets sont capables de dire quelque chose au moment adéquat, mais ils ne pourront jamais inventer une phrase. Seuls les hommes possèdent cette capacité.

JEUX DE MOTS

Lorsque tu parles ou que tu écris, ton cerveau sélectionne parmi les mots que tu connais ceux qui te serviront à t'exprimer. Voici des activités qui te feront travailler ton vocabulaire. Tu verras que ton cerveau peut rapidement s'emmêler les pinceaux quand les mots lui sont présentés dans un contexte insolite.

Les intrus
Chacune de ces listes de cinq mots en comporte deux qui n'ont rien en commun avec les trois autres. Lesquels, et pourquoi ?

1. voile, cône, mât, chat, pont
2. agrafeuse, crayon, règle, stylo, feutre
3. Lune, Terre, Mars, Soleil, Neptune
4. dauphin, moineau, rouge-gorge, corbeau, hippocampe
5. arbre, courir, fleur, ciel, rire

Association d'idées
Pour bien utiliser les mots, il faut savoir les associer les uns aux autres. Choisis le mot qui convient pour chacune des phrases ci-dessous :

- L'oiseau est au bec ce que l'homme est à :
l'œil, la bouche, la chevelure, la fourrure, la pie
- Les yeux sont à la vue ce que le nez est à :
l'odorat, l'arôme, la saveur, la peau, l'audition
- Dehors est à dedans ce que dessous est à :
en haut, derrière, dessus, entre, sur
- Le stylo est à l'encre ce que le pinceau est à :
la plume, la couleur, le papier, la peinture, la trace
- Le tricycle est au chiffre trois ce que la bicyclette est à :
deux, quatre, la roue, cinq, un

Bleu	Vert	Orange	Blanc	Rose
Rouge	Orange	Bleu	Vert	Orange
Blanc	Rose	Vert	Rouge	Rouge

Bleu	Vert	Orange	Blanc	Rose
Rouge	Orange	Bleu	Vert	Orange
Blanc	Rose	Vert	Rouge	Rouge

Méli-mélo
Les conditions dans lesquelles tu vois un mot influent sur ta façon de le lire.

Étape 1
Regarde les 15 mots du tableau du haut. Chronomètre le temps que tu mets à dire leur couleur, sans lire ce qui est écrit.

Étape 2
Procède de même pour les mots du tableau du bas.

Tu n'arriveras certainement pas à faire aussi bien qu'à l'étape n° 1. Si tu es à l'aise avec la lecture, tu auras du mal à ne pas lire automatiquement le mot. Lorsque la couleur du mot et le mot lui-même diffèrent, tu liras le mot plus vite que tu ne pourras dire sa couleur.

De toutes les couleurs
Chronomètre le temps qu'il te faut pour dire l'animal et sa couleur, par exemple « lapin bleu » dans le groupe de gauche. Ensuite, procède de la même façon pour les animaux du groupe de droite et compare tes temps.

Comme dans le méli-mélo, il est difficile de ne pas tenir compte du mot écrit. Il te faut bloquer la réaction qui te vient en premier, celle de lire, si bien que tu vas moins vite.

Proches et contraires
Dans ce jeu, tu vas devoir établir des liens entre certains mots. Tout d'abord, dans chaque ligne, associe un mot de la colonne de gauche avec celui qui en est le plus proche dans la colonne de droite. Ensuite, passe aux deux colonnes suivantes, cette fois en choisissant des mots à sens contraires.

Proches ?

gentil, affamé, travail	aimable, chat, fort
fatigué, couper, inclure	pomme, épuisé, empirer
terrifiant, ordures, fête	super, poisson, effrayant
ami, banane, stupide	attraper, grandir, bête

Contraires ?

cacher, distant, admirer	mépriser, clignoter, écouter
aigu, mâcher, bord	mordre, centre, étrange
tordre, rationnel, intriguer	désordonné, illogique, tester
ramper, quitter, commencer	revenir, marcher, voyager

ÉCHANGE DE PAROLES

Langage et apprentissage

Sans le langage, nous ne pourrions apprendre que par mimétisme. Cela suffit parfois, mais la plupart des choses complexes que nous apprenons doivent nous être expliquées. Ce garçon ne comprendra pas comment acheter un ticket de cinéma si on ne le lui explique pas. Nous avons besoin du langage pour apprendre.

Instincts sociaux

Nous faisons circuler l'information en discutant les uns avec les autres. C'est grâce à cela que, il y a plusieurs milliers d'années, les hommes trouvaient de quoi manger ou se protégeaient des dangers. De nos jours, nous passons certes moins de temps à discuter de choses qui concernent notre survie, mais nous ne cessons d'échanger des informations.

L'art de la conversation

Papoter, c'est facile. Par contre, une conversation sérieuse t'oblige à bien écouter ton interlocuteur et à réfléchir à ce que tu vas répondre. C'est plus difficile quand on ne se connaît pas très bien, parce qu'on a plus de difficultés à déchiffrer l'expression du visage et le langage corporel d'un inconnu.

Nous utilisons le langage pour parler de toutes sortes de choses, simples ou complexes : du temps qu'il fait, du sens de la vie, des événements passés ou de nos projets. Mais surtout, le langage nous permet d'apprendre à partir des expériences des autres, d'élaborer des connaissances et de les transmettre. Sans le langage, il n'y aurait pas de transmission de la culture.

Différents points de vue
Il t'arrive certainement de parler à quelqu'un pour le persuader de quelque chose. Pour cela, tu écoutes ce qu'il dit et réfléchis à la réponse à lui apporter. Quels sont ses arguments ? Si tu réussis à souligner le point faible de son raisonnement, alors il se rangera certainement à ton avis.

Raconte-moi une histoire !
Autrefois, quand très peu de gens savaient lire, les idées et les histoires étaient transmises oralement, de génération en génération. Mais cette tradition orale est en train de se perdre, et la majorité des histoires anciennes qui nous sont parvenues ne doivent leur survie qu'au fait qu'on les a transcrites par écrit.

Langage et pensée
Est-il possible de penser sans langage ? Oui, pour des actions simples. Nos ancêtres n'avaient pas besoin de penser en mots pour trouver leur nourriture. Par contre, le langage est indispensable pour raisonner abstraitement, comme le font les scientifiques par exemple, parce qu'un tel raisonnement se situe au-delà de notre expérience du monde.

À VOIX HAUTE

Parlons-en !

Voici une façon amusante de vérifier si tu as un vocabulaire étendu, mais aussi de tester la capacité de ton cerveau à penser vite et à établir des liens.

Si tu trouves 10 à 15 mots dans la limite du temps imparti, cela veut dire que tu as un bon vocabulaire.

Tu as besoin de :

- deux joueurs
- un chronomètre
- un stylo et du papier

Étape 1

Demande à ton partenaire de nommer le plus d'animaux possible en 30 secondes.

Étape 2

Inscris son score sur le papier. Chaque animal rapporte un point. Vérifie avec un adulte les mots que tu ne connais pas.

Étape 3

Cette fois, ton partenaire te demande de nommer autant de fruits que possible en 30 secondes. Pour les étapes suivantes, choisissez vous-même les catégories de mots à trouver.

Histoire à trous

Avec cette activité, teste ta capacité à comprendre les mots et leur contexte. Tu dois placer les mots ci-dessous dans l'histoire. Attention ! il y a deux intrus.

- sournois
- gentil
- seconde
- strident
- vache
- esprits
- réagir
- serres
- monstrueux
- courut
- immense
- douleur

X-ray regarda en l'air et se figea. Un animal _________ semblable à un oiseau était perché tout en haut d'un _________ building. La lutte allait être impitoyable. En voyant X-ray, la créature poussa un cri ___________ et, en une ___________, fondit sur lui, l'attrapa dans ses ___________ et l'emporta avant même qu'il ne puisse ____________. Dès qu'il eut retrouvé ses _____________, X-ray dirigea son rayon laser dans les yeux _____________ de l'animal. Ce dernier poussa un hurlement de ___________ et lâcha notre héros, qui ___________ se mettre à l'abri, prêt à répliquer à une nouvelle attaque.

Ton cerveau est capable de se souvenir d'un nombre incroyable de mots, souvent en les associant à des images. Ces activités te feront travailler ton vocabulaire afin que tu n'aies plus jamais un mot sur le bout de la langue.

Des images qui racontent une histoire

Voici un jeu pour voir si tu as des talents de conteur. Crée une petite histoire à partir de cinq objets que tu choisiras dans le tableau ci-contre sur la même ligne ou diagonale. Il te faudra faire apparaître les cinq objets représentés dans ton récit et utiliser des phrases correctes. Que ton histoire se déroule dans un monde fantastique ou simplement à l'école, essaie de faire preuve d'imagination.

Parents proches

Il n'est pas toujours facile de retrouver un mot précis. Voici une activité qui va t'amener à chercher des synonymes.

Tu as besoin de :
- deux joueurs et un adulte pour les aider
- un stylo et des feuilles de papier
- une boîte percée d'un trou dans le couvercle
- un chronomètre

Étape 1

Demande à l'adulte d'écrire 12 mots (adjectifs ou noms) sur des bouts de papier que tu mettras dans la boîte.

Étape 2

Le premier joueur choisit un papier et lit à haute voix le mot écrit dessus. L'autre joueur devra proposer un mot dont le sens est proche. Par exemple, s'il y a écrit «froid», il pourra proposer «glacial».

Étape 3

Si le joueur hésite plus de cinq secondes, il a perdu et laisse son tour à son adversaire. Demande à l'adulte qui vous assiste de vous chronométrer.

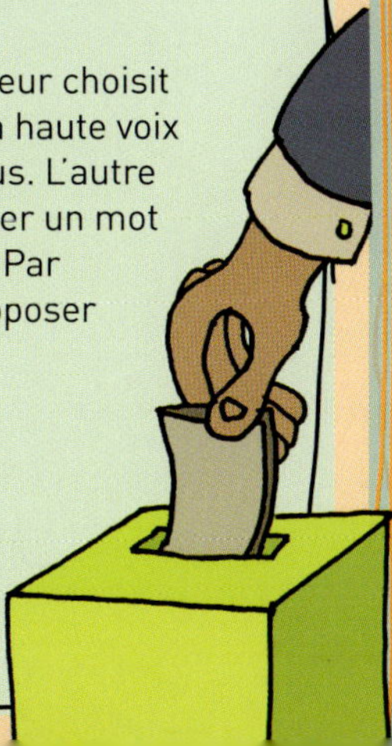

Marathon des mots

Maintenant, tu vas improviser. Combien de temps pourras-tu tenir sans te répéter ?

Tu as besoin de :
- deux joueurs
- un maître du jeu
- un chronomètre

Le principe est de parler d'un sujet précis pendant 30 secondes sans s'interrompre ni répéter les mêmes mots. C'est le maître du jeu qui décide des sujets et chronomètre les concurrents.

Étape 2

Le premier joueur commence. Si son adversaire estime qu'il ne respecte pas les règles, il le signale au maître du jeu, qui peut décider de donner la parole à l'autre joueur. Le gagnant ? Celui qui est en train de parler au moment où le chronomètre s'arrête.

Étape

Maintenant, c'est le deuxième joueur qui commence, avec un nouveau sujet. Au bout de six parties, vous pouvez décider d'allonger le temps de parole jusqu'à une minute.

DE LA LECTURE
À L'ÉCRITURE

De même que le langage parlé est vital pour toute société humaine, l'écriture est essentielle pour nos civilisations. Elle nous permet de transmettre des idées et d'en conserver une trace pour les générations futures. Nous pouvons lire ce que des personnes mortes depuis longtemps ont écrit. Ainsi, les découvertes du passé nous servent de point de départ pour étendre nos connaissances.

Certaines langues très anciennes, tel le latin, ne survivent que sous une forme écrite, parce qu'elles ne sont plus parlées.

L'illettrisme

Pour diverses raisons, certains n'apprennent jamais à lire ou à écrire. Ces compétences devenant plus difficiles à acquérir à mesure qu'on grandit, un adulte qui apprend à lire mettra beaucoup de temps. Par contre, les personnes avec une longue expérience de lecteur arrivent à lire très vite parce qu'elles reconnaissent les mots sans avoir à les épeler.

Alphabets et symboles

Certaines langues utilisent des alphabets de peu de caractères qui servent à former beaucoup de mots. Rien qu'avec 26 lettres, le français a plus de 500 000 mots. Par contre, en chinois, chaque mot a son propre caractère, si bien qu'il faut connaître 3 000 caractères chinois rien que pour lire le journal. L'alphabet cyrillique, que tu peux voir ci-dessus, est utilisé dans plusieurs langues d'Europe de l'Est.

Apprendre à lire

Les enfants apprennent à lire vers cinq ou six ans en général. La lecture, cela veut dire décoder des symboles. Les langues les plus faciles à apprendre (l'italien par exemple) sont celles où une lettre représente toujours le même son. D'autres en revanche (dont l'anglais) sont plus compliquées parce qu'une combinaison de lettres peut correspondre à des sons différents.

L’écriture, tout un art

Certaines formes d’écriture sont d’une beauté telle qu’on les considère comme de l’art. Autrefois, dans nos pays occidentaux, on apprenait la calligraphie, l’art d’écrire avec élégance, toujours apprécié par certains aujourd’hui. En chinois, il faut créer un caractère pour tout mot nouveau, si bien que la calligraphie a une fonction pratique. Les caractères inventés pour exprimer des idées nouvelles sont de véritables œuvres d’art.

Des mots en image

Les bandes dessinées ont toujours été populaires auprès des enfants, et nombreux sont les adultes qui lisent des romans graphiques où le sens dépend des mots et des images. En fait, nous sommes entourés de pictogrammes, c’est-à-dire de mots représentés par des images, par exemple sur les panneaux routiers. Leur avantage, c’est qu’on les comprend partout dans le monde – même quand on ne sait pas lire.

Du mmonet que tu ércis
la pemrirère et la drenèire
letrte d’un mot,
tu arirevs à le lrie.

Écrire et parler, c’est différent

Même si nous savons presque tous écrire, nous sommes peu à le faire vraiment bien. Nous pouvons raconter une histoire, mais quand il s’agit de la rédiger, nous perdons le fil. Souvent, nous utilisons une langue confuse à l’écrit, ce qui explique pourquoi les formulaires et documents officiels sont difficiles à comprendre. S’exprimer clairement à l’écrit, c’est essentiel.

Jean-François Champollion

L'amharique est la langue parlée par le peuple amhara, en Éthiopie.

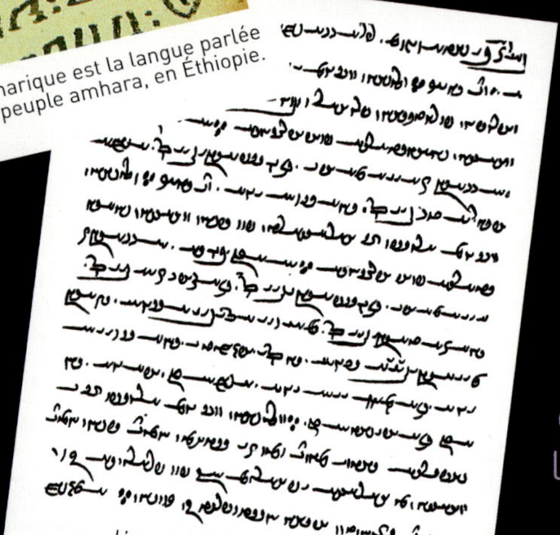

L'avestan était utilisé en Iran oriental pour écrire les textes sacrés.

Certaines personnes ont le don des langues. Ils retiennent tout, apprennent rapidement et sont très vite en mesure de s'exprimer couramment dans une nouvelle langue. Jean-François Champollion faisait partie de ces génies. Non content d'apprendre des langues vivantes, il a également mis à profit ses talents pour déchiffrer une langue depuis longtemps oubliée, ce qui a permis aux savants de redécouvrir le monde de l'Égypte ancienne.

Le sanskrit était autrefois parlée par les hindous d'Inde. Cette langue daterait de 1 500 ans avant notre ère.

Un génie des langues

Né en France en 1790 dans une famille pauvre, Jean-François Champollion est entré à l'école à l'âge de huit ans. Il s'est vite rendu compte qu'il était exceptionnellement doué pour les langues : à seize ans, il en parlait déjà une bonne dizaine. Il a commencé également à s'intéresser à des langues peu connues, tel l'amharique, l'avestan, le sanskrit et le chaldéen. Il a fini par enseigner l'histoire à l'université et s'est spécialisé dans ces langues anciennes qui pouvaient aider à comprendre le passé.

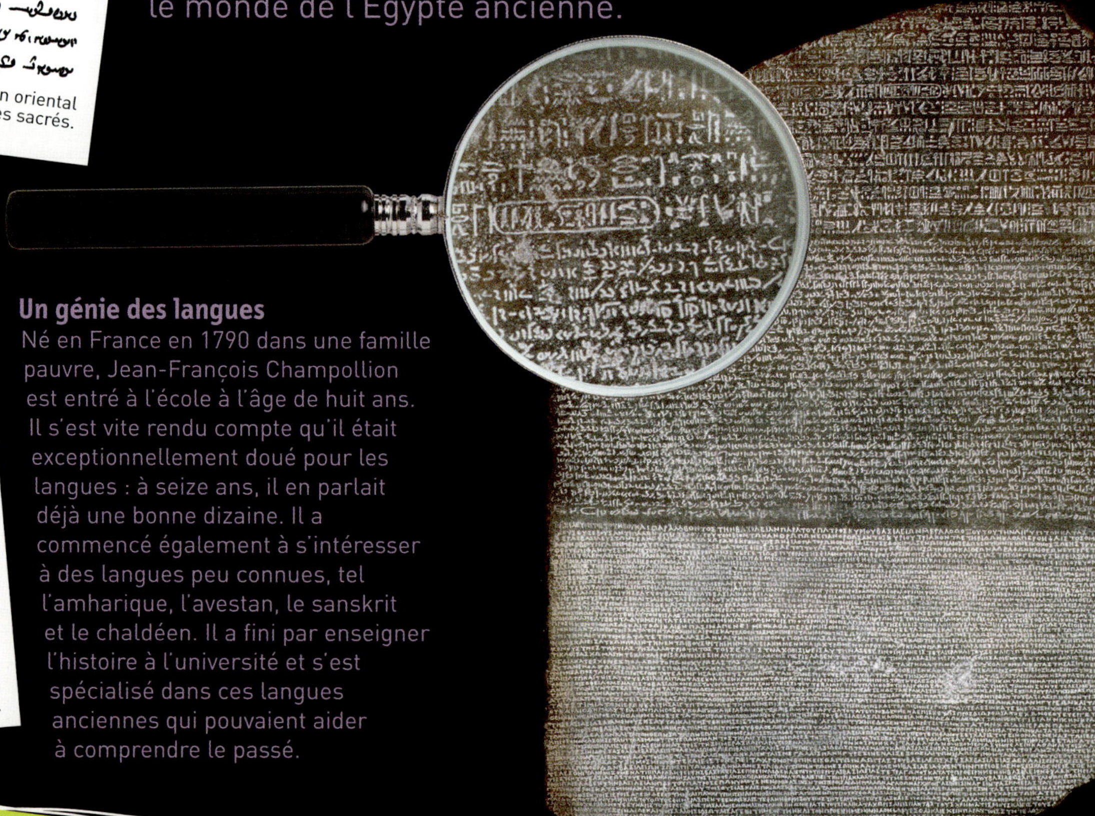

Le pays des pharaons

Les merveilles de l'Égypte ancienne ont été découvertes alors que Champollion n'était qu'un enfant. Comme personne ne savait déchiffrer l'écriture des Égyptiens – les hiéroglyphes –, leur civilisation demeurait un mystère. Ainsi est née la fascination de Champollion pour l'Égypte des pharaons.

Une découverte capitale

En 1799, près du port de Rashid (Rosette) en Égypte, un capitaine de l'armée française a découvert une pierre recouverte de caractères en deux langues et trois écritures différentes : les hiéroglyphes, une autre écriture égyptienne qu'on appelle le démotique, et le grec ancien. En fait, il s'agissait de trois versions d'un même texte écrit par le pharaon Ptolémée V en 196 avant notre ère. La quantité de caractères lisibles allait permettre, non sans mal, de décoder les hiéroglyphes.

La fin du mystère des hiéroglyphes

En 1801, la pierre de Rosette a été envoyée en Angleterre, où un savant anglais du nom de Thomas Young est parvenu à traduire le texte en démotique. Prenant la suite, Champollion a entrepris de déchiffrer la partie en hiéroglyphes, en s'intéressant en particulier aux signes représentant des noms propres. Cela devait lui prendre deux ans, de 1822 à 1824, et lui permit de comprendre l'ancienne langue des Égyptiens. Un véritable exploit !

Champollion n'avait que dix-huit ans lorsqu'il a été nommé professeur associé d'histoire et de science politique à l'université de Grenoble.

Hypothèses validées

En 1828, Champollion décida d'aller en Égypte avec un savant italien du nom d'Ippolito Rossellini pour valider ses hypothèses. Tous deux ont étudié des centaines de hiéroglyphes sur des monuments de pierre ou des peintures murales telle celle-ci, ce qui leur a permis de prouver l'exactitude des traductions de Champollion, et de déchiffrer de nombreuses inscriptions. Hélas, Champollion, épuisé par l'expédition, mourut d'une attaque trois ans plus tard, à l'âge de quarante et un ans.

Le passé révélé

Avant Champollion, le monde de l'ancienne Égypte était un mystère. Il fallait tout reconstituer à partir des découvertes archéologiques, à une époque où l'archéologie n'en était qu'à ses débuts. Une fois les hiéroglyphes déchiffrés, les historiens ont pu lire ce qu'avaient écrit les Égyptiens et mieux comprendre comment ils vivaient.

Le cerveau inspiré

QU'EST-CE QUE LA CRÉATIVITÉ?

Être créatif, c'est trouver une idée qui ne découle pas d'un processus logique évident. On assimile souvent cela à l'art, parce qu'on dit des peintres et des musiciens qu'ils sont créatifs. Mais la créativité joue un rôle important dans la réflexion. Les inventions qui ont révolutionné notre vie n'existeraient pas si leurs auteurs n'avaient pas, justement, fait preuve de créativité. La créativité tient une grande place dans les domaines scientifiques, politiques, économiques et même mathématiques. On pense généralement qu'il s'agit d'inspiration. En fait, la créativité repose toujours sur des connaissances solides, associées à beaucoup de travail.

Le naturaliste britannique Charles Darwin trouva la majeure partie de ses idées en se promenant dans son immense jardin.

Imagination
Les idées ne sont pas que des concepts abstraits. Elles peuvent prendre dans notre imagination une forme visuelle, verbale et même auditive ou gustative, ce qui stimule grandement notre créativité. Archimède n'a pas été obligé de vérifier ses hypothèses, parce qu'il a utilisé son imagination pour vérifier leur validité.

Décantation
Parfois, le fait de ne plus penser au problème qui nous occupe et de faire tout autre chose, par exemple une promenade sous la pluie, relance le processus créatif. Une période de décantation peut nous révéler certaines choses et effacer des détails parasites. Archimède a peut-être trouvé son inspiration sous la pluie !

Archimède ne reculait devant aucune difficulté. Il envisagea même de calculer le nombre de grains de sable que pourrait contenir l'Univers.

Mise en pratique
Il ne suffit pas d'avoir une idée de génie, il faut aussi la tester et trouver les moyens de la mettre en pratique. Pour Archimède, cela supposait de mesurer le volume d'eau déplacé quand il plongeait délicatement un objet dans une bassine. Et c'est ainsi qu'il a pu vérifier que la couronne du roi n'était pas en or pur.

Idée de génie
On raconte qu'en comprenant qu'il avait trouvé le moyen de mesurer les volumes, Archimède bondit de sa baignoire et se précipita dans la rue sans se soucier de sa nudité en criant « Eurêka ! » (« J'ai trouvé ! »). Il venait d'avoir ce que l'on appelle une idée de génie.

Si l'on en croit le célèbre inventeur Thomas Edison, « le génie, c'est 1 % d'inspiration et 99 % de transpiration. »

Point à la ligne !

Dessine quatre lignes droites sans lever ton stylo, afin que tous les points rouges soient reliés. Un indice : tu peux sortir de la boîte.

Lorsque tu veux résoudre ce genre de problème, tente des approches différentes. Si tu ne réussis pas du premier coup, essaie de nouveau, mais en partant d'un autre point, jusqu'à ce que tu y arrives.

Naturellement doué

La nature fait souvent fort bien les choses : elle a maintes fois inspiré des inventions capitales. Relie l'élément naturel de gauche avec l'invention qui en est inspirée.

1. le train à grande vitesse	A. la peau de requin
2. la voiture du futur	B. la fleur de lotus
3. la combinaison des nageurs	C. les yeux de chat
4. la peinture autonettoyante	D. le poisson-coffre
5. les réflecteurs sur la chaussée	E. le bec du martin-pêcheur

Il existe une discipline scientifique (le biomimétisme) qui se propose d'imiter la nature. La prochaine fois que tu te promènes dans un parc ou un jardin, peut-être trouveras-tu l'inspiration rien qu'en regardant autour de toi.

Histoires illustrées

Choisis un tableau – cherche dans un livre d'art ou sur Internet. Observe-le quelques instants puis concentre-toi sur les détails. Laisse aller ton imagination et invente une histoire à partir de ce que tu vois.

Tenter de comprendre une œuvre d'art et de l'interpréter est une activité créatrice excellente au cours de laquelle le cerveau réfléchit à ce que l'œuvre montre et au sens qu'elle peut avoir. En créant une histoire à partir de quelque chose qui t'inspire, peut-être seras-tu impressionné par le résultat.

Retour à l'essentiel

Qu'est-ce qu'on peut faire avec une boîte en carton vide ? C'est le moment d'utiliser ton imaginatio Auras-tu une idée de génie ? Bien sûr, tu peux toujours copier la nôtre, mais quel intérêt ?

Certains des plus grands inventeurs n'ont fait qu'imaginer une nouvelle façon d'utiliser des objets tout simples. On n'a pas forcément besoin de choses compliquées pour trouver des idées géniales !

ES-TU CRÉATIF ?

La pensée latérale

Pour résoudre ces énigmes, tu devras être capable d'aborder le problème de manière originale.

Énigme A : Roméo et Juliette sont étendus par terre, morts. Leurs corps ne portent aucune trace, mais ils sont trempés. Près d'eux se trouve un bocal en verre brisé. Comment sont-ils morts ?

Énigme B : Comment faire pour que la balle que tu viens de lancer te revienne sans qu'elle ait rebondi sur un mur, sans qu'elle soit attachée à un élastique, et sans qu'une autre personne ne te la renvoie ?

Énigme C : La marquise de Grand-Air a une mouche posée sur le front. Le lendemain matin, la mouche est toujours là. Pourquoi ?

Pour résoudre une énigme, essaie de trouver le sens caché des mots. Ainsi, tu t'habitueras à penser hors des sentiers battus.

À partir de rien

Tous ces objets qui traînent chez toi – boîtes de mouchoirs, tubes en carton, pailles – sont peut-être l'occasion de faire preuve de créativité. Vois si tu peux imaginer une autre manière de les utiliser. Et si tu faisais une sculpture, en commençant avec une boîte à œufs vide et en ajoutant ce qui te passe par la tête ?

Qui sait ? Peut-être créeras-tu une véritable œuvre ! Dans tous les cas, même si le résultat n'est pas grandiose, tu auras quand même beaucoup appris en faisant appel à ta créativité.

Teste ton potentiel créatif avec ces six activités. Pour certaines, il te faudra faire preuve d'originalité, pour d'autres, tu laisseras travailler tes mains. Pour savoir si tu as l'étoffe d'un génie, fais ce qui t'est proposé dans les six nuages et *vérifie tes réponses page 188.*

RÉVEILLE TA CRÉATIVITÉ

Les techniques qui visent à réveiller la créativité nous amènent souvent à rompre avec la logique et les idées établies et à laisser vagabonder notre esprit. Cela nous permet d'envisager les problèmes sous un autre angle, ce qui ouvre la porte à notre créativité.

Remue-méninges
Il s'agit de rassembler le plus d'idées possible sans les juger. On peut faire ça seul, mais généralement ça se passe en groupe, avec quelqu'un chargé de noter les idées. Parfois en sortent des choses très drôles. Quand tout le monde est à court de suggestions, on regarde la liste pour voir le résultat. Il arrive que les idées les plus farfelues soient en fait les meilleures.

Pensée visuelle
On peut aussi, au lieu de dresser une liste des idées, les représenter sous forme de diagramme, depuis une idée centrale, le réchauffement climatique par exemple, d'où l'on fait partir des branches qui représentent les faits, données et idées associées. C'est un remue-méninges visuel, qui permet parfois de révéler des idées révolutionnaires.

Pensée latérale
Comme le remue-méninges, la pensée latérale amène à aborder un problème sous différents angles. L'idée de départ, c'est d'identifier la manière conventionnelle de traiter un problème et de la contourner. Pour cela, on essaie de déclencher une réflexion nouvelle à partir d'éléments choisis au hasard. Par exemple, on ouvre un livre à n'importe quelle page, on pose le doigt sur un mot, et on voit quel rapport ce mot peut avoir avec le problème qui nous concerne. L'idée peut paraître folle, mais parfois, c'est drôlement efficace.

Et si...?

Pour se libérer des idées convenues, on peut aussi lancer des hypothèses, telle « Et si le bus était gratuit ? ». De là, on proposera peut-être des solutions nouvelles et originales à la question des transports. On peut aussi partir d'une hypothèse négative, comme « Et s'il n'y avait aucun ramassage des ordures ? », et se demander comment résoudre le problème. Il n'est pas interdit non plus de faire des suggestions farfelues, comme « Et si les animaux familiers pouvaient parler ? ». Ça n'est sans doute pas très réaliste, mais ça peut nous amener à réfléchir à la façon dont nous traitons les animaux.

Pensée en mouvement

Nombreuses sont les personnes qui trouvent que leur créativité est stimulée lorsqu'elles se promènent, qu'elles courent ou font du sport. Il s'agit toujours d'une activité physique répétitive qui, en libérant notre esprit, nous permet de travailler sur le problème.

La technique qui consiste à utiliser des diagrammes pour lier les idées les unes aux autres date du IIIe siècle avant notre ère. C'est le philosophe Porphyre de Tyr qui y a eu recours.

En sens inverse

Si tu sais ce que tu veux mais ignores comment l'obtenir, essaie de prendre le problème en sens inverse. Par exemple, au basket, on détaille les passes qui doivent précéder le but. Ainsi, A doit passer la balle à B, qui la passera à C, qui lui-même la mettra dans le panier. Cette façon de procéder permet parfois de trouver des idées qui ne te viendraient pas à l'esprit sinon.

MUSCLE TON CERVEAU !

Tu peux stimuler ta créativité grâce à ces exercices conçus pour t'amener à examiner les choses de manière différente. Alors, libère ton imagination !

Que se passerait-il si....?
Réveille le créateur qui sommeille en toi. À partir des scénarios suivants, propose des suites originales :

- Et si nous n'avions pas besoin de dormir ?
- Et si les maisons parlaient ?
- Et s'il était possible de voyager dans l'espace ?
- Et si nous avions les yeux à la place des genoux ?
- Et si nous pouvions respirer sous l'eau ?

Un vrai roman
Imagine une manière de combiner les mots suivants de façon à créer une histoire ou un poème :

violet, mouton, chips, ficelle, chaise, sommet, pomme, hélice, attacher, sourire

EXERCICES CRÉATIFS

L'art du trombone
Es-tu capable d'imaginer 30 manières d'utiliser un trombone autrement que pour attacher des feuilles ? Note ce que tu trouves en 10 minutes, et n'aies pas peur d'être original. Top chrono !

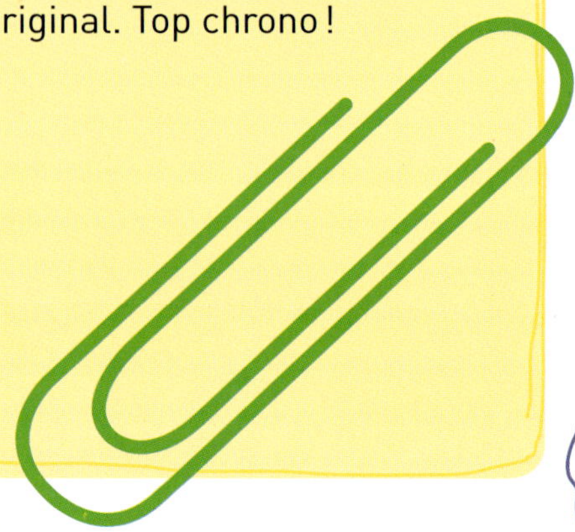

Une traversée originale
Imagine que tu es coincé sur la rive d'un fleuve et que tu veux rejoindre ton ami qui se trouve de l'autre côté. Accorde-toi cinq minutes pour trouver autant de manières que possible de traverser le fleuve. Compare tes suggestions à celles de tes camarades. Alors, quelles idées originales vous sont venues à l'esprit ?

La vie en vert
La créativité, c'est souvent une question de prise de conscience du monde qui t'entoure et qui parfois est une source d'inspiration. Quand as-tu prêté attention à ton environnement pour la dernière fois ? Choisis une couleur – le vert par exemple. Combien y a-t-il de choses vertes autour de toi ? Peut-être plus que tu ne le crois. Vérifie !

Jeux créatifs
Jouer, ça libère l'esprit et ça stimule la créativité. Fais appel à ton imagination et organise une chasse au trésor pour tes amis. Donne-leur quelques indices codés – des images par exemple – pour qu'ils cherchent dans la maison ou le jardin. D'un indice à l'autre, ils parviendront jusqu'au trésor. Que la chasse commence !

Albert Einstein avait imaginé des exercices pour développer sa créativité. Ces « expériences mentales » l'ont aidé à trouver ses célèbres théories sur la relativité.

Léonard de Vinci

On pense que *la Joconde* est le portrait de l'épouse d'un riche marchand de soie florentin.

Léonard de Vinci, l'un des hommes les plus intelligents de toute l'histoire, doit sa célébrité à l'extrême variété des domaines dans lesquels il excellait. C'était à l'origine un peintre de très grand talent qui s'est ensuite intéressé au corps humain et a été l'un des pionniers de l'anatomie. Ingénieur et inventeur, il a conçu toutes sortes de machines révolutionnaires pour son époque.

Un immense artiste

Léonard de Vinci est né près de Florence, en Italie, en 1452. À l'âge de quinze ans, son père l'a envoyé travailler comme apprenti chez Andrea del Verrocchio, un peintre florentin. Léonard a excellé rapidement dans l'art de peindre le corps humain de manière réaliste, grâce à son intérêt pour l'anatomie. Mais il travaillait très lentement. En dix-sept ans, il n'a peint que six tableaux. La plus célèbre de ses œuvres, *la Joconde*, daterait de 1505.

Un visionnaire

En 1482, Léonard de Vinci s'est fait engager par le duc de Milan en se présentant comme ingénieur militaire. Ses talents dépassaient de loin ceux des ingénieurs de son époque. Fasciné par l'énergie hydraulique, il a inventé de nombreuses machines mues par des roues à eau. Plus tard, il a imaginé un pont qui traverserait le Bosphore à Istanbul et aurait été le plus long pont du monde. Hélas, ce projet n'a jamais abouti.

Léonard de Vinci a abandonné la plupart de ses projets en cours de route. Peut-être souffrait-il d'un trouble de l'attention – un problème psychologique récemment identifié.

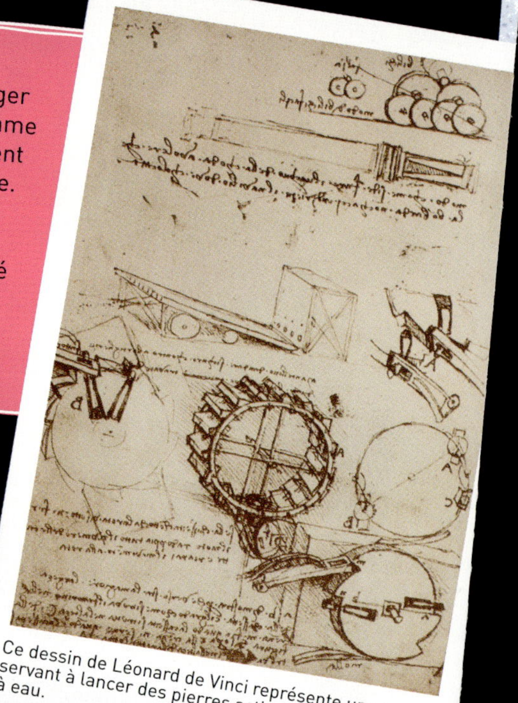

Ce dessin de Léonard de Vinci représente une arme servant à lancer des pierres actionnée par une roue à eau.

Cet hélicoptère conçu par Léonard de Vinci n'aurait jamais pu fonctionner. Mais on pense, d'après ses notes, que l'inventeur a réussi à faire voler des modèles réduits.

Des inventions révolutionnaires

Léonard de Vinci a inventé nombre d'objets qui ne pouvaient pas être fabriqués à son époque mais qui depuis sont devenus des réalités. Il a par exemple conçu une sorte de parachute, un planeur, une bicyclette, un gilet de sauvetage, un appareil pour respirer sous l'eau, des armes sous-marines et un bateau à double coque « insubmersible ». Il a également travaillé sur une idée révolutionnaire : l'hélicoptère.

Les tableaux et dessins de Léonard de Vinci comptent parmi les plus chers du monde.

Notes et croquis

Si nous connaissons les multiples talents de Léonard de Vinci, c'est parce que nous sont restées ses notes, illustrées par des croquis détaillés. Curieusement, elles ont été écrites de droite à gauche, à l'envers. Or, on sait que Léonard de Vinci était gaucher. Peut-être a-t-il décidé d'écrire à l'envers pour éviter que sa main gauche ne fasse des traces avec l'encre humide – ce qui apporterait une autre preuve de l'originalité de sa pensée.

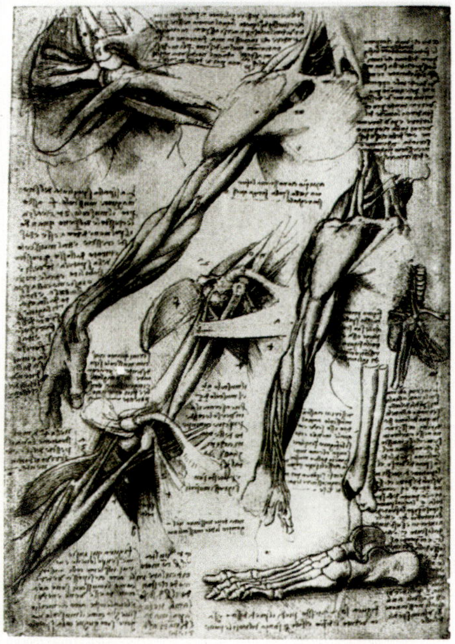

Voici des études de membres par Léonard de Vinci, parmi les premiers dessins anatomiques jamais réalisés.

Fascination morbide

Léonard de Vinci était fasciné par l'anatomie. Il passait des heures à disséquer des corps humains et à les dessiner, activité considérée comme suspecte et que le pape lui-même interdira. Mais il en fallait plus pour dissuader notre savant, qui ne s'est pas laissé impressionner et a exécuté de nombreux dessins – la meilleure façon à ses yeux de rendre compte des caractéristiques anatomiques. Certains de ses dessins sont d'une précision et d'une exactitude remarquables.

Un précurseur

Léonard de Vinci s'intéressait à toutes sortes de disciplines : l'optique, l'anatomie, la zoologie, la botanique, la géologie, l'aérodynamique. Mais surtout, il a inauguré une démarche scientifique toujours en vigueur. Au lieu de chercher ses informations chez les auteurs classiques ou dans la Bible, il observait la nature en se posant des questions simples, comme : « Pourquoi les oiseaux volent-ils ? »

Ton cerveau est

toi

IDENTITÉ

Notre moi intérieur
Nous pensons généralement que nous avons un « moi » intérieur qui définit notre personnalité. Bien que cette croyance soit sans fondement biologique, nombreux sont ceux qui y voient le siège de l'« âme » et croient que celle-ci leur survivra après la mort.

Tu sais qui tu es. Tu te reconnais dans un miroir, sur les photos. Tu te fais une image de toi qui comprend ta personnalité et la façon dont tu penses que les autres te voient. C'est ce qui te permet de penser ta propre identité et tes relations aux autres. Cela, nous l'appelons la conscience.

Ça, c'est moi !
Si tu mets un chat devant un miroir, il ne réagira sans doute pas. Les oiseaux ne se reconnaissent pas non plus : ils pensent qu'ils ont affaire à un rival et essaient de le chasser. Les bébés réagissent de la même manière, mais dès l'âge de 18 mois, ils savent parfaitement qui ils ont devant eux : leur identité a commencé à se construire.

Se valoriser
Nous avons tous une idée de ce que nous voudrions être. Le sentiment de ne pas être à la hauteur de cet idéal nous fait souffrir – nous avons une opinion négative de nous-même. Souvent, cet idéal n'est pas réaliste. Mais il nous arrive de nous juger mal et d'en être finalement plus proches que nous le pensons.

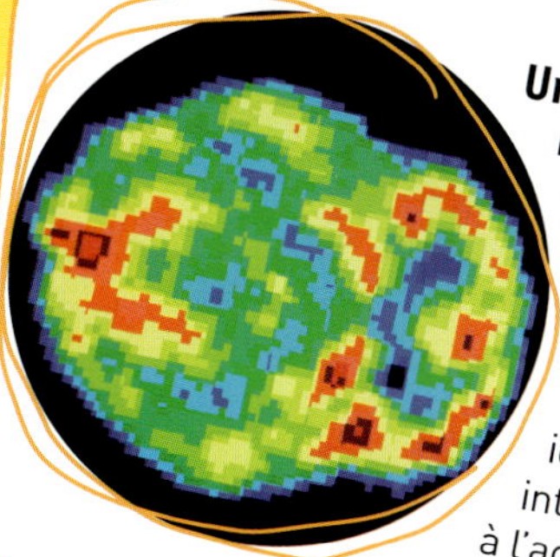

Un cerveau sans commande centrale ?

Les scanners de l'activité cérébrale comme celui-ci, où le rouge signale les zones les plus actives, montrent qu'il n'y a pas une partie du cerveau qui serait le siège de la conscience. On ne connaît aucun cas de personne victime de lésions cérébrales qui auraient détruit son identité tout en laissant les autres fonctions intactes. Au contraire, la conscience est liée à l'activité de l'ensemble du cortex – la partie du cerveau qui nous sert à penser et à mémoriser.

Image de soi

Notre identité se constitue à partir de notre histoire personnelle et de l'idée que nous nous faisons de notre personnalité, de notre apparence physique et de ce que les autres voient en nous. Certaines personnes ont des idées négatives qui déforment l'image qu'elles ont d'elles-mêmes. Par exemple, les gens timides pensent que les autres les jugent tout le temps.

La conscience

La conscience, personne ne sait vraiment ce que c'est, mais nous en avons tous une. Pour certains, c'est le fait d'être conscient de sa propre existence et de ses processus mentaux. Elle serait donc liée à notre identité, mais aussi à notre capacité à penser, à nous projeter dans le futur, à analyser nos pensées et nos projets.

LA PERSONNALITÉ

Les mêmes expériences nous affectent de manières différentes. Clément déteste les fêtes, alors que sa copine Alice les adore ! Ils ont des personnalités différentes. Cela ne permet pas pour autant de prédire la façon dont ils réagiront dans d'autres situations. Peut-être que Clément est tolérant alors qu'Alice refuse la nouveauté. Chacun d'entre nous est un mélange complexe de traits de caractères variés.

Les Grecs de l'Antiquité pensaient qu'il existait quatre types de personnalités : heureuse, déprimée, calme et nerveuse.

Dans les gènes
Tu hérites une partie de ta personnalité de tes parents. Ainsi, s'ils aiment tous les deux s'amuser, il y a des chances pour que ce soit aussi ton cas. Pourtant, les choses ne sont pas si simples. Les traits de caractère s'expriment de manière unique chez chacun d'entre nous. Par exemple, avoir le sens de l'organisation, ça donne des choses très différentes chez un artiste et chez un banquier.

S'entendre avec les autres
Certaines personnes, très réservées, n'ont pas beaucoup d'amis. D'autres, plus sociables, semblent s'entendre avec tout le monde. Accepter les idées de ceux qui ont des personnalités différentes nous fait grandir d'un point de vue émotionnel et intellectuel. Cela nous permet aussi de coopérer avec les autres.

Individualité
Les cultures occidentales valorisent les traits de caractère par lesquels les individus se distinguent les uns des autres. Dans l'ensemble, nous avons tendance à affirmer nos différences et à le montrer à travers notre façon de nous habiller et de nous comporter. L'idéal serait que nous soyons tous à l'aise avec notre propre personnalité tout en étant des citoyens responsables.

Nature et culture
Les expériences vécues s'inscrivent dans notre mémoire. Par exemple, si ton meilleur ami est victime d'un accident, cela va t'affecter. Ces jumeaux ont connu des histoires personnelles différentes, mais il y a de grandes chances pour qu'ils réagissent de façon similaire aux mêmes choses.

Les cinq traits

La plupart des psychologues pensent que la personnalité peut se résumer à cinq grands traits, plus ou moins prononcés chez chacun d'entre nous. Cela donne une très grande variété de combinaisons possibles. Tu comprends donc pourquoi il y a tant de personnalités différentes.

Anxiété

Inquiet
Peu sûr de soi
Geignard

Tranquille
Assuré
Content de soi

Extraversion

Sociable
Gai
Affectueux

Timide
Grave
Réservé

Ouverture d'esprit

Imaginatif
Indépendant
Aimant la variété

Terre-à-terre
Conformiste
Routinier

Gentillesse

Serviable
Compatissant
Confiant

Égoïste
Cruel
Soupçonneux

Sérieux

Organisé
Prudent
Discipliné

Désorganisé
Imprudent
Velléitaire

Des systèmes simples

Il existe des systèmes simples pour définir une personnalité. Par exemple, ici, les personnes de type A sont dynamiques et entreprenantes alors que les personnes de type B sont plus détendues. Mais il est vrai que ce genre de classification ne rend pas compte de toutes les nuances de notre personnalité.

ET TOI, QUI ES-TU ?

Nous sommes tous un composé d'émotions, d'habitudes et de traits de caractères qui rend notre personnalité unique. Mais toi, te connais-tu vraiment ? Ce test de personnalité te permettra d'en savoir plus sur toi.

Test de personnalité
Réponds « oui », « non » ou « parfois » aux questions suivantes. Il n'y a pas de bonnes ou de mauvaises réponses. Ce qu'il faut, c'est choisir celles qui correspondent le mieux à ce que tu es. Puis suis les instructions pour calculer ton nombre de points et regarde ce que signifie ton résultat.

1 Aimes-tu faire des choses un peu dangereuses ?

2 Hésites-tu à dire à quelqu'un que tu ne l'aimes pas ?

3 Aimes-tu parler longtemps au téléphone ?

4 Te souviens-tu toujours de l'anniversaire de tes proches ?

5 Préfères-tu sortir en bande ou avec un ou deux amis ?

6 Es-tu très sensible aux critiques ?

7 Te lasses-tu rapidement d'une activité, et en changes-tu souvent ?

8 Aimes-tu rencontrer de nouvelles personnes ?

9 Fais-tu toujours tes devoirs à temps ?

10 Ressens-tu de la peine quand tu vois des gens malheureux ?

11 Gardes-tu ton calme sous la pression ?

12 Pardonnes-tu facilement le tort qu'on t'a fait ?

13 Ton entourage te décrit-il comme quelqu'un de timide ?

14 As-tu généralement des projets pour chaque week-end ?

15 Tiens-tu toujours ta chambre propre et bien rangée ?

16 Est-il vrai que tu te disputes rarement avec ton entourage ?

17 Aimes-tu partir à la découverte d'endroits inconnus ?

18 As-tu peur de ce que les autres pourraient penser de toi ?

19 Proposes-tu ton aide pour le repassage ?

20 Te considères-tu comme un rebelle ?

21 Exploites-tu toujours tes capacités

22 Aimerais-tu essayer le saut à l'élastique ou en parachute, ou encore le rafting ?

23 Te mets-tu souvent en colère pour des broutilles ?

24 Tes goûts en matière de musique ou de vêtements changent-ils souvent ?

25 Accordes-tu facilement ta confiance aux autres ?

26 As-tu un passe-temps artistique ou créatif ?

27 Te brouilles-tu définitivement avec les gens avec lesquels tu t'es disputé ?

28 Penses-tu être insouciant et décontracté ?

29 Termines-tu toujours le livre que tu as commencé ?

30 T'inquiètes-tu à la moindre occasion ?

Calcule ton nombre de points

Ouverture d'esprit : Compte 2 points si tu as répondu « oui » aux questions 7, 17, 20, 24 et 26 ; 2 points si tu as répondu « non » à la question 14 ; et 1 point si tu as répondu « parfois » aux questions 7, 14, 17, 20, 24 et 26.

Sérieux : Compte 2 points si tu as répondu « oui » et 1 point si tu as répondu « parfois » aux questions 4, 9, 15, 19, 21 et 29.

Extraversion : Compte 2 points si tu as répondu « oui » aux questions 1, 3, 5, 8 et 22 ; 2 points si tu as répondu « non » à la question 13 ; et 1 point si tu as répondu « parfois » aux questions 1, 3, 5, 8, 13 et 22.

Gentillesse : Compte 2 points si tu as répondu « oui » et 1 point si tu as répondu « parfois » aux questions 2, 10, 12, 16, 25 et 27.

Anxiété : Compte 2 points si tu as répondu « oui » aux questions 6, 18, 23 et 30 ; 2 points si tu as répondu « non » aux questions 11 et 28 ; et 1 point si tu as répondu « parfois » aux questions 6, 11, 18, 23, 28 et 30.

Fais le total de tes points pour chaque trait de caractère. Maintenant, regarde les portraits types : plus tu as de points, plus ce portrait te correspond.

Portraits types

Ouverture d'esprit

Si tu as l'esprit ouvert, alors tu aimes faire de nouvelles expériences et tu adores le changement. Tu préfères les décisions rapides aux projets longuement réfléchis, et tu passes d'une activité à l'autre. Si ton nombre de points est bas, alors tu préfères certainement les endroits que tu connais et la routine. Il est probable que tu n'as qu'un seul hobby, auquel tu te consacres pleinement.

Sérieux

Un score élevé signifie que tu es une personne raisonnable, fiable et travailleuse. Les gens sérieux s'efforcent toujours de faire de leur mieux, et sont en général soignés et ordonnés, parfois même un peu maniaques. Tu n'as pas beaucoup de points ? Alors peut-être es-tu un peu désorganisé et trouves-tu ennuyeux de finir tes devoirs ou de faire le ménage.

Extraversion

Les personnes extraverties aiment parler et sont sûres d'elles. Elles adorent s'amuser, recherchent les sensations fortes et parfois même le danger. À l'opposé, les personnes introverties préfèrent sortir avec un ou deux amis plutôt qu'avec un groupe de gens qu'elles ne connaissent pas. Elles sont plutôt timides.

Gentillesse

Un score élevé montre que tu es facile à vivre et très coopératif. À l'inverse, un score faible veut dire que tu entres facilement en conflit, ou que tu n'es pas assez modéré dans tes propos. Mais généralement, avec l'âge, on devient plus souple.

Anxiété

Ton score est élevé ? Sans doute es-tu très sensible et susceptible. Tu t'inquiètes plus que les autres. Si tu as peu de points, cela veut dire que tu es calme, décontracté, et que tu ne te laisses pas emporter par les émotions.

Ces cinq traits de caractère se retrouvent chez chacun d'entre nous, à des degrés divers, et fonctionnent indépendamment les uns des autres. On peut être anxieux et ouvert d'esprit, sérieux et extraverti.

COMMENT FONCTIONNES-TU ?

Selon certains psychologues, il y a deux types de cerveaux, masculin et féminin, avec chacun des caractéristiques différentes. Certains débordent d'énergie alors que d'autres baillent de sommeil. Pourquoi ? Les activités que voici illustrent l'influence de notre cerveau sur notre comportement.

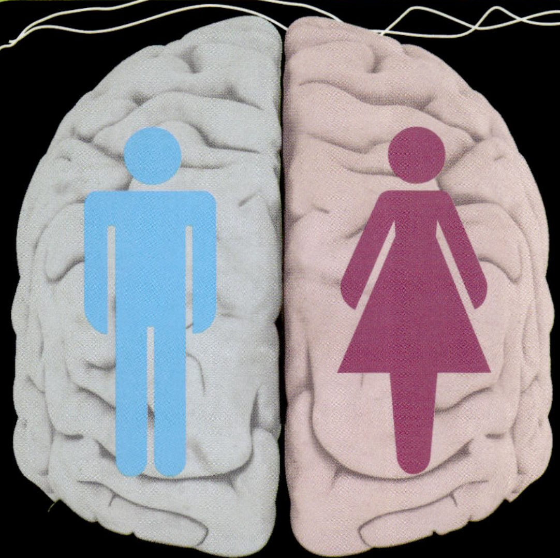

Cerveau masculin ou féminin ?

Réponds à ces questions, puis regarde page 189 pour savoir si tu as un cerveau masculin ou féminin.

1. Quand un ami est triste, te sens-tu triste toi aussi ?
2. T'intéresses-tu à une image dans son ensemble ou plutôt dans ses détails ?
3. Prêtes-tu attention au langage corporel de ton interlocuteur ?
4. Préfères-tu parler des gens que tu connais ou d'un jeu vidéo ?
5. Qu'est-ce que tu comprends le mieux : les informations écrites ou les cartes et diagrammes ?

Au bout des doigts

La testostérone est une hormone mâle (une substance qui provoque des changements dans le corps) présente également chez les filles. Si tu avais un niveau élevé de testostérone avant ta naissance, il y a de grandes chances que ton annulaire soit plus grand que ton index, et que tu aies un cerveau masculin.

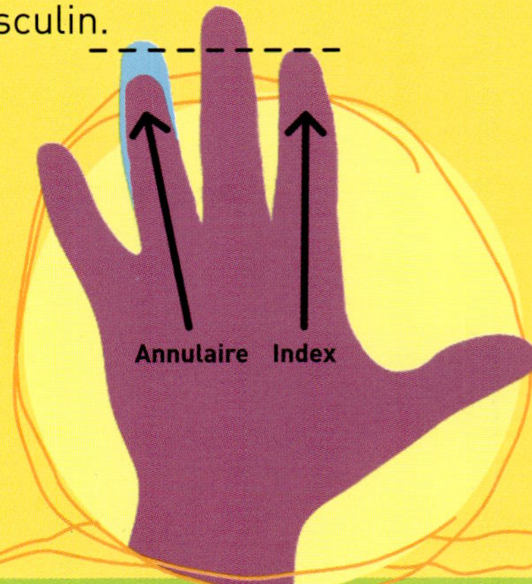

Le test du vélo

Les gens dont le cerveau est à dominante masculine remarquent davantage les détails que ceux qui ont un cerveau féminin. Tu peux toi-même le constater en demandant à des amis, garçons et filles, de dessiner un vélo de mémoire en 30 secondes. Compare ensuite leurs dessins. Les gens au cerveau masculin font en général un vélo très réaliste, avec un cadre et une selle, alors que ceux qui ont un cerveau féminin en dessineront un qui ne pourra jamais rouler, même avec un cycliste dessus.

Horloge interne

Il y a dans notre cerveau une zone qui fonctionne comme une « horloge interne ». Sous l'influence de la quantité de lumière naturelle, elle indique à ton corps le moment où il faut produire les hormones qui provoquent ton sommeil ou ton réveil. Nous avons chacun notre propre rythme. En gros, il y a deux types de personnes : celles qui se couchent tard et celles qui se lèvent tôt. À quelle catégorie appartiens-tu ?

Réponds à ces questions. Grâce aux *réponses p. 189*, tu verras si tu es un oiseau de nuit ou un lève-tôt.

1 C'est vendredi soir et tu n'as pas école demain matin. À quelle heure vas-tu te coucher ?

a. Entre 8 et 9 heures du soir
b. Entre 9 et 10 heures du soir
c. Entre 10 et 11 heures du soir
d. Après 11 heures du soir.

2 Nous sommes maintenant samedi matin. À quelle heure te lèves-tu ?

a. Avant 9 heures
b. Entre 9 et 10 heures
c. Entre 10 et 11 heures
d. Après 11 heures.

3 Combien de temps te faut-il pour t'endormir ?

a. Moins de 10 minutes
b. Entre 10 et 20 minutes
c. Entre 20 et 30 minutes
d. Plus de 30 minutes.

4 C'est le matin. Ton réveil sonne. Tu…

a. sautes du lit, prêt à commencer une nouvelle journée ?
b. l'éteins et te lèves tant bien que mal ?
c. fais comme si tu ne l'avais pas entendu ?
d. l'éteins et te rendors illico ?

5 Quel est le moment de la journée où tu as le plus d'énergie ?

a. Le matin
b. L'après-midi
c. Le soir
d. La nuit.

6 C'est l'heure du petit-déjeuner. Tu es du genre à…

a. avoir une faim de loup ?
b. avoir modérément faim ?
c. ne pas avoir faim, mais savoir qu'il est important de manger le matin ?
d. être incapable de manger quoi que ce soit au saut du lit ?

Quand tu voyages à l'étranger et traverses plusieurs fuseaux horaires, la différence d'heure embrouille ton horloge interne. Tu as sommeil en pleine journée, et pas envie de dormir la nuit. C'est un phénomène qui peut provoquer de la somnolence et même te rendre malade.

Parente disparue de notre nautile moderne, cette ammonite est l'un des nombreux fossiles découverts sur la côte jurassique.

Mary Anning

Née en Angleterre à la fin du XVIIIe siècle, Mary Anning était une géologue autodidacte à la pensée révolutionnaire. Elle a découvert quantités de fossiles d'espèces disparues. Certains des plus éminents scientifiques européens la considéraient comme une experte, à une époque où les femmes n'avaient pas accès à l'université.

La côte jurassique
Mary habitait à Lyme Regis, au sud de l'Angleterre, sur la « côte jurassique », ainsi nommée parce que les falaises de la région contiennent des fossiles datant du jurassique, l'époque des dinosaures. Au début du XIXe siècle, on ne voyait dans ces fossiles que des curiosités avidement recherchées par les gentlemen naturalistes qui venaient dans la région et qui, quand ils ne pouvaient pas en trouver eux-mêmes, en achetaient aux gens du coin, comme Mary.

Sur cette gravure, Lyme Regis au fond, et la plage de Chartmouth où Mary a trouvé certains de ses plus beaux fossiles.

Chasseuse de fossiles
Le père de Mary était un ébéniste et un collectionneur de fossiles qui emmenait ses enfants à la chasse aux fossiles sur la plage. Il vendait ses trouvailles devant son atelier. Hélas, il est mort alors que Mary n'avait que onze ans, laissant sa famille dans le dénuement. Sa femme a continué alors à vendre les fossiles que Mary et son frère aîné trouvaient. Devenue experte dans la découverte et l'identification de fossiles, Mary a repris le commerce familial à l'âge de vingt ans.

En 1800, à l'âge d'un an, Mary a été frappée par la foudre, mais a survécu. C'est à cela, pensait-on à l'époque, qu'elle devait son intelligence et son sens de l'observation hors du commun.

Reptiles marins
Mary a fait sa première grande découverte en 1811, à partir d'un crâne fossilisé trouvé par son frère, qui pensait qu'il s'agissait de celui d'un crocodile. Au bout d'un an de travail, Mary a mis au jour le squelette complet de cet animal, l'ichtyosaure, un reptile marin semblable à un dauphin – le premier fossile de cette espèce trouvé. Elle le vendit à un homme riche de la région, qui l'a ensuite revendu à un musée à Londres. Et tout cela alors qu'elle n'avait que douze ans !

Cette gravure, inspirée de fossiles tels ceux trouvés par Mary, donne une idée de l'aspect de l'ichtyosaure et du plésiosaure.

Dragon de mer

Thomas Birch, un riche collectionneur, a été tellement impressionné par les découvertes de Mary qu'en 1820, il vendit sa propre collection de fossiles et fit don du produit de la vente à la famille Anning. Cela a permis à Mary de faire d'autres découvertes extraordinaires, parmi lesquelles en 1823 le premier squelette connu d'un « dragon de mer » à long cou, que l'on baptisa plus tard du nom de plésiosaure.

Voici Mary au bord de la mer à Lyme Regis, avec son marteau de géologue et Tray, son chien.

Une experte reconnue

Mary n'avait pas beaucoup d'instruction, mais elle avait étudié toute seule l'anatomie et la géologie. Enfant, elle rencontra Henry de la Beche, avec lequel elle restera amie toute sa vie et qui deviendra plus tard président de la Geological Society de Londres. Elle a établi des liens avec d'autres scientifiques éminents, et vers les années 1825 est devenu une experte reconnue des fossiles. Pourtant, elle a rarement quitté Lyme Regis et n'est allé à Londres – à l'époque le centre du monde scientifique – qu'une seule fois.

Sur cette planche illustrée datant de 1860, un ichtyosaure et un plésiosaure, certainement découverts par Mary.

À l'avant-garde de la géologie

À l'époque où Mary ramassait des fossiles, la plupart des scientifiques pensaient que la Terre et les animaux avaient été créés en six jours 6 000 ans auparavant. Charles Darwin ne publiera sa théorie sur l'évolution que douze ans après la mort de Mary en 1847. Les fossiles qu'elle avait trouvés constituent l'une des découvertes géologiques les plus importantes de tous les temps, et ses idées ont amené les scientifiques à formuler d'autres théories pour expliquer l'histoire de la vie. En 1824, on disait de Mary : « De l'avis de tous, elle comprend la géologie mieux que quiconque dans le royaume. »

L'INCONSCIENT

Notre vie n'est pas entièrement contrôlée par la partie consciente de notre cerveau. Une grande part de nos activités mentales est inconsciente, par exemple, les instincts primitifs que nous avons hérités de nos lointains ancêtres, mais aussi nos propres perceptions et souvenirs. L'inconscient détermine notre personnalité et nos décisions, parfois de manière étrange.

Certains problèmes mentaux proviennent de l'inconscient. Prendre conscience de leur cause peut permettre d'en guérir.

La perception
Une odeur peut réveiller des souvenirs inconscients – celle de l'herbe te rappellera une journée passée à la campagne, par exemple. Les chercheurs ont prouvé que les odeurs influencent parfois notre comportement. Après avoir mangé dans une pièce qui sent le produit nettoyant, on est plus enclin à faire la vaisselle et à nettoyer que si la pièce n'a pas d'odeur.

Carl Jung
Le psychologue suisse Carl Jung croyait en l'existence d'un inconscient collectif – une masse de souvenirs enfouis hérités de nos ancêtres – qui serait à l'origine de ces histoires de fantômes, de ces mythes et de ces contes de fées qui font partie de chaque culture. Mais depuis sa mort en 1961, de nouvelles idées sont venues remettre en cause sa théorie.

Maladies imaginaires
Il arrive que l'inconscient affecte notre santé. Certaines personnes souffrent de maladies psychosomatiques, causées par le stress par exemple. À l'inverse, il y a des gens malades qui guérissent parce qu'ils ont pris un « médicament » dont ils sont persuadés qu'il va les guérir, alors qu'il ne contient aucun principe actif. On appelle cela l'effet placebo.

Ton inconscient est difficilement contrôlable, mais sans lui, tu ne pourrais pas survivre.

L'instinct

Notre activité mentale inconsciente serait souvent instinctive. Un scanner cérébral pratiqué chez des personnes au moment où elles ont des besoins inconscients impérieux, tel celui de manger, révèle que les parties primitives de leur cerveau – celles que nous avons en commun avec les animaux – sont en activité. Ces zones contrôlent des instincts primitifs tel l'appétit.

La publicité

Certaines publicités visent à influencer notre inconscient, en utilisant des messages très brefs, des chansons, des slogans, par exemple. De cette façon, si une publicité pour une marque de glace est associée à un air accrocheur, tu auras envie d'acheter une glace chaque fois que tu entendras cet air.

La partie de notre cerveau qui contrôle les émotions fortes arrive à maturation quand nous avons une vingtaine d'années.

Contrôle conscient

On ne dit jamais aux personnes dont on teste l'activité mentale inconsciente ce qu'on est en train de faire, pour que leurs réactions restent spontanées. En contrôlant nos propres réactions, nous dominons nos besoins inconscients, ce qui fait de nous des êtres civilisés. Si nous suivions nos instincts sans jamais les brider, la vie en société serait sans doute impossible.

Complètement loufoque

Quand tu rêves, des événements insolites se succèdent. Tu entres chez toi à cheval, et la seconde d'après, tu déjeunes avec le cheval. Ton cerveau contient une collection d'images qu'il utilise pour former une histoire. Et tu te rends compte que celle-ci était complètement loufoque uniquement en te réveillant.

Liens avec le réel

En fait, tes rêves sont souvent une façon pour ton cerveau endormi d'expliquer un événement réel. S'il y a un chat qui miaule atrocement sous ta fenêtre, peut-être rêveras-tu de quelqu'un qui chante comme une casserole ! Lors d'un test, des dormeurs ont été aspergés d'un peu d'eau froide. Et de quoi ont-ils rêvé ? De pluie, d'inondation, de bain !

Sens caché

Les images que nous voyons en rêve symbolisent parfois autre chose. Si tu rêves que tu es sur une île déserte, cela correspond peut-être à un désir d'échapper à ta vie. C'est sur cette idée que se basait en grande partie la psychanalyse, mais rien ne prouve que les rêves fonctionnent ainsi.

Les rêves prémonitoires
Certains croient aux rêves prémonitoires. En fait, nos rêves ne font qu'exprimer nos soucis, et parfois cela coïncide avec la réalité. Si tu as peur de te faire gronder par ton professeur, il y a de forts risques pour que tu en rêves. Si bien que quand ton prof te grondera vraiment, tu penseras que ton rêve était prémonitoire !

Le somnambulisme
Certaines personnes souffrent d'un trouble du sommeil particulier : elles se lèvent, s'habillent, se lavent ou bien passent l'aspirateur – sans se réveiller ! Plus tard, elles ne se souviennent de rien. Le somnambulisme n'a rien à voir avec les rêves, parce qu'il se produit au cours d'une phase du sommeil différente.

Ménage mental
La plupart des scientifiques s'accordent à dire que les rêves nous aident à faire un peu d'ordre dans notre cerveau. Dans notre sommeil, notre cerveau passe en revue les événements de la journée et les range dans la mémoire à long terme. Ce faisant, il réveille d'autres souvenirs, qui sont alors incorporés dans nos rêves.

LES RÊVES

C'est dans nos rêves que nous vivons nos expériences les plus étranges. Toi aussi tu rêves, comme tout le monde, même si tu ne t'en souviens pas toujours. Un rêve semble souvent illogique et bizarre, mais y apparaissent également des personnes et des événements qui font partie de la vie réelle. Les scientifiques s'interrogent toujours sur la signification de nos rêves, comme sur ce qui les déclenche.

Sigmund Freud
Sigmund Freud, le célèbre neurologue, pensait que les rêves exprimaient des conflits et des désirs inconscients de manière symbolique afin d'en cacher le sens. Pour aider les gens qui avaient des problèmes mentaux, il analysait leurs rêves. C'est cette démarche qui est à la base de la psychanalyse, la théorie qu'il a développée à Vienne, en Autriche, dans les années 1890.

LES ÉMOTIONS

Nos émotions, ce sont nos sentiments intenses, la joie ou la peur par exemple. Elles semblent provenir des couches profondes de notre cerveau. Les plus élémentaires sont en effet liées à notre instinct de survie primitif. Les émotions plus complexes sont certainement apparues plus tard au cours de l'évolution de l'homme. Pour désigner notre capacité à contrôler nos émotions et à les utiliser de façon constructive, on utilise le terme d'intelligence émotionnelle.

Émotion et humeur
Nos sentiments constituent des expériences physiques et mentales fortes. L'homme ci-dessus apprécie tellement ce film qu'il éprouve une joie débordante – il se sent bien et affiche un grand sourire. À cette émotion intense succèdera un sentiment plus calme mais plus durable de bonheur.

En général, les femmes sont plus émotives que les hommes, mais c'est aussi parce qu'on s'attend à ce que ces derniers cachent leurs émotions.

Des émotions universelles
Les six principales émotions proviennent de zones de notre cerveau qui échappent à notre contrôle conscient. Elles provoquent des réactions automatiques qui se traduisent chez tous par la même expression du visage. Chacune des six personnes ci-dessus en exprime une : la peur, la colère, la surprise, la joie, la détresse et le dégoût.

L'intelligence émotionnelle

Pour certains, notre capacité à contrôler et à canaliser nos émotions est une forme d'intelligence. Grâce à son intelligence émotionnelle, cet homme perçoit le désarroi de son amie et la console. Il apprend du même coup à avoir conscience de ses propres émotions.

Contrôler nos émotions

En vieillissant, la partie de notre cerveau qui régit le contrôle conscient grandit également. Nous apprenons à contrôler nos émotions. L'homme de droite est agacé par le bruit que fait son voisin en mangeant du pop-corn, mais il réfrène sa colère.

Si les larmes permettent d'évacuer des substances naturelles qui nous rendent malheureux, alors s'explique pourquoi on se sent mieux après une crise de larmes.

Les émotions complexes

Outre les six émotions élémentaires, nous ressentons jusqu'à trente émotions complexes : la culpabilité, l'irritation, l'inquiétude, la fierté, l'envie, l'amour, par exemple. Elles sont souvent liées aux complexités de la société, sont moins automatiques et plus réfléchies, même si des émotions comme l'amour peuvent te paraître difficiles à contrôler.

Pleurer

Pour autant que nous le sachions, seuls les humains pleurent. Quand on pleure de tristesse, on verse des larmes et notre visage prend une expression particulière. Mais on peut aussi pleurer de joie. Cela veut peut-être dire qu'au niveau du cerveau, tristesse et joie sont liées.

Mahatma Gandhi

Certains hommes politiques ont le génie d'envisager les problèmes sous un angle particulier, changeant ainsi le cours de l'histoire. Parmi ces hommes exceptionnels, Gandhi, le leader du mouvement pour l'indépendance de l'Inde, a inventé une nouvelle façon de résister à l'autorité – la désobéissance civile non violente – qui a inspiré d'autres mouvements pour les droits civiques.

À l'âge de dix-neuf ans, Gandhi est allé étudier le droit à Londres.

Un réveil difficile

Né en 1869 dans la province du Gujarat, en Inde, Mohandas Karamchand Gandhi a étudié le droit. En 1893, il s'est rendu en Afrique du Sud avec un contrat de travail de douze mois et a été confronté au racisme : on l'a forcé à descendre du train parce qu'il avait refusé de quitter le compartiment de première classe. Il a décidé de rester dans le pays pour aider les résidents d'origine indienne à obtenir le droit de vote.

En Afrique du Sud, Gandhi a été victime de racisme jusque dans les tribunaux : on lui a interdit le port du turban.

Protestation pacifique

En 1906, le gouvernement sud-africain a tenté d'imposer aux résidents d'origine indienne des cartes d'identification. Gandhi a appelé à la résistance non violente. Le mouvement dura sept ans. Des milliers de personnes ont été emprisonnées, battues et même tuées, mais Gandhi resta ferme. Finalement, le gouvernement se vit contraint de négocier avec lui. Ce fut la première victoire d'un mouvement de protestation non violent.

Au cours de son séjour en Afrique du Sud, Gandhi a exercé le métier d'avocat. Le voici avec ses employés en 1903.

Grande âme

Gandhi est revenu en Inde, alors sous domination britannique, en 1915 et s'est engagé dans la lutte pour l'indépendance. Il a fait campagne contre les impôts injustes qui pesaient sur les villageois pauvres, ce qui lui valut le surnom de « Mahatma », grande âme. Il a prôné la non-violence, même après le massacre d'Amritsar en 1919, au cours duquel des soldats commandés par les Britanniques ont ouvert le feu sur une foule désarmée, tuant au moins 379 personnes.

Gandhi passait une partie de sa journée à filer le coton et incitait les Indiens à l'imiter.

Une vie modeste

Dans les années 1920, Gandhi a poursuivi sa lutte pour l'indépendance et contre la pauvreté et le système des castes. Il a choisi de vivre modestement et de porter les vêtements des castes inférieures plutôt que de s'habiller à l'occidentale, synonyme de richesse. Il a incité les Indiens à tisser eux-mêmes leurs vêtements de coton plutôt que d'acheter du tissu importé d'Angleterre.

Gandhi (au centre, avec une canne) lors de sa « marche du sel » à travers l'Inde, qui fut suivie par des milliers de personnes.

En 1930, Gandhi a marqué son opposition à la taxe sur le sel imposée par les Britanniques en entamant une marche de 400 kilomètres vers la mer pour y récolter lui-même du sel.

Une source d'inspiration

Gandhi a inspiré tous les mouvements de protestation non violents modernes. Il a été l'un des inspirateurs de Martin Luther King ou Nelson Mandela. Barack Obama, le président américain, a dit : « Dans ma vie, j'ai toujours considéré le Mahatma Gandhi comme une source d'inspiration, parce qu'il incarne le changement radical qui peut se produire lorsque des gens ordinaires se rassemblent pour faire des choses extraordinaires. »

Un martyr

Au début des années 1940, Gandhi a demandé aux Anglais de quitter l'Inde. Pendant cette campagne, des milliers de personnes ont été blessées ou tuées par la police, et des milliers d'autres – dont Gandhi lui-même – arrêtées. En 1947, l'Inde est devenu indépendante, mais a été divisée en deux États, l'Inde hindoue et le Pakistan musulman. Gandhi, qui s'opposait à cette partition, a été assassiné par un extrémiste hindou en 1948. Un million de personnes ont assisté à ses funérailles.

LA PEUR

Il est important dans une situation dangereuse d'avoir peur. Si tu n'avais pas peur de la circulation automobile, tu pourrais te faire renverser par une voiture. La peur déclenche des réactions physiques qui te donnent des forces supplémentaires : tu peux par exemple semer un chien enragé ou sauter par-dessus une barrière. Mais dans la vie moderne, les situations qui nous effraient ne requièrent pas ce genre de réaction physique, et la peur engendre parfois du stress.

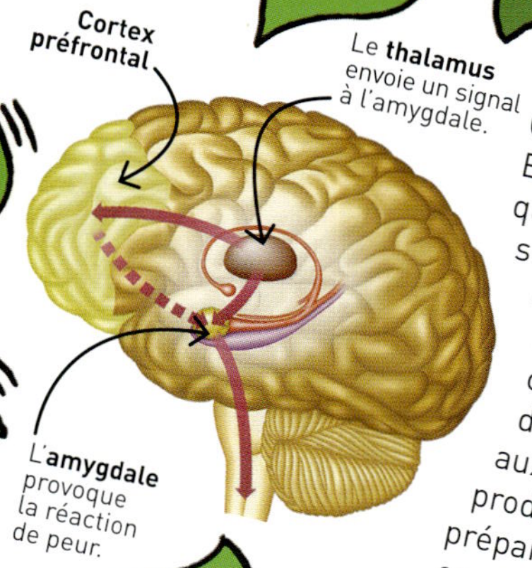

Comment naît la peur

En situation de peur, le thalamus, qui traite les informations sensorielles, envoie un signal nerveux à une partie du cerveau appellée l'amygdale (à ne pas confondre avec les amygdales de la gorge). Celle-ci commande aux glandes surrénales de produire les substances qui prépareront le corps à l'action, tout en envoyant un message au cortex préfrontal du cerveau, afin qu'il analyse la menace.

Gonflé à bloc

Quand le processus de peur est activé, les glandes surrénales produisent des substances, telle l'adrénaline, qui passent dans le sang. Combinées à des signaux nerveux, ces substances accélèrent la respiration, augmentent l'influx sanguin dans les muscles et rendent plus alerte. Te voilà doté de la force qu'il faut pour survivre !

Réaction de survie

La peur est liée à la colère. Les deux combinés provoquent une réaction de survie. Celle-ci peut te donner la force de lutter contre un crocodile ou, à défaut, de t'enfuir. C'est le même phénomène qui te poussera à secourir une personne piégée dans un immeuble en feu.

Hyperstressé

Souvent, il est difficile de résoudre les problèmes de la vie moderne. Notre héros vient d'être attrapé par des ennemis, mais il s'inquiète plus de la réaction de son patron que du reste. Or, il ne peut pas échapper à son patron, si bien qu'il devient de plus en plus stressé. Ce genre de situation peut provoquer des maladies graves.

Évacuer le stress

Dans des moments de grande tension, tu peux évacuer le stress en faisant de l'exercice physique. Ainsi, tu utilises les substances censées t'aider à te battre ou à fuir, et tu te sens mieux. L'exercice physique augmente la production par le cerveau de ce que l'on appelle les endorphines, des substances qui améliorent ton humeur et t'aident à combattre le stress.

La relaxation

De nombreuses personnes ont recours à des techniques de relaxation pour réduire les effets du stress. Par exemple, elles font des exercices de respiration profonde, de la méditation, du yoga. Leur corps se relaxe, ce qui constitue un antidote aux réactions provoquées par la peur et les aident à se calmer.

DÉCHIFFRER LES ÉMOTIONS

Tu n'es probablement pas conscient de la manière dont tu exprimes tes émotions. Il y a ce que tu dis, mais aussi la façon dont tu le dis, ton regard, ou ton langage corporel, choses que tu peux difficilement contrôler. Il nous arrive à tous de dissimuler nos émotions, voire d'en feindre certaines, mais ça ne marche pas toujours, en particulier si l'expression de notre visage ou notre langage corporel contredit ce que nous disons.

Dans toutes les cultures du monde, on retrouve les mêmes expressions pour les six émotions élémentaires.

Expression du visage

Il est facile de lire sur un visage les six émotions élémentaires : la joie, la surprise, la peur, la colère, la détresse et le dégoût. Parfois, elles sont même contagieuses. Regarder quelqu'un qui sourit donne souvent envie de sourire soi-même. Nous identifions aussi des émotions plus subtiles tel le doute, la culpabilité ou la fierté. Et plus tu connais quelqu'un, mieux tu le lis !

Le regard

Nous avons tendance à vouloir lire les émotions des autres dans leur regard. En fait, ce sont les muscles autour des yeux qui bougent et que nous ne pouvons pas contrôler, si bien que le regard est perçu comme très révélateur. Si une personne refuse le contact visuel, nous nous dirons qu'elle essaie peut-être de dissimuler ses émotions et de nous tromper – même si parfois ça n'est pas le cas.

Un vrai sourire est différent d'un sourire feint parce qu'il est contrôlé par une partie différente du cerveau.

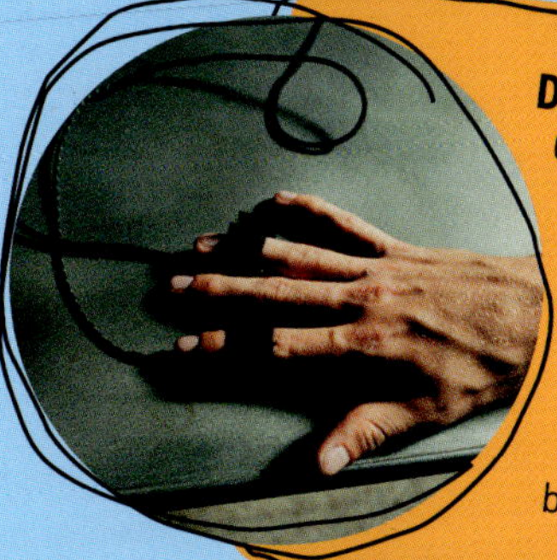

Détecteur de mensonges
Quand tu mens, tes émotions provoquent certaines réactions. Ton rythme cardiaque et ta respiration s'accélèrent, et tu as tendance à suer. Les détecteurs de mensonges électroniques sont capables de détecter ces réactions – mais les bons menteurs arrivent à les tromper.

Le langage corporel
Notre corps en dit long sur nos sentiments. Certaines de nos attitudes sont faciles à interpréter, par exemple quand nous sautons de joie. Mais d'autres sont plus difficiles à cerner. L'attitude confiante de la personne ci-dessus contraste avec son air triste. Quels peuvent être ses sentiments ?

Faire semblant
Il nous arrive à tous de vouloir parfois dissimuler nos émotions, par exemple feindre la gaîté alors que nous sommes tristes. Certaines personnes arborent un sourire constant en société. Mais la différence entre un vrai et un faux sourire saute aux yeux : lorsqu'il est sincère, les yeux aussi sourient.

Au théâtre
Un bon acteur est capable d'exprimer des émotions qu'il ne ressent pas vraiment. C'est souvent difficile. Il existe une méthode qui apprend aux acteurs à s'immerger dans les pensées et les émotions de leurs personnages. Parfois, cela marche au point que l'acteur est complètement pris par son jeu.

TON CORPS PARLE

Ce que tu dis révèle qui tu es, de même que ton corps et ton visage. En fait, ton langage corporel en dit souvent plus sur toi que tu le souhaiterais, parce que tu n'en es pas conscient. Fais ces activités, puis *vérifie page 189* si tu sais bien lire les émotions.

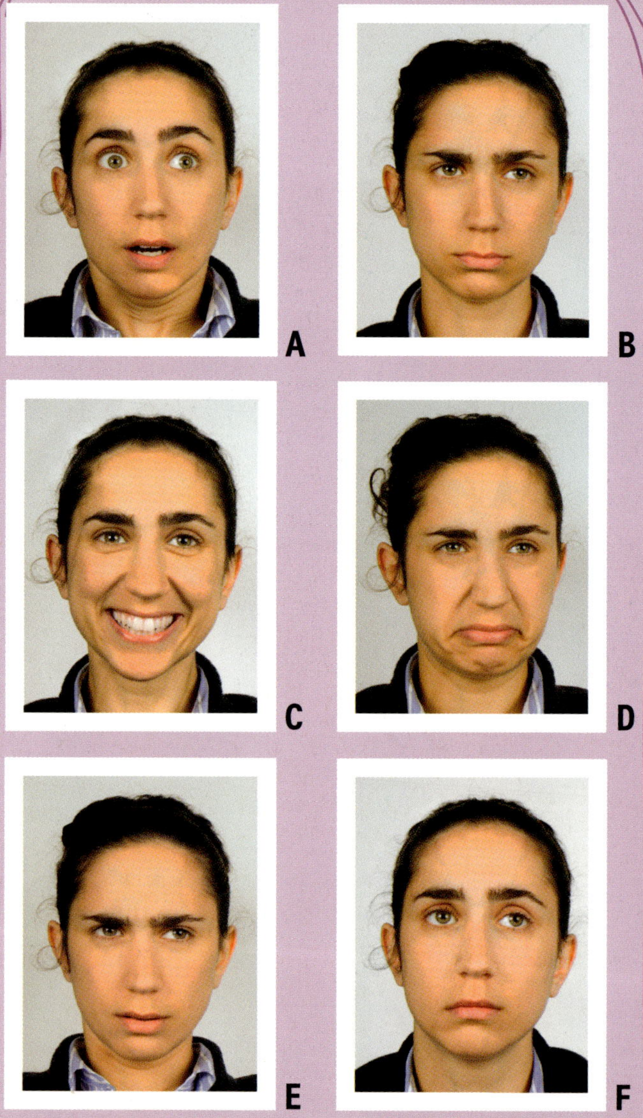

Visage révélateur

L'expression de notre visage en dit souvent plus long que nos paroles. Regarde attentivement les visages ci-dessus et associe-les chacun à l'une de ces émotions : la colère, le dégoût, le bonheur, la tristesse, la surprise et le mépris.

Faux sourires

Un vrai sourire s'étale sur tout le visage, alors qu'un sourire feint arrive souvent à contretemps, est tordu et ne s'étend pas aux yeux. Lesquels de ces six visages arborent un vrai sourire ?

Selon les psychologues, notre visage serait capable de 7 000 expressions différentes.

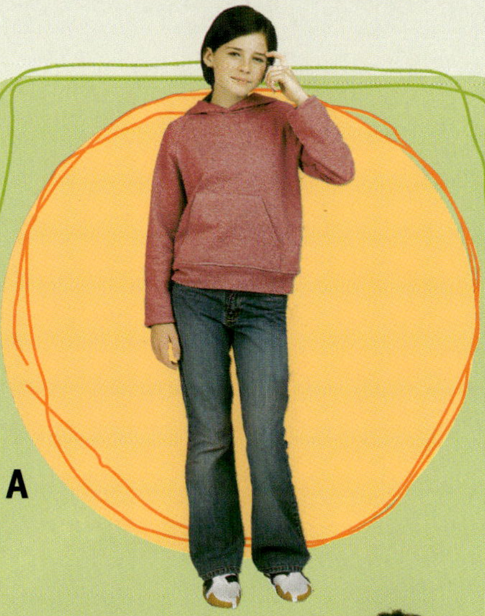

A

Certains mouvements du corps ont un sens différent dans d'autres cultures. Par exemple, un signe de tête veut dire « oui » dans la plupart des pays, mais en Grèce et en Bulgarie, il signifie « non ».

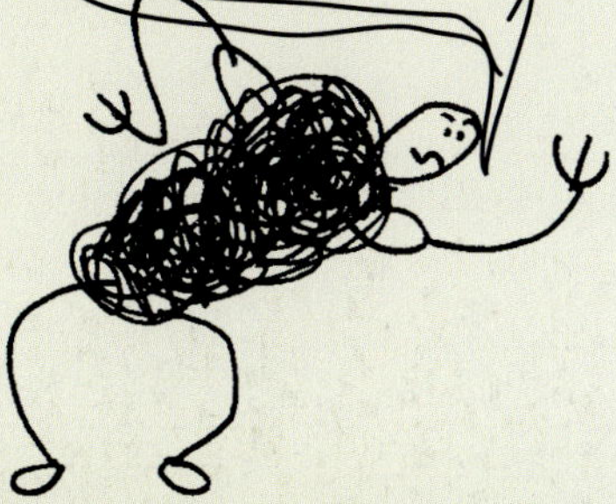

Le langage corporel

Selon certains experts, le langage corporel entre pour 80 % dans la communication. Cela, tu ne t'en rends peut-être pas compte, mais quand par exemple on t'apprécie, tu le sens, sans que ce soit dit. Regarde ces images : peux-tu interpréter le langage corporel de ces personnes et l'associer avec l'un des mots suivants : domination, agressivité, mimétisme, soumission, méfiance, malhonnêteté.

B

E

D

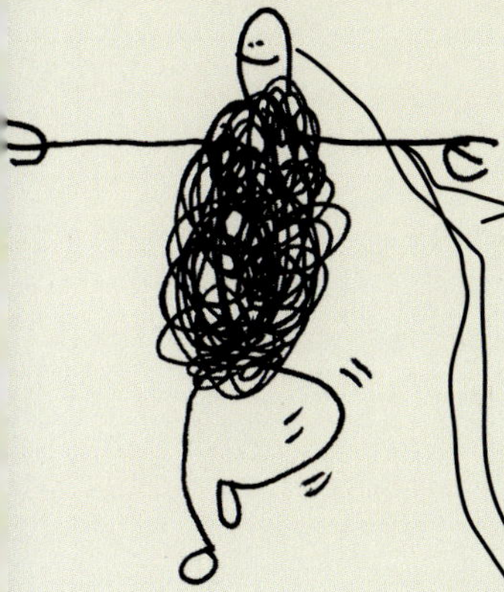

Lorsqu'une personne veut contrôler l'expression de son visage, le sentiment qu'elle éprouve réellement apparaît en général pendant une fraction de seconde avant d'être remplacé par celui qu'elle veut feindre.

BONNES ET MAUVAISES HABITUDES

Nous avons tous des habitudes qui nous aident dans la vie de tous les jours. Quand tu te laves les mains, tu n'as pas besoin de réfléchir pour savoir comment les mouiller, les savonner et les rincer, n'est-ce pas ? Tu fais tout ça automatiquement, parce que c'est une habitude. Mais certaines habitudes, se ronger les ongles par exemple, sont mauvaises. Une habitude, c'est une action répétée tellement de fois que ton cerveau l'exécute sans réfléchir, comme un robot. Et il est très difficile de se débarrasser d'une habitude installée.

La dépendance
Une dépendance, c'est une habitude nuisible. On parle souvent de la dépendance à l'alcool, aux drogues ou au tabac, mais certaines personnes développent une dépendance au sucre, à la nourriture ou au chocolat. Malgré les risques qu'une consommation excessive crée pour leur santé, elles ne peuvent pas s'en passer.

Comportement programmé
Les habitudes se forment parce que la répétition d'actions crée des réseaux nerveux dans le cerveau. Ces réseaux fonctionnent comme le programme d'une machine à laver – une fois qu'on presse sur le bouton, il se met en route tout seul. Dès que tu prends ta brosse à dents, tu es programmé pour te laver les dents !

Routine utile
Chaque jour, tu fais des choses sans y prêter attention, parce qu'elles font partie de ta routine quotidienne. Si tu prends l'habitude de te laver le visage, tu pourras le faire en pensant à autre chose. Tu comprends l'utilité des habitudes : elles te facilitent la vie en te faisant faire ce que tu dois faire.

Mauvaises habitudes
Malheureusement, elles sont faciles à prendre. Nombreuses sont les personnes qui se rongent les ongles ou se curent le nez, sans s'en rendre compte parce qu'elles pensent à autre chose. Cela peut être agaçant pour les autres. D'autres habitudes sont même carrément dangereuses.

Déclics et stimuli
La plupart des habitudes sont déclenchées par des signaux externes. Quand un conducteur voit un feu rouge, cela lui fait exécuter les gestes pour que sa voiture s'arrête. C'est comme un instinct. Tu peux même essayer de provoquer des gestes habituels. Par exemple, en plaçant ta brosse à dents à un endroit visible, tu n'oublieras plus de l'utiliser.

Se débarrasser de mauvaises habitudes
Il est difficile de se débarrasser d'une mauvaise habitude. Même si tu y parviens, le programme est toujours inscrit dans ton cerveau, prêt à être activé. En dehors d'une longue période de sevrage, la meilleure tactique est de remplacer une mauvaise habitude par une habitude moins nuisible.

GAGNANTS ET PERDANTS

Quand on pratique un sport, on aime gagner. Généralement, on attribue la victoire à la forme physique et au talent du vainqueur. Mais quand les concurrents sont tous de même niveau, celui qui gagne, c'est souvent celui qui a un bon mental. On peut probablement dire la même chose de la vie en général.

Sûr de soi

Pour gagner, il faut être sûr de soi. C'est scientifiquement prouvé. Lors d'une expérience, on a choisi 24 personnes et testé la force de leurs bras. Puis on leur a fait croire que les plus faibles d'entre eux étaient les plus forts et on les a installés deux par deux pour un bras de fer. Les plus faibles ont gagné 10 matchs sur 12 !

Se fixer des objectifs

Pour avancer, il faut se fixer un objectif. Inutile de se donner pour ambition d'être le champion : il faut commencer avec chaque jour un objectif raisonnable. Si tu fais du vélo, tu peux te fixer pour but d'aller un peu plus vite que la veille – sans te préoccuper de qui gagne la course. C'est ainsi que tu prendras confiance en toi.

La visualisation

Mets-toi dans un état d'esprit propice à la victoire en te rappelant comment tu te sens quand tu as réussi. Imagine-toi en train de recevoir la coupe – c'est super, non ? Ce sentiment peut t'aider à gagner. Et visualise-toi en train d'exécuter ta performance sans accroc : tu as des chances d'être parfait le moment venu.

Les études menées sur les sportifs montrent que le fait de se fixer des buts personnels est l'une des meilleures manières d'améliorer nos performances.

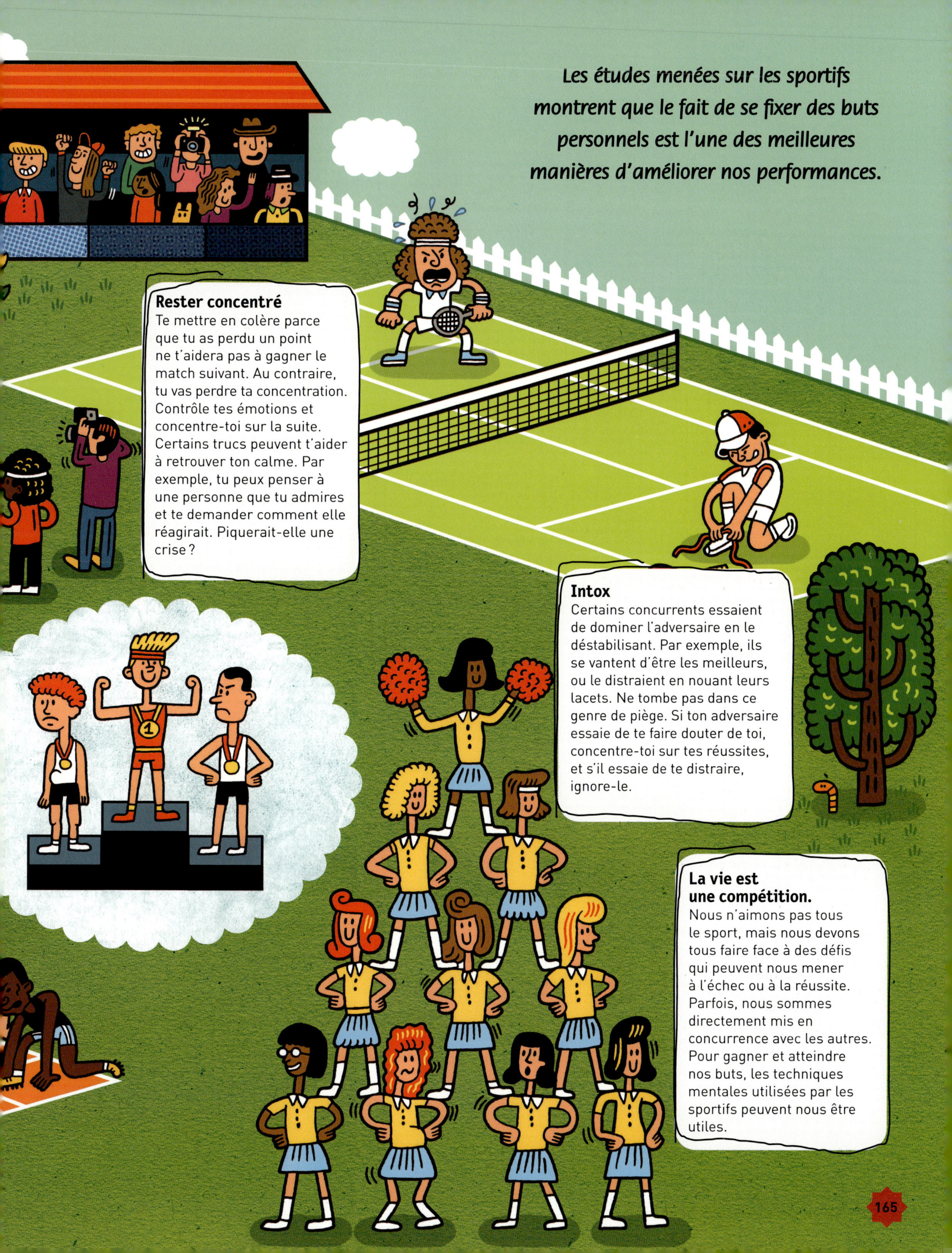

Rester concentré

Te mettre en colère parce que tu as perdu un point ne t'aidera pas à gagner le match suivant. Au contraire, tu vas perdre ta concentration. Contrôle tes émotions et concentre-toi sur la suite. Certains trucs peuvent t'aider à retrouver ton calme. Par exemple, tu peux penser à une personne que tu admires et te demander comment elle réagirait. Piquerait-elle une crise ?

Intox

Certains concurrents essaient de dominer l'adversaire en le déstabilisant. Par exemple, ils se vantent d'être les meilleurs, ou le distraient en nouant leurs lacets. Ne tombe pas dans ce genre de piège. Si ton adversaire essaie de te faire douter de toi, concentre-toi sur tes réussites, et s'il essaie de te distraire, ignore-le.

La vie est une compétition.

Nous n'aimons pas tous le sport, mais nous devons tous faire face à des défis qui peuvent nous mener à l'échec ou à la réussite. Parfois, nous sommes directement mis en concurrence avec les autres. Pour gagner et atteindre nos buts, les techniques mentales utilisées par les sportifs peuvent nous être utiles.

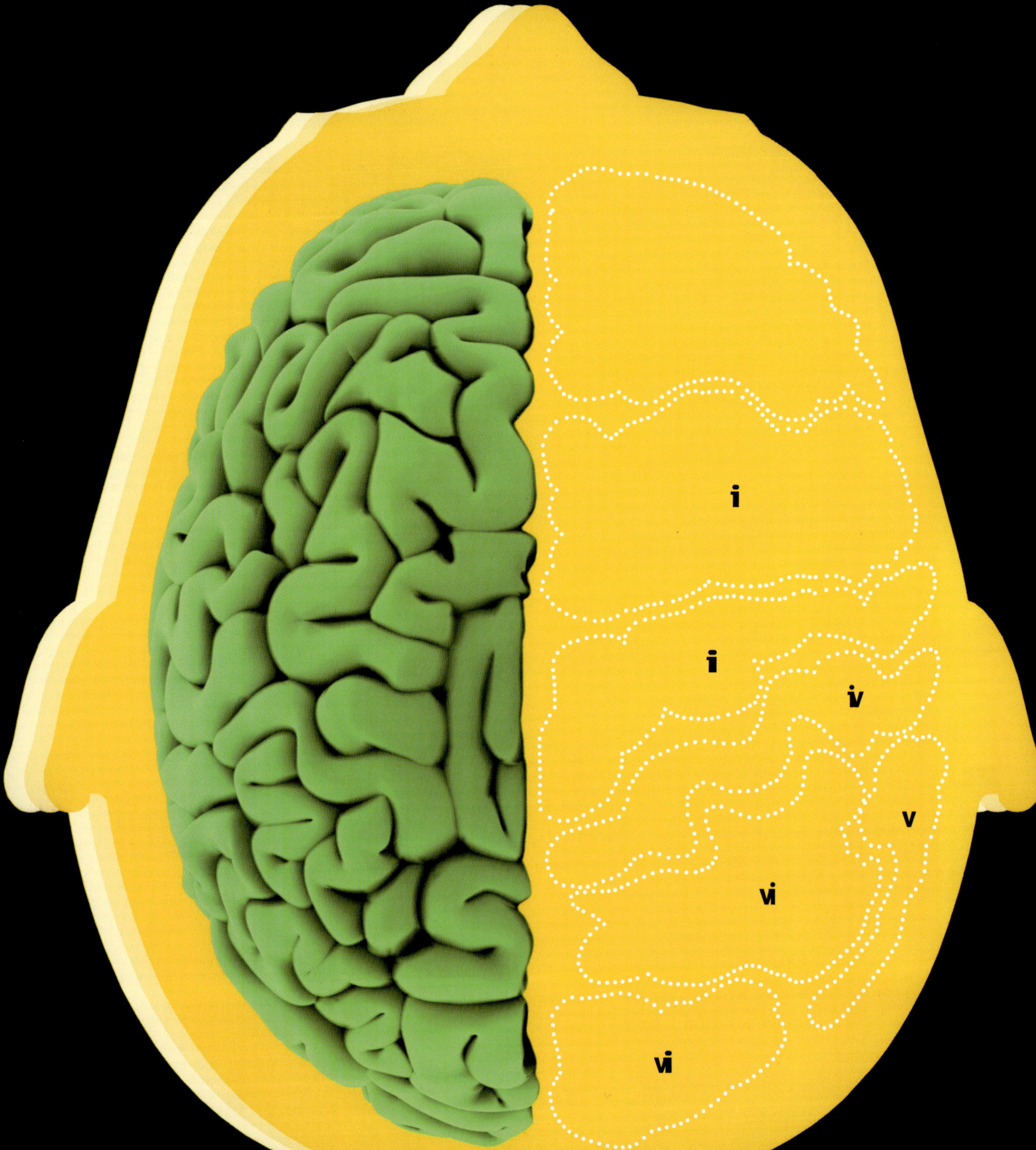
i
ii
iv
v
vi
vii

Notre cerveau
a changé

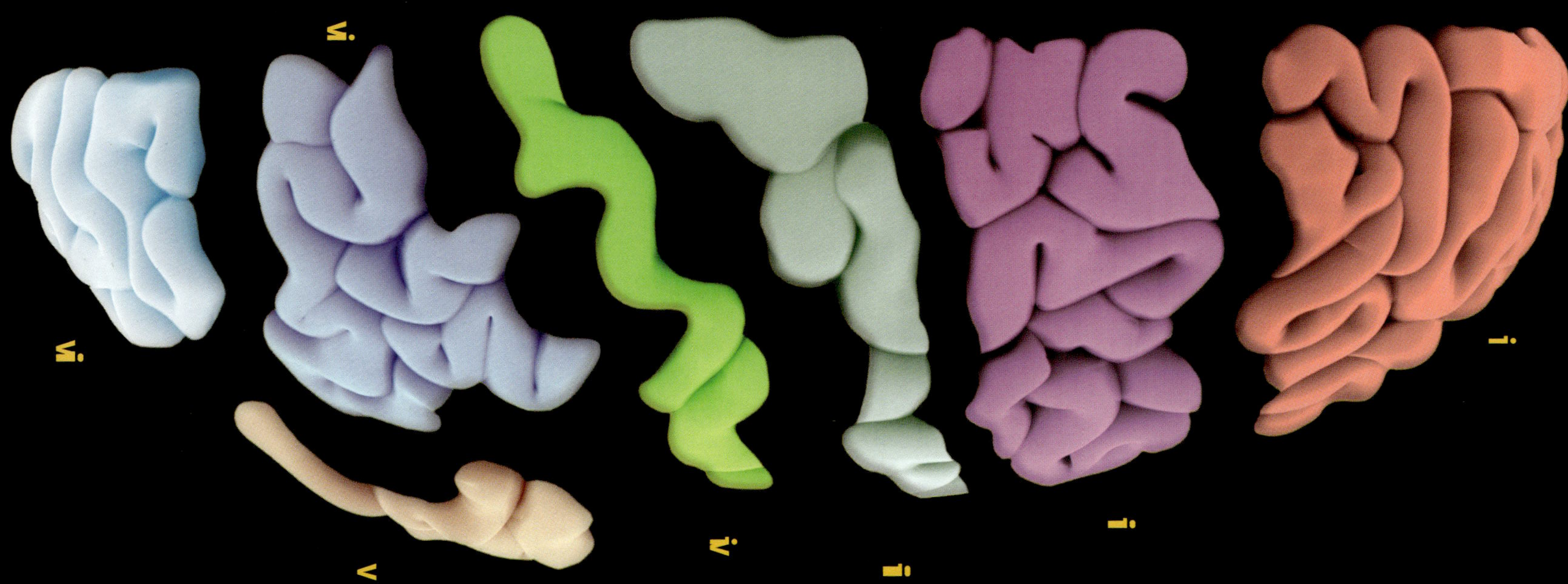

LES ORIGINES DE NOTRE CERVEAU

Les animaux les plus primitifs sont dépourvus de cerveau. Les méduses ont simplement un réseau de fibres nerveuses qui parcourent leur corps entier, sans zone centrale de commande. Mais en général, les animaux ont des cerveaux qui traitent les signaux sensoriels et leur permettent de réagir à leur environnement. Chez les humains, la partie cérébrale est beaucoup plus grosse, en particulier le cortex préfrontal qui nous permet de former des pensées abstraites.

Le cerveau de cette chouette décode les signaux transmis par ses yeux et ses oreilles – faisant de cet oiseau un redoutable chasseur.

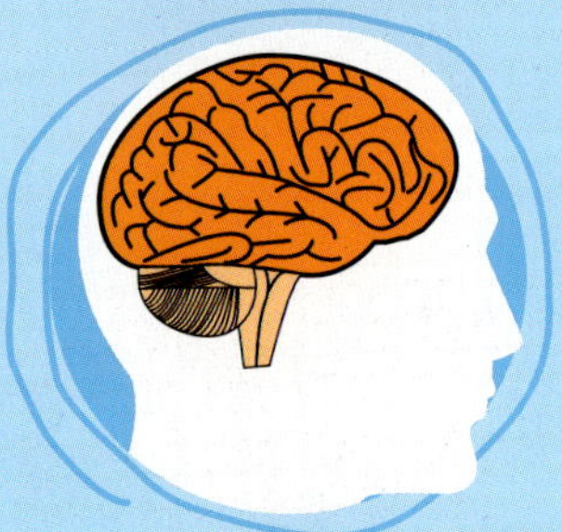

Homme

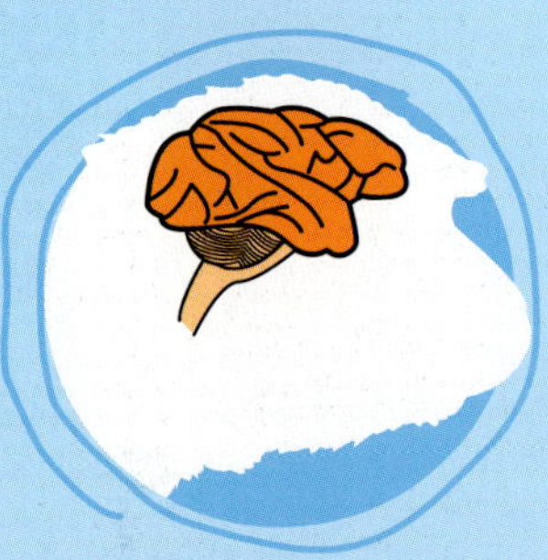

Singe

Tout dans la tête

Les animaux simples telles les méduses n'ont pas de cerveau parce qu'ils n'ont ni queue ni tête. Le cerveau est apparu avec le développement dans le corps d'une partie « supérieure ». En effet, dès qu'un animal commence à utiliser un bout de son corps pour explorer le monde qui l'entoure, ses organes sensoriels s'y concentrent. Ils ont alors besoin d'un centre qui traitera leurs signaux et enverra des instructions au reste du corps. Même l'escargot a un cerveau !

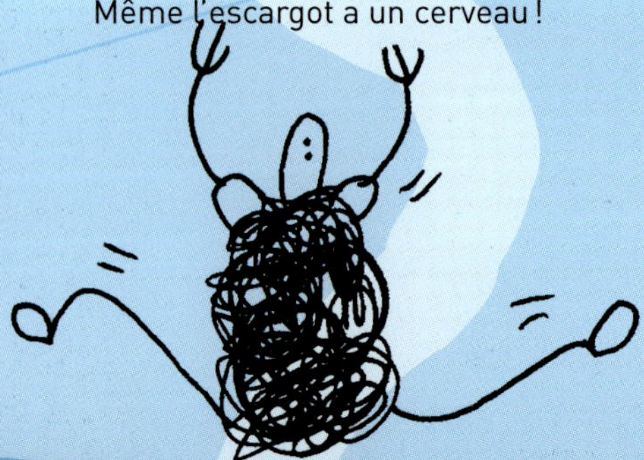

Des sens hyperdéveloppés

Chez la plupart des animaux, le cerveau s'occupe surtout de traiter les informations sensorielles, fonction qui est plus développée chez eux que chez les humains. Le chien a un odorat bien meilleur que celui de l'homme, et des chouettes parviennent à localiser une souris dans l'obscurité totale grâce à leur ouïe. Ces animaux ont un cerveau capable de traiter beaucoup de données, mais ne l'utilisent pas comme nous utilisons le nôtre.

Le centre de l'intellect

C'est derrière le front que se trouve la partie d cerveau qui serait le principal centre intellectu de traitement des données. Le cortex préfront – c'est son nom – utilise les informations fournies par les sens pour former des opinions faire des choix et des prévisions. Il n'a cessé de grandir au cours de l'évolution de l'espèce humaine, ce qui fait que notre front est plus protubérant que celui de nos ancêtres qui ressemblaient à des singes. Mais une étude portant sur des cerveaux de babouins montre que notre cortex préfrontal n'est proportionnellement guère plus grand que le leur. On pense donc que c'est non seulement s taille, mais également sa structure qui a évolu

Instinct et pensée

Pour un requin, une odeur de sang dans l'eau signale qu'il y a à manger dans le coin. Alors que toi, tu te dirais : « Je me suis coupé ? Ou alors c'est quelqu'un d'autre. Où se trouve le médecin le plus proche ? Et si un requin détectait cette odeur ? Au secours ! » Le requin ne réfléchit pas, il agit instinctivement, alors que les humains pensent à toutes sortes de choses, au point parfois d'ignorer des instincts qui sont capitaux pour leur survie.

Le comportement de ce terrifiant requin blanc est en grande partie déterminé par des instincts hérités, et non par une réflexion consciente.

L'activité humaine a fait un bon en avant il y a environ 40 000 ans, certainement grâce au développement d'un langage plus élaboré.

Homo habilis
Il doit son nom au fait qu'il a été le premier à utiliser des outils.

Les premiers hommes

Quand et pourquoi sommes-nous devenus si intelligents ? Nos gros cerveaux se sont certainement développés à mesure que notre nature sociale nous amenait à élaborer un langage. La capacité à parler et à faire des projets a alors acquis une grande utilité, et les gens intelligents ont mieux survécu et ont eu plus de descendants. C'est ce qui a mené à la naissance de la première espèce humaine, *Homo habilis*, laquelle descend d'un ancêtre plus primitif qui ressemblait à un singe et vivait il y a environ 2,3 millions d'années.

Ces figures humaines en train de chasser ou de danser ont été peintes sur des rochers dans le nord du Sahara à une époque où la région n'était pas encore désertique.

Des ancêtres intelligents

Nos ancêtres – les *Homo sapiens* – vivaient en Afrique il y a environ 160 000 ans. 100 000 ans plus tard, ils étaient présents sur la majeure partie du globe. Ils menaient des vies primitives comparées à la nôtre, mais devaient faire preuve d'intelligence pour survivre. Des études de leurs crânes montrent qu'ils avaient des cerveaux probablement identiques aux nôtres. Ils auraient été tout à fait capables de se servir d'un ordinateur s'ils en avaient eu un ! L'art pariétal encore visible dans les lieux où ils vivaient témoigne de leur intelligence.

Charles Darwin

Darwin n'a que vingt-trois ans lorsqu'il entame le voyage qui devait changer sa vie et lui inspirer sa théorie révolutionnaire.

Charles Darwin, naturaliste britannique, a révolutionné notre vision du monde vivant. Sa théorie de l'évolution par sélection naturelle montre que les espèces, en se disputant les rares ressources, ont évolué et que seuls les plus forts ont survécu. Publiée en 1859, cette théorie – fruit d'une inspiration de génie et d'un travail acharné – s'appuyait sur de nombreuses preuves.

Lorsque Darwin a publié sa grande théorie, son ami T. H. Huxley déclara : « Comme j'ai été bête de ne pas y avoir pensé avant ! »

Un étudiant peu intéressé

Né en Angleterre en 1809, Darwin étudie à l'université de Cambridge pour devenir homme d'église, mais il s'intéresse davantage à l'étude de la nature. Il se lie d'amitié avec Stevens Henslow, un professeur de botanique, et Adam Sedgwick, l'un des fondateurs de la géologie moderne. En 1831, alors qu'il est en voyage d'étude avec Sedgwick, Henslow lui propose de devenir le naturaliste du *HMS Beagle*, qui part en expédition pour explorer la côte sud-américaine.

Le *Beagle* était un très petit bateau qu'il a fallu reconstruire pour qu'il puisse affronter les mers les plus dangereuses du monde.

L'expédition du *Beagle*

Le voyage dura cinq ans. Pendant que l'équipage explore les eaux côtières, Darwin passe la majeure partie de son temps sur terre. En Amérique du Sud, il découvre des fossiles d'animaux géants disparus. Lors d'une visite aux Galápagos, il constate que les animaux vivant sur des îles voisines ne sont pas tout à fait semblables. Il se demande alors s'ils n'auraient pas changé – ou plutôt évolué – avec le temps.

Ces passereaux hawaïens descendent tous du même ancêtre et sont le fruit de la sélection naturelle.

La sélection naturelle

Moins d'un an après son retour, en 1836, alors que Darwin se demande comment les animaux ont bien pu évoluer, il se rend compte que lorsque la nourriture est rare, les animaux les moins aptes à la trouver meurent de faim, alors que les autres prospèrent. Leurs petits naissent alors avec des caractéristiques qui leur permettent de survivre dans des environnements particuliers. C'est ainsi qu'apparaissent de nouvelles espèces : Darwin appellera ce processus la sélection naturelle.

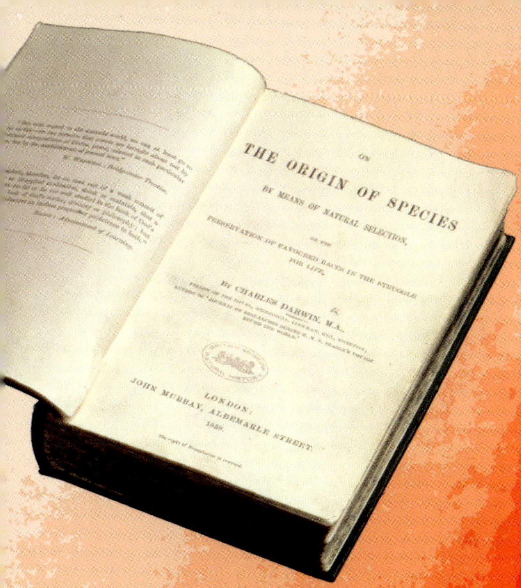

Le premier jour de sa publication, tous les exemplaires de *L'Origine des espèces* ont été vendus.

La publication

Darwin s'était rendu compte que sa théorie remettait en cause ce que dit la Bible – que Dieu a créé toutes les espèces qui vivent sur Terre – si bien qu'il n'a osé la publier qu'après avoir amassé une bonne quantité de preuves. Cela lui a pris plus de vingt ans. En 1858, il reçut une lettre d'un collègue naturaliste, Alfred Russel Wallace, qui avait la même théorie que lui. Cela l'a poussé à préparer une version abrégée du livre sur lequel il travaillait. *De l'origine des espèces* a été publiée en 1859.

Le débat sur les origines de l'humanité a inspiré de nombreuses caricatures de Darwin.

Des singes et des anges

Comme le craignait Darwin, *De l'origine des espèces* provoqua la controverse parce que l'ouvrage contredisait la Bible. Le livre suggérait également, sans l'exprimer explicitement, que l'homme descend du singe – une idée que certains ont jugée inacceptable. « Descendons-nous des singes ou des anges ? » demandèrent-ils. Mais Darwin a apporté de telles preuves que ses arguments sont devenus incontestables.

L'héritage de Darwin

La plupart des scientifiques ont accepté la théorie de Darwin comme explication du mécanisme de l'évolution. Nous ne pensons plus que le monde vivant est figé. Nous savons à quel point il est vulnérable et sommes conscients des conséquences de nos actions sur ce qui rend notre planète unique – cette vie si fragile. Quant à Darwin, il a exploré le monde vivant toute sa vie et publié plusieurs autres livres, dont le dernier juste avant sa mort en 1882, à l'âge de soixante-treize ans.

COMMENT LE CERVEAU GRANDIT

La plus grande partie du développement de notre cerveau se passe avant notre naissance, si bien que quand nous naissons, il ne lui manque pratiquement plus une cellule nerveuse. Au cours de notre enfance, ces cellules vont s'organiser en réseaux de plus en plus complexes qui nous permettront d'apprendre et de mémoriser. Notre cerveau atteint son poids maximum à l'âge adulte, puis rétrécit.

Établir des liens
Au cours des mois qui suivent la naissance, le cerveau se développe rapidement. Au début, il est pourvu d'une structure cellulaire simple qui ne peut contrôler que les fonctions de survie élémentaires. Mais à mesure que les sens sont stimulés, les cellules se mettent en réseaux qui stockent les informations et nous permettent de penser. Comme les poutres ci-dessous, elles s'assemblent pour former une forme nouvelle et plus complexe.

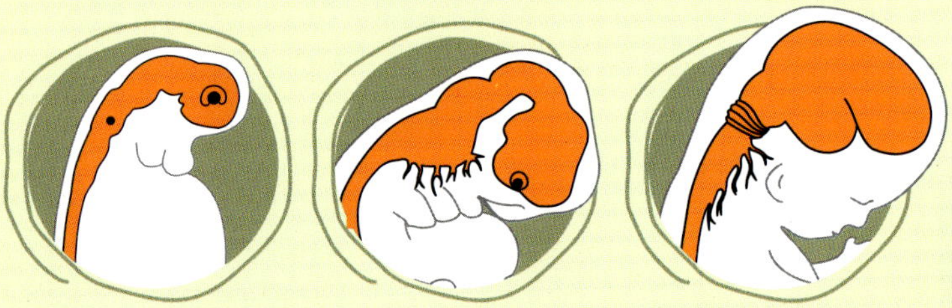

3 semaines | 7 semaines | 11 semaines

Le tout début
Au cours des premières étapes du développement d'un bébé dans l'utérus, le cerveau se forme au bout d'un tube de cellules qui deviendra plus tard la moelle épinière. Au début, il ressemble au cerveau d'un poisson, avec les parties « primitives » parfaitement formées. Mais à 11 semaines, il commence à grandir, et à la naissance il est semblable à un cerveau adulte, en plus petit.

Économies
Une fois que le cerveau est constitué, il commence à faire des économies et laisse mourir les cellules inactives. Ce processus débute à l'âge de quatre ans et se poursuit tout au long de la vie. Cela ne nuit pas à l'efficacité du cerveau, bien au contraire : les cellules inactives sont inutiles et gaspillent de l'énergie. C'est pourquoi on s'en débarrasse, comme ces poutres jetées dans une benne.

Au cours de la croissance du fœtus dans le ventre de sa mère, le cerveau se développe à un rythme inimaginable, acquérant jusqu'à 250 000 cellules nerveuses par minute.

Plus vieux, plus sage ?

En grandissant, nous en savons plus sur le monde et devenons plus avisés. Mais souvent, passé le cap des vingt-cinq ans, nous ressentons davantage de difficultés à apprendre des choses qui ne sont pas liées à ce que nous savons déjà. C'est peut-être dû au fait que le cerveau perd du poids chez certaines personnes, surtout parce qu'il perd des cellules. Mais ce déclin n'est pas inévitable.

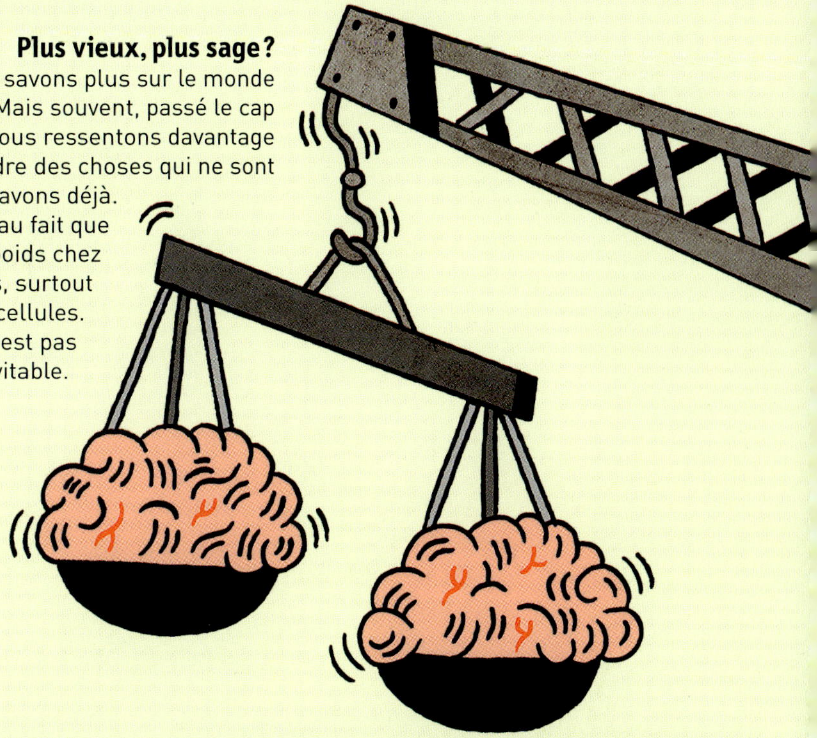

Entretenir son cerveau

De nombreuses expériences montrent que le travail intellectuel ralentit le déclin du cerveau. On constate chez les personnes qui continuent à travailler bien après l'âge de la retraite – musiciens, scientifiques, hommes politiques par exemple – peu de signes de vieillissement cérébral. Travailler, ça maintient ton cerveau en bonne forme !

Nelson Mandela

Défaillance structurelle

Hélas, certaines personnes, pas nécessairement âgées, sont victimes de lésions cérébrales, soit parce qu'une attaque a coupé l'alimentation en sang de parties de leur cerveau, entraînant la mort de cellules cérébrales, soit parce qu'elles ont la maladie d'Alzheimer, qui endommage les cellules du cerveau, si bien que le malade ne peut plus penser correctement.

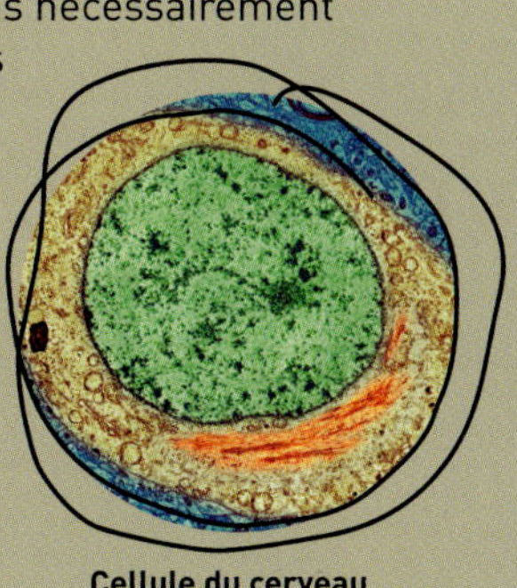

Cellule du cerveau endommagée

RÉPARER LE CERVEAU

Le cerveau est l'organe le plus fragile de notre corps, et aussi le moins connu. Quand il est endommagé, à la suite d'une blessure ou d'une maladie, le chirurgien qui va essayer de le réparer doit éviter de toucher les zones intactes, car les effets pourraient être terribles. C'est pourquoi la chirurgie du cerveau est la discipline médicale la plus complexe.

Risques sanitaires

Le cerveau est exposé à toutes sortes de dangers. Les traumatismes physiques – par exemple un coup porté à la tête – ne sont pas rares. Il peut aussi y avoir une rupture d'alimentation en sang à la suite d'une attaque, d'une hémorragie artérielle ou d'une tumeur. Il y a aussi l'épilepsie ou la maladie de Parkinson.

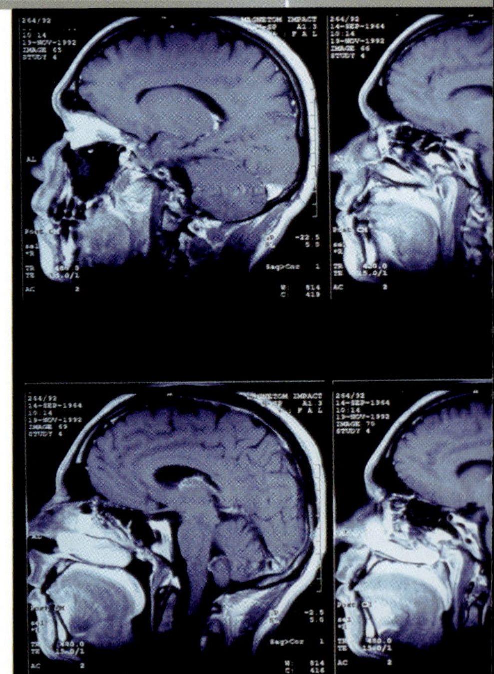

Diagnostics

Grâce à des images scanner comme celles-ci, il est beaucoup plus facile d'identifier les dysfonctionnements du cerveau. Le chirurgien peut maintenant non seulement localiser le problème, mais aussi voir les artères et les autres structures organiques voisines, ce qui lui permet de planifier son opération.

Une opération du cerveau qui durait douze heures autrefois peut être réalisée aujourd'hui en une heure ou deux, avec un meilleur résultat.

Une précision chirurgicale

Grâce à des systèmes de guidage informatique en 3 D, les chirurgiens du cerveau peuvent atteindre les zones affectées sans toucher les tissus voisins, ce qui leur permet d'opérer avec précision, grâce à des microscopes téléguidés *(ci-dessous)* et des fibres optiques.

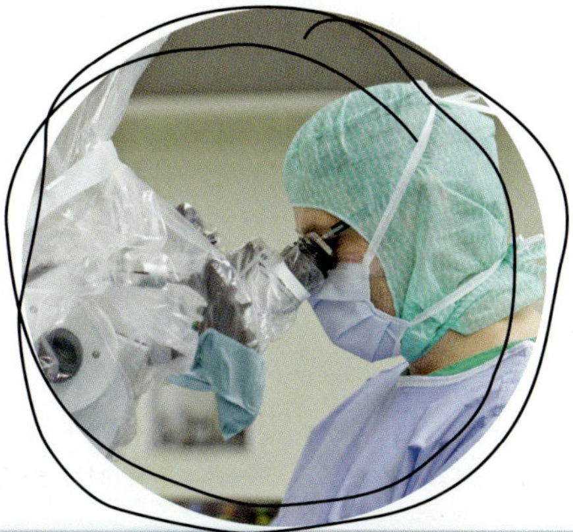

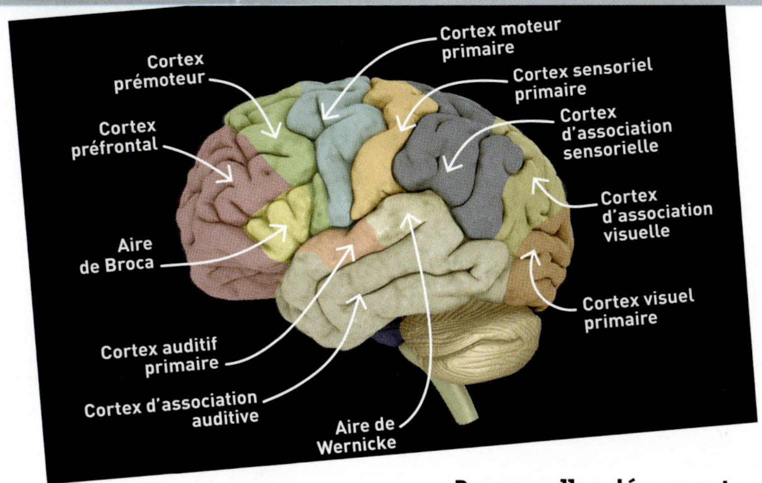

De nouvelles découvertes

Lorsqu'un chirurgien opère le cerveau d'un patient, il repère et décrit précisément la zone affectée. Ainsi, notre connaissance des fonctions des différentes zones du cerveau se développent, ce qui permet aux chirurgiens d'être de plus en plus précis et efficaces.

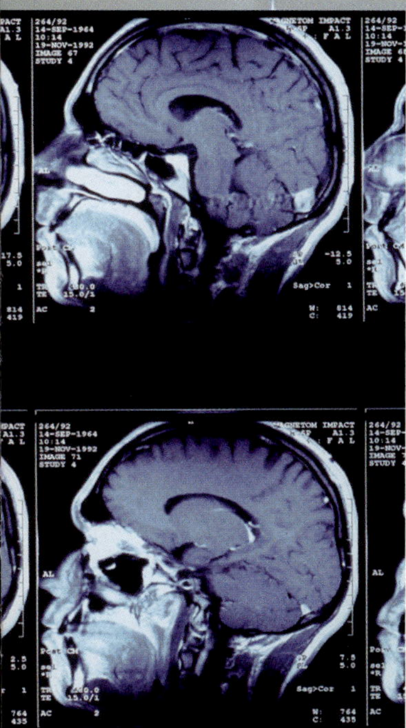

La radiothérapie

Il est parfois possible de soigner certaines maladies du cerveau sans chirurgie, par exemple grâce à la radiothérapie, qui consiste à détruire les cellules cancérigènes par radiation. Pour cela, on fait appel à la simulation par ordinateur, comme tu le vois ici. Cette technique est indolore mais nécessite plusieurs sessions.

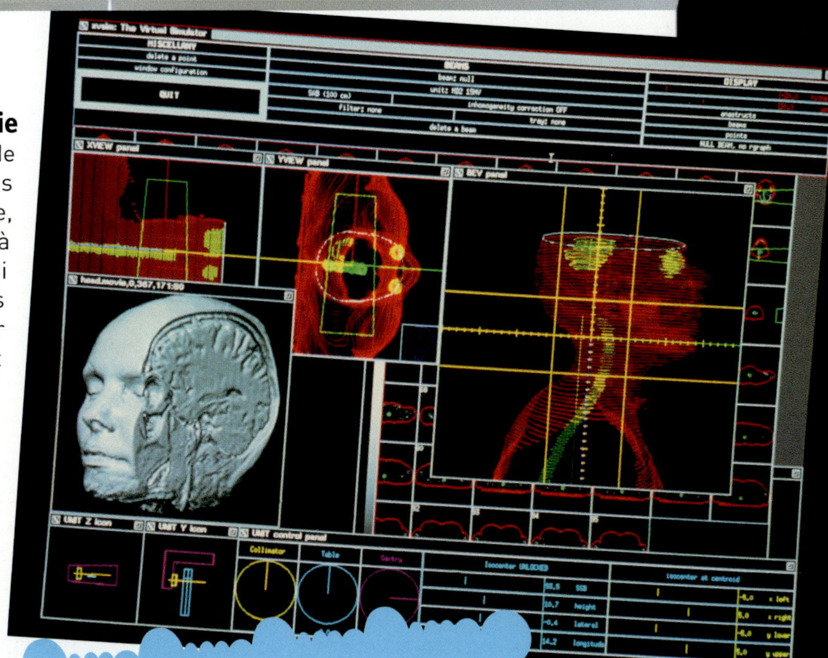

Hippocrate

Ce médecin grec, qui vivait entre 460 et 370 avant notre ère, est l'auteur de nombreux écrits sur la chirurgie du cerveau. Il a décrit des problèmes mentaux tels que les attaques cérébrales et les spasmes, identifié les symptômes des blessures à la tête et opéré des patients victimes de certains types de fracture du crâne.

INTELLIGENCE ANIMALE

Si tu as un chien, tu es sans doute persuadé de son intelligence, et il t'arrive d'être admiratif de ce qu'il arrive à faire. Mais ça, c'est parce que nous ne nous attendons pas à ce que les animaux puissent penser. Nous croyons qu'ils obéissent simplement à leurs instincts et qu'ils ne savent pas résoudre des problèmes grâce aux informations contenues dans leur mémoire. Or, c'est précisément ce que certains animaux font.

Les corbeaux sont réputés pour leur intelligence. Si le volatile découvre de la nourriture dans un récipient en verre, il se montre capable de l'en extraire en utilisant un fil de fer comme crochet.

Pas bête !
La façon dont les animaux se procurent à manger apporte souvent la preuve de leur intelligence. Par exemple, lorsqu'on dépose de la nourriture pour les oiseaux dans le jardin, il arrive que les écureuils la volent, parce qu'ils ont trouvé le moyen d'entrer dans la mangeoire même si elle est « anti-écureuils ». La faim est une motivation puissante.

Des animaux et des outils
Plusieurs animaux savent fabriquer des outils – compétence que l'on croyait exclusivement humaine. Les chimpanzés, par exemple, utilisent des brins de paille soigneusement choisis pour faire sortir certains insectes comestibles de leur nid. Lorsque le brin est trop épais, le singe le dépiaute jusqu'à ce qu'il soit à la bonne dimension.

Certains insectes, tels les termites, construisent instinctivement des nids d'une complexité étonnante.

Des vertébrés comme les singes, les dauphins et les corbeaux comptent certainement parmi les animaux les plus intelligents, bien que les pieuvres et les espèces de cette famille soient aussi dotées d'une intelligence aiguë.

émoire
xiste de nombreux exemples nimaux douée d'une excellente émoire. Les oiseaux se souviennent rès plusieurs mois de l'endroit où ils t enterré leur réserve de nourriture ur l'hiver. Les crocodiles d'Afrique rappellent précisément l'endroit les antilopes traversent telle rivière s de leur migration, et s'y postent embuscade.

Communication
Les animaux sont capables de communiquer. Certains dauphins ont appris une forme de langue des signes qui imite le langage parlé et leur permet de comprendre des instructions pour faire de nouveaux tours. Rico, un colley écossais, savait le nom de 200 jouets. Il les avait appris aussi vite qu'un enfant d'un an.

Plus intelligents que nous ?
Par certains côtés, les animaux sont plus intelligents que nous. Les oiseaux migrateurs telles les oies savent s'orienter sur de longues distances grâce aux étoiles et au soleil. En cas de tremblement de terre ou de tsunami, les animaux semblent sentir la catastrophe à l'avance et réagissent en se réfugiant par exemple sur les hauteurs pour ne pas être noyés.

Conscience
Il est difficile de savoir si les animaux peuvent se concevoir en tant qu'individus. Il est probable que certains ont un sens de leur identité, ce qui expliquerait l'origine de la conscience chez l'homme. Ton chien n'est donc certainement pas si bête que cela.

MUSCLE TON CERVEAU !

ÉDUQUE TON ANIMAL

Il n'y a pas que les chiens qui peuvent apprendre des tours – de nombreux animaux familiers en sont capables. Tu peux même dresser ton poisson rouge pour impressionner tes copains. Voici quelques activités amusantes à faire avec des animaux. Demande tout de même l'avis d'un adulte !

Apprends un tour à ton chien
Si tu as un chien, il sait peut-être déjà s'asseoir, rester aux pieds, se coucher et faire le beau. Ajoute les deux tours qui suivent à son répertoire.

Tour 1
La prochaine fois que ton chien bâille, demande-lui « Tu as sommeil ? ». Fais-le chaque fois que tu le vois en train de bâiller et félicite-le. Au bout de quelque temps, il bâillera dès que tu lui demandes s'il a sommeil.

Tour 2
Tu peux apprendre à ton chien à marcher ou courir autour de toi en cercle. Tout d'abord, montre-lui un sucre et fais-le tourner autour de toi pour que ton chien le suive. Donne-lui le sucre et félicite-le.

On peut apprendre de nouveaux tours à un vieux chien, mais il apprendra moins vite qu'un jeune.

Hamster savant
Les hamsters aiment jouer, mais se lassent rapidement. Voici une manière amusante de passer du temps avec le tien, de le maintenir en activité et de lui apprendre un tour rigolo.

Étape 1
Présente à ton hamster une chose qu'il aime manger, puis tiens-la au-dessus de sa tête.

Étape 2
Dis « Debout » jusqu'à ce que ton hamster se dresse sur les pattes de derrière. Donne-lui sa petite gâterie et félicite-le. Si tu répètes l'opération plusieurs fois, il finira par associer le mot « Debout » avec ce qu'il aime et se dressera sur ton ordre.

Tu atteindras le même résultat avec d'autres ordres, par exemple « Donne la patte ». Et ton hamster apprendra à tendre la patte !

Ton cochon d'Inde, un vrai sportif !
Un cochon d'Inde n'est certes pas aussi intelligent qu'un chien, mais il peut faire des parcours d'obstacles. Un peu d'exercice le mettra en forme.

Étape 1
Dispose 3 ou 4 objets sous lesquels peut passer ton cochon d'Inde. Au bout du parcours, place un morceau de fruit ou de légume frais, ce sera son but à atteindre. Frotte un de tes doigts dessus.

Les jeunes hamsters d'un ou deux mois sont les plus faciles à dresser.

Serre la patte à ton chat !

Les chats peuvent être gauchers ou droitiers, comme les humains. Ils sont aussi très indépendants et donc difficiles à dresser. Mais avec un peu de patience, tu pourras apprendre ce tour au tien, surtout si tu choisis le moment du repas.

Étape 1

Prends dans une main le morceau de viande que ton chat préfère et agenouille-toi devant lui. Montre-lui la viande et laisse-lui le temps de la sentir.

Étape 2

Tends l'autre main vers ton chat, au niveau de ses yeux. Il devrait instinctivement poser la patte dans ta main pour y prendre la viande. Félicite-le et donne-lui la viande que tu as dans l'autre main. Répète l'opération jusqu'à ce que ton chat pose sa patte dans ta main dès que tu la tends vers lui.

Certains chats refusent de coopérer et s'éloignent avec un air méprisant. Ne te décourage pas !

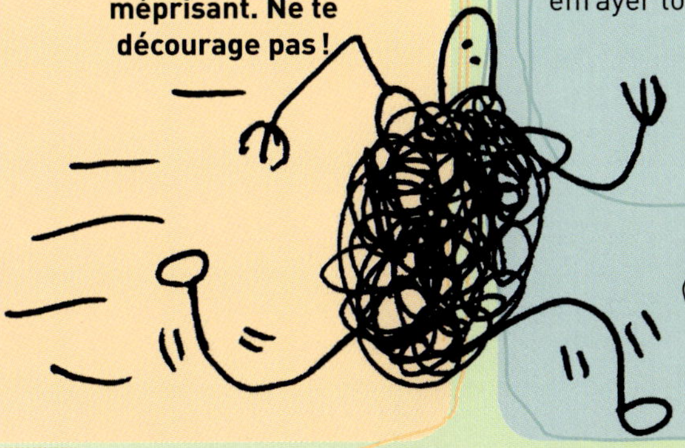

Le poisson qui mange dans ta main

Contrairement à ce que l'on croit, les poissons rouges sont très intelligents. Ils peuvent apprendre à reconnaître leur propriétaire et, si celui-ci est patient, à venir manger dans sa main.

Étape 1

Prends des boulettes de nourriture pour poisson rouge et tiens-les juste au-dessus de la surface de l'eau. Ne t'approche pas trop pour ne pas effrayer ton poisson.

Étape 2

Dès que ton poisson commence à venir vers toi, laisse tomber la nourriture. Répète l'opération à la même heure chaque jour : ton poisson rouge finira par remonter jusqu'à la surface de l'eau et tu pourras déposer la nourriture directement dans sa bouche.

La réussite de ce tour nécessite beaucoup de patience. Pratique-le tous les jours pour que ton poisson rouge s'habitue.

Étape 2

Mets ton cochon d'Inde en position de départ. Place ton doigt devant lui tout au long du parcours. Attiré par l'odeur, ton animal avancera grâce à toi jusqu'à la friandise qu'il aura bien méritée.

Laisse ton cochon d'Inde avancer à son rythme. Ce parcours doit avant tout l'amuser !

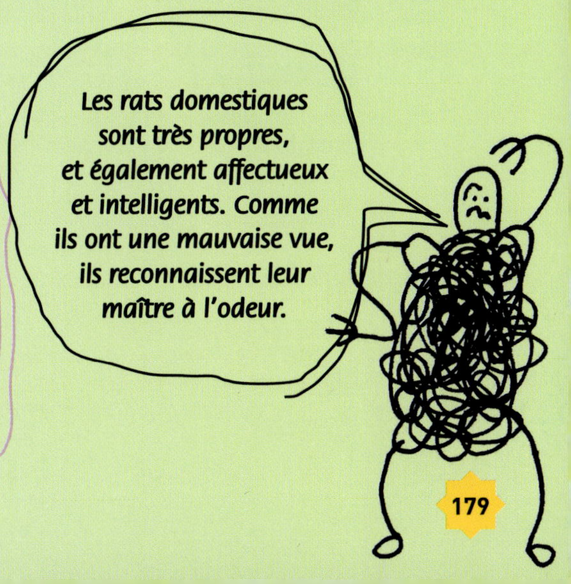

DES MACHINES INTELLIGENTES ?

Nous utilisons tous des machines – ordinateurs, calculettes – capables d'exécuter certaines tâches mieux que nous. Les robots fabriquent même des voitures. Mais sont-ils capables de penser ? En fait, ils ne font que suivre des instructions contenues dans des programmes conçus par l'homme. Mais les scientifiques sont en train de mettre au point des robots et des ordinateurs qui apprennent à corriger leurs erreurs, ce qui est une forme d'intelligence.

Des robots infatigables
Nombreuses sont les usines où la fabrication est assurée par des robots contrôlés par des ordinateurs. Ils travaillent vite, sans jamais se tromper ni se fatiguer. C'est pourquoi ils sont parfaits pour exécuter des tâches complexes mais répétitives. Mais ils ne font que ce pour quoi ils sont programmés, parce qu'ils ne savent rien faire d'autre et ne peuvent pas apprendre tout seuls.

Des ordinateurs puissants
Si tu programmes un ordinateur pour qu'il joue aux échecs, il saura choisir en quelques secondes le pion à déplacer parmi des centaines de milliers de combinaisons. Pourtant, il sera moins efficace qu'un joueur d'échecs humain qui, par expérience, saura quels coups sont les plus intéressants. Mais si le robot est programmé plus finement, il pourra jouer de manière plus intelligente.

Intelligence artificielle

Quand nous apprenons quelque chose, les cellules nerveuses de notre cerveau se connectent à de nouveaux réseaux. Les ingénieurs ont trouvé le moyen de fabriquer des circuits informatiques capables de faire automatiquement la même chose en réaction à des résultats positifs ou négatifs, en d'autres termes d'« apprendre ». C'est ce que l'on appelle l'intelligence artificielle.

Des applications utiles

Les machines intelligentes ne servent pas uniquement à jouer aux échecs ou à fabriquer des voitures. Il est possible de faire entrer dans leur phénoménale mémoire toutes nos connaissances dans un domaine particulier, et de les utiliser ainsi comme experts électroniques. L'expérience a déjà été faite en médecine. La machine traite toutes les données concernant le patient, identifie sa maladie, et propose un traitement.

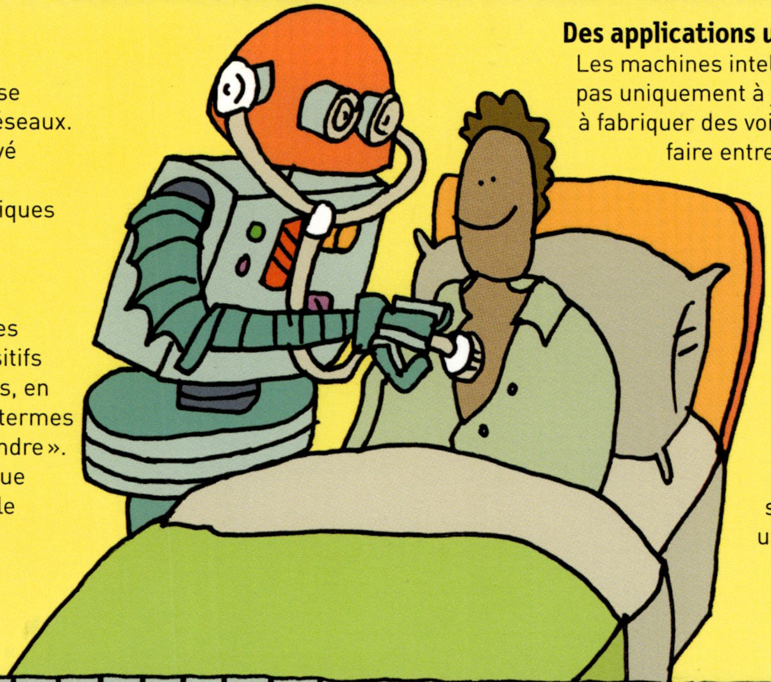

Comprendre l'intelligence

Créer une machine intelligente, c'est très difficile et ça requiert des connaissances immenses en informatique – ce qui prouve à quel point notre cerveau est complexe. Mais le problème, c'est que nous ne savons pas vraiment comment fonctionne l'intelligence humaine, et que nous ne pouvons pas reproduire ce que nous ne comprenons pas. Si nous savions comment les programmer, nous pourrions créer des ordinateurs intelligents.

Penser la pensée

Peut-être existera-t-il un jour une machine dotée d'une intelligence artificielle et capable de se programmer elle-même pour penser de manière plus efficace. Cela lui permettrait d'être encore mieux programmée. Nous nous retrouverions alors avec des machines plus intelligentes que nous !

PROGRAMME UN COPAIN

Pour exécuter même la tâche la plus simple, ton cerveau examine les millions d'informations que lui transmettent tes sens et décide de ce qu'il faut faire. Les activités qui suivent te montreront à quel point il est difficile de donner des instructions et de les interpréter.

Casse-tête chinois

Le tangram est un puzzle chinois dont on peut disposer les pièces de diverses façons pour obtenir différentes formes. Indique à un copain comment créer des images avec un tangram.

Tu as besoin de :

- papier et ciseaux
- une règle
- des crayons de couleur
- un copain

Étape 1

Reproduis le tangram ci-dessous sur ta feuille. Colorie chacune des formes dans une couleur différente et découpe-les.

Étape 2

Tu vas aider ton camarade à créer une image, sans qu'il sache ce qu'elle représente. Choisis un des modèles ci-dessous. Ensuite, donne à ton copain des instructions précises pour qu'il puisse disposer les pièces du tangram. Par exemple : « Prends le petit carré marron et place-le debout sur un angle. » Tu verras, ce n'est pas si facile.

Étape 3

Maintenant, c'est à ton tour de faire une image à partir des instructions de ton copain. Alors, tu t'en sors mieux que lui ?

Fais-moi un dessin

Tes amis savent-ils donner des instructions claires ? Vérifie-le avec cette activité.

Tu as besoin de :

- papier
- des crayons de couleur
- 4 copains
- un chronomètre

Étape 1
Fais un dessin. Tu peux représenter un animal ou une personne : un clown ou une reine par exemple. Pose ton dessin à un endroit où personne ne peut le voir.

Étape 2
Choisis une personne – le « dessinateur » - qui devra reproduire le dessin en suivant les instructions des autres.

Étape 3
Un deuxième joueur regarde le dessin. Les autres lui posent des questions, auxquelles il n'a le droit de répondre que par « oui » ou par « non ». Le « dessinateur » écoute les questions et les réponses sans rien dire, puis essaye de reproduire le dessin. Cette étape ne doit pas durer plus de dix minutes.

Étape 4
Lorsque le temps est écoulé, compare ton dessin avec celui du « dessinateur ». S'ils sont vraiment différents, essaie de comprendre pourquoi.

C'est la récré !

Cette activité se fait par deux. Le but est de diriger ton partenaire, qui a les yeux bandés, pour qu'il envoie la balle sur un autre joueur aux yeux bandés.

Tu as besoin de :

- bandeaux
- une petite balle en mousse
- 6 amis
- un chronomètre
- un adulte pour faire l'arbitre

Étape 1
Les joueurs se mettent par deux et forment un cercle. Dans chaque paire une personne se fait bander les yeux. On donne la balle à l'un de ces joueurs qui ne voient rien.

Étape 2
Le joueur aveugle lance la balle en écoutant les instructions de son partenaire. Les autres joueurs aveugles essaient de ne pas se faire toucher grâce aux indications de leurs partenaires. Si la balle atterrit près d'eux, ils doivent la ramasser, guidés par leur ami.

Étape 3
Au bout de dix minutes de jeu, on inverse les rôles. À la fin de la partie, l'adulte devra vous dire si vous avez réussi à bien suivre les instructions ou à en donner qui soient claires.

GLOSSAIRE

Aire de Broca
Partie du cerveau qui contrôle la parole.

Aire de Wernicke
Partie du cerveau qui interprète les données auditives et visuelles indispensables à la compréhension du langage.

Aire motrice
Région du cerveau qui gère les mouvements volontaires du corps.

Anatomie
Étude de la structure des êtres vivants

Association
Processus par lequel de nouveaux souvenirs sont liés à des souvenirs déjà présents dans le cerveau.

Atome
La plus petite particule de matière. Certaines matières comme l'oxygène ne contiennent qu'un type d'atome, alors que d'autres telle l'eau en contiennent plus d'un type.

Attention
Première étape dans le processus de mémorisation. Elle consiste à se concentrer sur le moment ou sur la tâche à accomplir.

Auditif
Relatif à l'ouïe et aux sons.

Axone
Longue fibre qui part d'une cellule nerveuse, ou neurone. Les signaux nerveux circulent le long de l'axone pour aller stimuler d'autres cellules.

Bactéries
Organismes microscopiques dotés d'une structure simple avec une seule cellule. Certaines peuvent provoquer des maladies.

Botanique
Étude des plantes.

Bulbe cervical
Région située à la base du cerveau, à l'endroit où il touche la moelle épinière.

Cellule
Plus petite unité d'un être vivant. Beaucoup d'organismes sont constitués d'une seule cellule. Le corps humain, lui, en contient des millions, chacune avec une fonction particulière.

Cellule nerveuse
Cellule spécialisée, appelée également neurone, qui transmet des signaux nerveux et constitue des réseaux dans le cerveau.

Cerveau
Au sens large, masse nerveuse contenue dans le crâne de l'homme, aussi appelé encéphale. Au sens étroit, ensemble des deux hémisphères et des méninges.

Cervelet
Partie du cerveau (encéphale) qui aide à contrôler l'équilibre et le mouvement.

Conditionnement
Forme d'apprentissage dans laquelle des expériences positives ou négatives créent des réactions automatiques lorsque le sujet est confronté à des situations similaires.

Cortex cérébral
Partie extérieure ridée du cerveau qui gère le traitement des données sensorielles, la mémoire, les mouvements volontaires et la pensée.

Cortex préfrontal
Aire du cerveau qui est la plus active dans l'élaboration de la pensée.

Cortex sensoriel somatique
Partie du cerveau qui analyse les signaux nerveux de la peau, des muscles et des articulations.

Dendrite
Fibre courte qui part d'une cellule nerveuse (neurone) et capte les signaux d'autres cellules nerveuses.

Effet placebo
Réaction psychologique à un traitement médical par laquelle le patient croit que sa santé s'est améliorée, même si le médicament qu'il a pris est dépourvu de toute efficacité.

Encéphale
Ensemble des centres nerveux contenus dans le crâne (cerveau, cervelet, bulbe)

Évolution
Processus de transformation progressive. Le terme est en général employé pour des êtres vivants.

Géologie
Étude des roches.

Hémisphère cérébral
Moitié du cerveau.

Hormone
Substance libérée dans le sang par une glande et qui provoque des changements dans une autre partie du corps.

Impulsion nerveuse
Signal nerveux qui voyage par les fibres partant des cellules nerveuses et transmet des informations codées au cerveau et aux autres organes.

Inconscient
Relatif à l'activité mentale où la pensée n'intervient pas.

Instinct
Sentiment ou action automatique.

Intellectuel
Relatif à la pensée

Intuition
Fait de sentir que l'on sait quelque chose sans comprendre pourquoi. Parfois appelé « sixième sens ».

Lobe frontal
Partie avant de chacun des hémisphères, qui joue un rôle important dans la formation de la pensée.

Lobe pariétal
Partie du cerveau qui interprète le toucher, la douleur et la température.

Logique
Raisonnement rationnel par lequel on tire des conclusions justes à partir de faits élémentaires.

Mimétisme
Fait de copier l'apparence ou le comportement d'une autre personne.

Moelle épinière
Principal groupe de nerfs. Elle va du cerveau au bas de la colonne vertébrale.

Molécule
La plus petite particule d'une substance avant l'atome. Par exemple, une molécule d'eau se compose de deux atomes d'hydrogène et d'un atome d'oxygène.

Nerf
Masse fibreuse qui part d'une cellule nerveuse (neurone) et transmet des signaux nerveux entre le cerveau et les autres parties du corps.

Neurone
Cellule nerveuse.

Noyau
Centre de contrôle d'une cellule.

Olfactif
Relatif à l'odorat.

Parallaxe
Effet visuel par lequel, quand on bouge la tête, des objets rapprochés semblent se déplacer plus que des objets distants. Joue un rôle important dans la perception des distances.

Perception
Fait de devenir conscient de quelque chose à travers nos sens.

Personnalité
Combinaison des traits de caractère qui font de toi un individu unique.

Perspective
Effet visuel par lequel des lignes parallèles tels des rails de chemin de fer donnent l'impression de converger à l'horizon.

Philosophie
Étude de la nature du savoir.

Phobie
Peur qui n'a aucune base rationnelle.

Préjugé
Jugement formé avant l'examen des faits.

Prodige
Personne qui montre des talents exceptionnels à un âge précoce.

Programme
Liste d'instructions déterminant le mode opératoire d'un appareil électronique tel un ordinateur. Le terme est également utilisé pour décrire le code qui régit certaines fonctions biologiques.

Psychologie
Science de l'esprit.

Rappel
Fait d'aller consciemment chercher un souvenir dans le cerveau.

Récepteur
Structure qui réagit à un stimulus tel le froid, la lumière, le chaud.

Reconnaissance
Processus qui consiste à identifier ce que l'on sait déjà.

Réflexe
Réaction automatique des nerfs qui provoque un mouvement, par exemple sous l'effet d'une douleur intense.

Rétine
Couche de cellules photosensibles située au fond de l'œil.

Robot
Appareil qui exécute des tâches automatiquement sous le contrôle d'un ordinateur. Le terme est souvent utilisé pour désigner une machine qui ressemble à un humain.

Sensoriel
Relatif aux 5 sens : vue, audition, goût, odorat et toucher.

Spatial
Relatif aux formes et à l'espace.

Spectre
Éventail des couleurs visibles, comme dans un arc-en-ciel.

Stéréotype
Idée ou image fixe, souvent peu fondée.

Système limbique
Partie du cerveau impliquée dans les fonctions corporelles automatiques, les émotions et l'odorat.

Système nerveux central
Est constitué du cerveau (encéphale) et de la moelle épinière.

Système nerveux périphérique
Réseau des petits nerfs reliés aux muscles, à la peau et à tous les organes sauf le cerveau. Il est lié au système nerveux central.

Télépathie
Capacité à lire dans les pensées des autres, souvent plus grâce à l'expérience et au jugé qu'à une communication mentale réelle.

TEP scan
Technique d'imagerie médicale faisant appel à un système appelé « tomographie par émission de positron », utilisée pour détecter et localiser l'activité cérébrale.

Thalamus
Partie du cerveau qui relaie les informations provenant des sens, excepté de l'odorat.

Théorème
Technique mathématique utilisée dans les calculs.

Thérapie
Traitement visant à soulager une maladie physique ou psychologique.

Tridimensionnel (en 3 D)
Terme servant à décrire les objets qui ont du volume. Les trois dimensions sont : la largeur, la longueur, et la profondeur.

RÉPONSES

6-7 Très fort, le cerveau !

As-tu de la mémoire ?

1. Sous la douche
2. Courir, skier, nager, jouer au foot
3. Ses poumons
4. Rouge
5. Son chat
6. Du poisson
7. Une
8. Chat, chien, poisson, escargot, lapin
9. Des œufs au bacon en train de cuire
10. Un doigt blessé

Si tu trouves plus de six bonnes réponses, tu as une excellente mémoire.

Assemblage

Les formes A et F s'assemblent pour former l'hexagone.

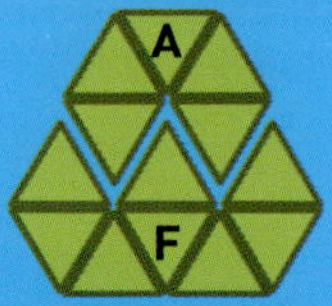

Perdu ?

66-67 Bonne mémoire ?

Reconnaissance contre rappel

Étape 1

1. Israël – Jérusalem
2. France – Paris
3. Inde – New Delhi
4. Russie – Moscou
5. République tchèque – Prague
6. Allemagne – Berlin
7. Afghanistan – Kaboul
8. Canada – Ottawa
9. Danemark – Copenhague
10. Argentine – Buenos Aires

Étape 2

1. Espagne – Madrid
2. Irlande – Dublin
3. Chine – Beijing (Pékin)
4. Suède – Stockholm
5. Irak – Bagdad
6. Pays-Bas – Amsterdam
7. Japon – Tokyo
8. Italie – Rome
9. Égypte – Le Caire
10. Grèce – Athènes

68-69 Question d'attention

Jeu des 10 différences

Qui est qui ?

Freddie est la tortue B.

78-79 Labyrinthes

La main sur le mur

Droite ou gauche ?

À tâtons

Labyrinthique

Dessus et dessous

80-81 Reconnaissance de formes

Tout seul

La créature qui n'apparaît qu'une fois est la guêpe.

Anticipe !

Chaque partie de la séquence débute avec deux gâteaux jaunes et se termine avec un gâteau violet, et à chaque étape, il y un gâteau rose de plus. Les gâteaux jaunes du début de la séquence sont aux numéros 1, 5 et 10 – il y en a un de plus à chaque fois. Cela veut dire que les gâteaux de la prochaine séquence seront à 16, 23, 31, 40, 50, 61, 73, 86 et 100. Donc le quarante-neuvième gâteau sera violet et le centième jaune.

Un visage dans la foule

Séquence ordonnée

Une fleur bleue, une orange et une bleue.

Pièces manquantes

Les quatre pièces manquantes sont J, K, G et F.

J K

G

F

Les deux font la paire.

90-91 Casse-tête

Le compte est bon !

Les trois garçons ont payé chacun 10 Đ. On leur rend 3 Đ, ce qui veut dire qu'ils ont versé un total de 27 Đ : 25 Đ pour les billets d'entrée plus 2 Đ empochés par l'assistant. Les 27 Đ ajoutés aux 3 Đ rendus font un total de 30 Đ. Il ne leur manque donc pas d'argent. Les 2 Đ pris par l'assistant ne sont là que pour brouiller les pistes.

Le fermier, le maïs, la poule et le renard

Le fermier traverse d'abord avec la poule et la laisse sur l'autre rive. Puis il va prendre le renard, le dépose de l'autre côté et repart avec la poule pour que les deux ne restent pas ensemble. Il dépose la poule au point de départ, transporte le sac de maïs sur l'autre rive et l'y laisse avec le renard. Enfin, il fait demi-tour, récupère la poule et traverse une dernière fois.

Où sont les biscuits ?

Elle doit choisir le bocal 2.

1. Lentilles
2. Biscuits
3. Farine
4. Haricots
5. Poivre
6. Riz

Le pont à traverser

L'aîné et le cadet traversent ensemble en 2 minutes. L'aîné rebrousse chemin en 1 minute. Le père et le grand-père traversent ensemble en 10 minutes. Le cadet retourne au point de départ en 2 minutes, puis les 2 frères traversent ensemble en 2 minutes. 2 + 1 + 10 + 2 + 2 = 17. La famille devrait pouvoir attraper son train !

La bonne porte

Voici la question que le prisonnier doit poser à chacun des gardiens : « Si je demande à ton collègue quelle est la porte qui mène vers la liberté, que répondra-t-il ? » Si la bonne porte est la rouge, le gardien qui dit toujours la vérité indiquera la porte bleue, parce qu'il sait que son collègue ment tout le temps. Et le gardien menteur répondra que c'est la porte bleue. Les gardiens vont donc tous les deux indiquer la porte derrière laquelle se trouve le lion. Il ne reste plus au prisonnier qu'à ouvrir l'autre.

Qui a commencé ?

C'est Clara qui a commencé la partie.

92-93 Grilles et carrés magiques

Trucs et astuces

3	6	8	1	9	2	4	7	5
2	7	1	3	5	4	8	6	9
9	4	5	8	6	7	3	1	2
5	8	2	9	7	6	1	3	4
4	3	6	2	1	8	9	5	7
1	9	7	4	3	5	6	2	8
6	2	9	5	8	1	7	4	3
7	5	3	6	4	9	2	8	1
8	1	4	7	2	3	5	9	6

Sudoku débutant

1	7	6	4	2	8	3	5	9
2	5	4	9	3	1	7	8	6
8	3	9	5	7	6	1	2	4
7	2	5	3	8	4	6	9	1
6	1	3	2	5	9	4	7	8
4	9	8	1	6	7	2	3	5
5	4	1	7	9	2	8	6	3
9	8	7	6	1	3	5	4	2
3	6	2	8	4	5	9	1	7

Sudoku intermédiaire

3	5	6	9	1	4	8	2	7
1	4	7	3	2	8	5	6	9
2	8	9	5	6	7	3	4	1
6	7	3	1	9	5	4	8	2
9	1	5	8	4	2	7	3	6
8	2	4	7	3	6	9	1	5
5	3	2	4	7	1	6	9	8
4	6	8	2	5	9	1	7	3
7	9	1	6	8	3	2	5	4

Comment faire

		21\	17\
	\15	7	8
	3\15	6	9
\5	2	3	
\6	1	5	

Un peu plus compliqué

			16\	12\			
		\7	4	3	11\	28\	
		25\27	3	9	8	7	13\
	17\15	6	9	\14	3	5	6
\17	9	8	13\		18\16	9	7
\19	8	7	4	11\14	6	8	
	\28	4	9	8	7		
			\8	3	5		

Pour les plus futés

		15\		28\		
	17\21	8	6	7		
\15	8	7	29\15	9	6	
	9	\9	5	4		3\
		\17	9	8	17\	2
	\17	9	8	\9	8	1
		\24	7	8	9	

96-97 Joue avec les nombres

La pyramide magique

120
70 50
44 26 24
30 14 12 12
25 5 9 3 9

Une seule fois
54 x 3 = 162

Les fleurs fatales
Il faut ajouter les 3 plus gros nombres et les multiplier par le plus petit.

Combien ça pèse ?
11 fraises pèsent autant qu'un ananas et 3 bananes.

Ananas = 5 fraises
Orange = 4 fraises
Pomme = 3 fraises
Banane = 2 fraises

Suite de huit
888 + 88 + 8 + 8 + 8 = 1 000

Admise ou recalée ?
Sabine gagne 10 points pour chaque réponse correcte, ce qui lui donne 150 points. Mais elle se trompe 5 fois, ce qui lui fait perdre 5 points par erreur, 25 au total.

150 – 25 = 125

Sabine est admise.

Des étoiles et des chiffres

Fractions en folie
La réponse est 5.

102-103 Voir en 2 D

L'ascenseur
Le panier A monte tandis que le panier B descend.

De quatre à cinq

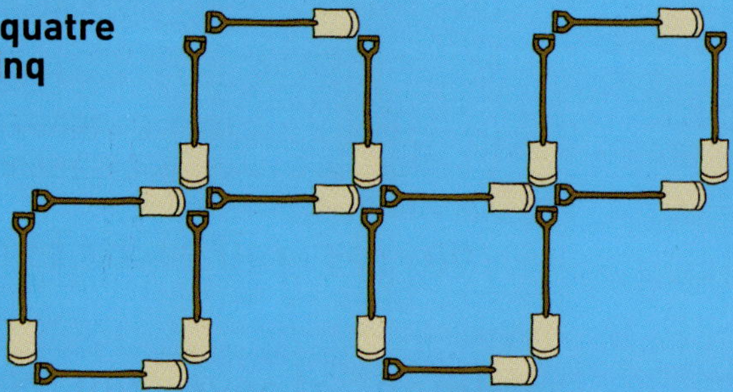

Le triangle inversé

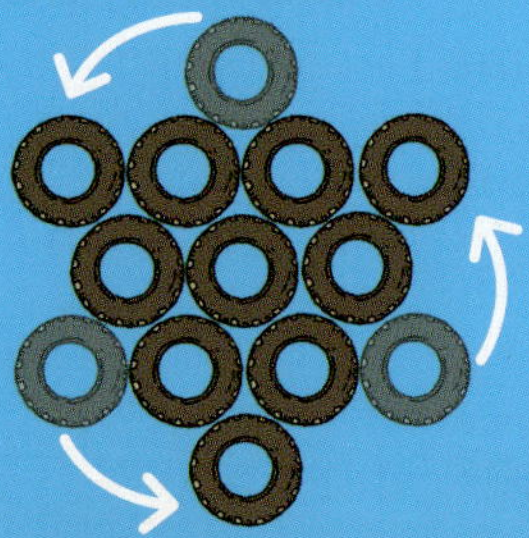

À chacun ses outils

104-105 Réfléchir en 3 D

Les deux font la paire.
Les formes A et F sont identiques.

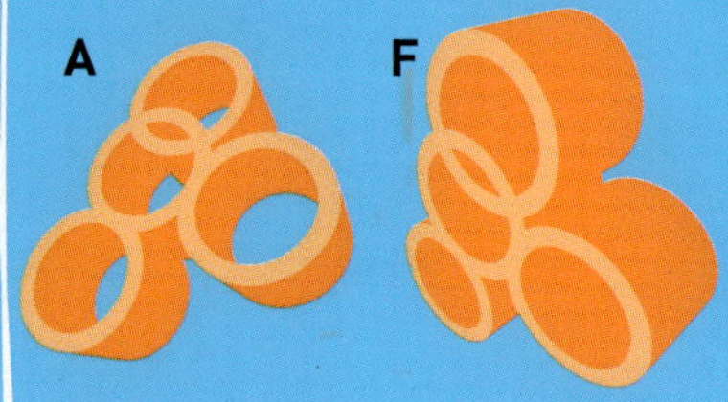

Vu d'en haut
C'est l'image F.

Le dé déplié
C'est le dé C.

Six crayons, quatre triangles
Les crayons doivent former un tétraèdre (pyramide triangulaire) avec un triangle à la base et trois côtés triangulaires.

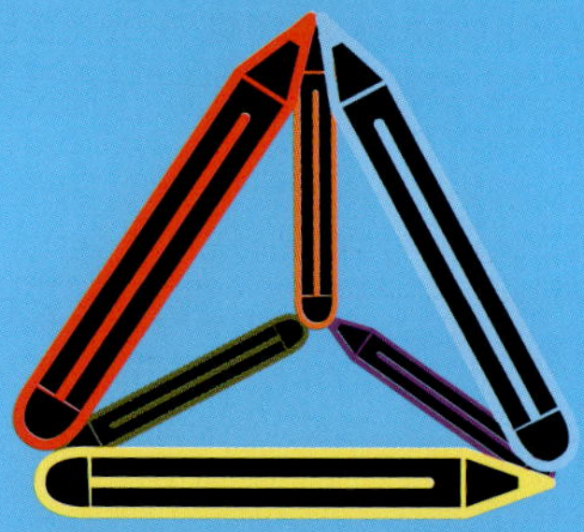

La face cachée
La face cachée dans la troisième image est verte.

Le cube diabolique
C'est la forme A qui correspond à la partie rose.

114-115 Jeux de mots

Les intrus

- **chat et cône**

Les autres sont les parties d'un bateau.

- **agrafeuse et règle**

Tu ne peux pas écrire avec.

- **Lune et Soleil**

Les autres sont des planètes.

- **dauphin et hippocampe**

Ce ne sont pas des oiseaux.

- **courir et rire**

Les autres sont des noms.

Association d'idées

- L'oiseau est au bec ce que l'homme est à la bouche.
- Les yeux sont à la vue ce que le nez est à l'odorat.
- Dehors est à dedans ce que dessous est à dessus.
- Le stylo est à l'encre ce que le pinceau est à la peinture.
- Le tricycle est au chiffre trois ce que la bicyclette est à deux.

Proches et contraires

PROCHES

- gentil et aimable
- fatigué et épuisé
- terrifiant et effrayant
- stupide et bête

CONTRAIRES

- admirer et mépriser
- bord et centre
- rationnel et illogique
- quitter et revenir

118-119 À voix haute

Histoire à trous

monstrueux, immense, strident, seconde, serres, réagir, esprits, sournois, douleur, courut

128-129 Es-tu créatif ?

Point à la ligne !

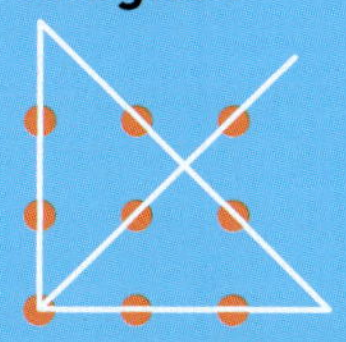

Naturellement doué

1 – E La forme unique du nez du TGV est inspirée du bec du martin-pêcheur. Grâce à elle, le train roule plus vite, dépense moins d'énergie et fait moins de bruit.

2 – D Mercedes-Benz a mis au point une voiture inspirée de la forme triangulaire du poisson-coffre. La voiture est spacieuse mais légère, et consomme moins de carburant.

3 – A La peau de requin est constituée de minuscules écailles en forme de dents grâce auxquelles le requin peut glisser dans l'eau. C'est sur ce modèle que sont conçues les combinaisons des champions de natation.

4 – B La feuille de lotus a une surface qui empêche l'eau et la saleté de s'y installer. Une peinture aux mêmes caractéristiques a été conçue : elle est autonettoyante.

5 – C C'est en observant la manière dont les yeux d'un chat réfléchissent la lumière que Percy Shaw a imaginé en 1935 les réflecteurs.

La pensée latérale

Énigme A : Roméo et Juliette sont des poissons rouges. Ils sont morts parce que leur bol s'est fracassé par terre.

Énigme B : Lance la balle en l'air.

Énigme C : Parce qu'il s'agit d'une mouche artificielle en tissu que la marquise s'est collée sur le front.

144-145 Comment fonctionnes-tu ?

Cerveau masculin ou féminin ?

Si tu as répondu « oui » à trois questions ou plus, tu as un cerveau à dominante féminine. Les cerveaux féminins comprennent mieux les émotions, les sentiments et le langage corporel. Les cerveaux masculins sont à leur avantage quand il s'agit de lire une carte, de saisir un point technique ou de relever un détail. Les filles peuvent avoir un cerveau masculin, et vice-versa. Pour la plupart, nous avons un cerveau qui se situe entre ces deux types.

Horloge interne

Compte 4 points pour chaque réponse a, 3 points pour chaque réponse b, 2 points par réponse c et 1 point par réponse d.

De 6 à 11 points Tu es un vrai oiseau de nuit. Tu aimes te coucher tard. Mais prends garde de ne pas manquer de sommeil. Il est important de dormir suffisamment pour ne pas être grincheux ou distrait à l'école.
De 12 à 18 points Tu n'es ni un lève-tôt, ni un couche-tard. Tu as de bonnes habitudes de sommeil.
De 19 à 24 points Tu es un lève-tôt. Tu es prêt à attaquer la journée dès le lever du soleil – mais essaie de ne pas déranger les autres !

160-161 Ton corps parle

Visage révélateur

A – surprise, **B** – colère, **C** – bonheur, **D** – dégoût, **E** – mépris, **F** – tristesse

Faux sourires

Les sourires A, C et E sont feints.

Le langage corporel

A – Malhonnêteté
Les gens gigotent souvent quand ils mentent. Alors, méfie-toi si ton interlocuteur se frotte l'œil, remue les mains ou les pieds, ou se touche l'oreille.
B – Mimétisme
Quand des personnes s'entendent vraiment bien, elles imitent souvent le langage corporel de l'autre.
C – Domination
Une attitude détendue et déterminée veut généralement dire que la personne se sent supérieure ou puissante.
D – Agressivité
Deux personnes se font face et se fixent du regard, le corps légèrement en retrait ? Il va y avoir du grabuge !
E – Méfiance
Une position fermée – bras et jambes croisées, poings serrés – indique que la personne est sur la défensive.
F – Soumission
Une personne soumise va souvent adopter une posture timide, par exemple regarder par terre ou cacher ses mains.

INDEX

Crédits

L'éditeur souhaite remercier :

Niki Foreman, Karen Georghiou, Fran Jones, Ashwin Khurana et Eleri Rankine pour leur aide éditoriale ; Johnny Pau pour son aide à la maquette ; Stephanie Pliakas pour son aide lexicographique ; Jackie Brind pour l'index ; Stefan Podhorodecki pour la photographie ; Steve Willis pour la retouche ; Mark Longworth pour les illustrations de dernière minute ; Tall Tree Ltd pour la maquette ; Jaime Vives Piqueres pour son aide informatique.

L'éditeur remercie les personnes et établissements suivants pour leur aimable autorisation à reproduire les photographies :

(h = en haut, b = en bas, c = au centre, r = arrière-plan, g = à gauche, d = à droite)

akg-images : 108hg, 109hg ; **Alamy Images :** Third Cross 59cgh (carrousel) ; Paul Doyle 64bd ; Richard Harding 58cb (araignée) ; Interfoto 87hg, 122cgh ; Andre Jenny 85bc ; Photos 12 148cg ; **The Art Archive :** 122rhg ; **The Bridgeman Art Library :** Bibliothèque de la Faculté de Médecine, Paris, France/ Archives Charmet 10bg ; British Museum, Londres, UK 122cg ; Massachusetts Historical Society, Boston, MA, USA 21cb ; Musée des Beaux-Arts, Grenoble, France/ Peter Willi 123cgb ; Natural History Museum, Londres, UK 171hg ; **Corbis :** Alinari Archives 134cd ; Bernard Annebicque 107cgb ; Arctic-Images 175cg ; Artiga Photo/ Flirt 140hd ; Bettmann 21bg, 38bg, 39cd, 39hc, 73cdb, 73hd, 84bg, 84cdb, 84hg, 85 (arrière-plan), 108bg, 135 (arrière-plan), 135cgb, 147hg, 154cd, 155c (arrière-plan), 170c, 171bg, 175bc ; Bettmann/Underwood & Underwood 21hg ; George W. Ackerman/ Bettmann 85hd ; Adrian Burke 77cdb ; Chris Kleponis/Zuma 87hd ; Creasource 35bd ; DLILLC 95hd ; Neville Elder 106bd ; EPA/ Oliver Weiken 21rbd ; EPA/MAST IRHAM 21cdb (Venus et Serena) ; Randy Faris 62rbd ; Rick Friedman 113bg (Chomsky) ; The Gallery Collection 38cd, 38hg, 122cd, 170hg ; Gianni Dagli Orti 134bg, 134hg ; Josh Gosfield 140bg ; Waltraud Grubitzsch/ epa 53bg ; Historical Premium ; Premium RM 151cdh (Freud) ; Aaron Horowitz 67cgb ; Hulton-Deutsch Collection 19ch (Broca), 73 (arrière-plan), 73rhg, 85cd, 109d ; Jose Luis Pelaez, Inc 83bd (garçon) ; Brooks Kraft 13bd ; Latitude 61rcdh (python) ; Frans Lemmens/zefa 169cd ; Philippe Lissac/ GODONG 77bd ; Massimo Listri 120c ; Yang Liu 56bc ; Gideon Mendel 173cdb ; Ali Meyer 39 (arrière-plan) ; Moodboard 140bd ; Dana Neely 174-175 (arrière-plan) ; Michael Nicholson 171 (arrière-plan) ; Norbert Wu/Science Faction 169hc ; Historical Premium ; Premium RM 151cdh (Freud) ; Steve Prezant 140hg ; Roger Ressmeyer 73hc ; Ron Austing/Frank Lane Picture Agency 168c ; Bob Rowan/Progressive Image 76bg ; Peet Simard 67cg ; Tony Hallas/ Science Faction 95cgh ; Frank Siteman/ Science Faction 146hg ; Dale C. Spartas 177bd ; Stapleton Collection 146c ; Peter Turnley 112hc (signes) ; Randy M. Ury 69bg ; Gregor Schuster/Zefa 174-175c (scanner) ; M.Thomsen/Zefa 64cd ; **DK Images : Geoff Brightling/Denoyer-Geppert 52bc ;** Harry Taylor/autorisation du Natural History Museum, Londres 146bg ; **Dreamstime.com :** 22cb (citron), 22rhg, 23bc, 23bg, 23cg, 74cg (crayon) 125rhg ; Yuri Arcurs 58bc (danse) ; Burning_liquid 59cgh (plage) ; Creativeye99 59rcg (maison) ; Davinci 125rcg ; Derausdo 125cgb ; Dimitrii 58cdh (bébé) ; Dndavis 58ch (clés) ; Dragoneye 125cdb ; Ejla 59bc (chien) ; Godfer 59cgb (adolescents) ; Hansich 58hd (pièce montée) ; Kamchatka 58ch (chat) ; Kirza 125cd ; Kmitu 59rcgh (maths) ; Livingdedgrrl 59rhg (bain) ; Moemrik 125cgh ; Monika3ste 125rcgb ; Mwproductions 58cgh (classe) ; Nikolais 124hd ; Pemmett 125rcgh ; Prairierattler 59cgh (panier) ; Roim 124bd ; Scantynebula 58cg (peluche) ; Siloto 125rhd ; Tass 59rbg (ski) ; Thijsone 125hc ; Trentham 125rcd ; Trutta 125rcdb ; Upimages 125bc ; Uzuri 125cg ; Winterling 124-125 (puzzle) ; Zela 125ch ; **© 2009 The M.C. Escher Company-Holland :** M. C. Escher, *Cascade* © 2009 The M. C. Escher Company-Holland. Tous droits réservés. www.mcescher.com 32h ; **FLPA :** Jan Van Arkel/Minden Pictures 60bg, 60cgb, 60g, 60hg ; **Getty Images :** 109bg ; American Images Inc. 97cg (pomme), 97cgb (pomme) ; Blend Images 15hd ; CGIBackgrounds.com 28cg ; Ralph Crane/Time & Life Pictures 108bc ; Digital Vision 121rcd ; Fox Photos/ 154bg ; Henry Guttmann 154cgh ; Harry Sieplinga/HMS Images 44bd ; Haynes Archive/Popperfoto 155bd ; Gavin Hellier 122bg ; Sandy Huffaker 52cg ; Hulton Archive 20cd, 72bd, 123bc ; The Image Bank 119hd (lunettes), 119hd (parapluie) ; Seth Joel 159hd ; LWA/Dann Tardif 57hc ; Mansell/Time & Life Pictures 147bc, 155hd ; New Vision Technologies Inc 121cd ; Thomas Northcut 119 (téléphone) ; Greg Pease/Photographer's Choice 29hg ; Photographer's Choice 119rhd (bouteille), 119hd (ballon) ; Popperfoto 155hg ; Purestock 113c (étudiants) ; Riser 119hd (gâteau) ; Yun Shouping/Bridgeman 121ch ; Southern Stock 34cg ; Stock Montage 20cg (Galilée) ; Pete Turner/Stone 29bg ; Stone 119hd (pièces) ; Taxi 119hd (Terre) ; Tetra images 76cg ; Mansell/Time & Life Pictures 20rcg ; Time & Life Pictures 83hd (homme), 123c ; Guy Vanderelst 28bd ; John Woodcock 21rbg ; Anna Yu 97hg ; **iStockphoto.com :** 8-9ch (cerveau), 74-75 (engrenages),166g (cerveau) ; Marek Uliasz 20c ; **www.kasparovagent.com, avec l'aimable autorisation de Garry Kasparov :** 21hd ; **Lebrecht Music and Arts :** Ullstein-PWE 18cg (Hans Berger) ; **naturepl.com :** Andrew Cooper 60hd, 61bg ; **NHPA/ Photoshot :** Mike Lane 61cdh (couleuvre) ; **Photolibrary :** Big Cheese 56cg ; **www.sandlotscience.com :** *Tout est vanité*, Charles Allan Gilbert, 1873-1929 32b ; **Science Photo Library :** 18-19bc (scanner), 26cd, 27bd, 27cg, 27hg, 72bg, 72rcg, 147 (arrière-plan), 147cg ; Anatomical Travelogue 53cdh ; John Bavosi 11cd, 12-13c ; Martyn F. Chillmaid 45bd ; CNRI 106hd ; Christian Darkin 87ch ; Martin Dohrn 53cg ; Emilio Segre Visual Archives/American Institute of Physics 72hg ; Eye of Science 106c ; Steve Gschmeissner 106rcg ; Nancy Kedersha 17cd ; Living Art Enterprises, Llc 53hc ; Dr John Mazziotta Et Al 12bg ; Will & Deni Mcintyre 175cdb ; Hank Morgan 139hg ; Sinclair Stammers 107bc ; Thomas Deerinck, NCMIR 173rbd ; **Still Pictures :** Ron Giling 120cdb ; **V&A Images, Victoria and Albert Museum :** 135hg ; **Wellcome Library, Londres :** Dr Jonathan Clarke 16bg